A Alquimia da Crítica
Benjamin e *As afinidades eletivas* de Goethe

Claudia Castro

A Alquimia da Crítica
Benjamin e *As afinidades eletivas* de Goethe

Paz & Terra

Copyright © 2011, herdeiros de Claudia Castro

Direitos de edição da obra em língua portuguesa no Brasil adquiridos pela EDITORA PAZ E TERRA. Todos os direitos reservados. Nenhuma parte desta obra pode ser apropriada e estocada em sistema de banco de dados ou processo similar, em qualquer forma ou meio, seja eletrônico, de fotocópia, gravação etc., sem a permissão do detentor do copirraite.

EDITORA PAZ E TERRA LTDA
Rua do Triunfo, 177 — Santa Ifigênia — São Paulo
Tel.: (011) 3337-8399 — Fax: (011) 3223-6290
http://www.pazeterra.com.br

Texto revisto pelo novo Acordo Ortográfico da Língua Portuguesa.

CIP-Brasil. Catalogação-na-fonte Sindicato
Nacional dos Editores de Livros, RJ

Castro, Claudia
   A Alquimia da Crítica: Benjamin e *As afinidades eletivas* de Goethe / Claudia Castro. – Rio de Janeiro : Paz e Terra, 2011.

   1. Benjamin, Walter, 1892-1940 – Filosofia
2. Estética 3. Crítica literária 4. Goethe, Johann von, 1749-1832. As afinidades eletivas 5. Literatura I. Título.

   Bibliografia.
   ISBN 978-85-7753-167-7

11-03142   CDD: 833.6

Índice para catálogo sistemático:
1. Romance Goethiano: Comentário crítico:
Literatura alemã, Filosofia, Estética,
Crítica, Johann von Goethe,
Walter Benjamin   883.6

Aos meus pais

AGRADECIMENTOS

Este livro foi concebido originalmente como uma tese, defendida em maio de 2000, na PUC do Rio de Janeiro. Agradeço a todos que, de alguma maneira, contribuíram muito para a sua realização e publicação: ao CNPq e a CAPES pela bolsa que me foi concedida; a Sérgio Cláudio de Castro e Marly de Castro, sempre; a Therezinha e Edson Alves Mey pela casa de Petrópolis; a José Otávio Guimarães, Stella Penido, José Thomaz Brum, Tessy Callado, Rodrigo Moraes e Juva Batella; e especialmente aos meus queridos alunos.

SUMÁRIO

11 APRESENTAÇÃO

15 BREVE HISTÓRIA DO ROMANCE

17 CAPÍTULO PRIMEIRO
Químicos e alquimistas: a teoria do conhecimento

81 CAPÍTULO SEGUNDO
Beatitude em miniatura: a ética

135 CAPÍTULO TERCEIRO
Beleza e mistério: a teoria da arte

199 ANTES DA CONCLUSÃO

203 BIBLIOGRAFIA

211 ÍNDICE DE ASSUNTOS

APRESENTAÇÃO

Escrito em Heidelberg, entre o verão de 1921 e fevereiro de 1922, *As afinidades eletivas de Goethe* talvez seja o trabalho mais difícil de Walter Benjamin. Sempre lembrado e frequentemente citado, o longo ensaio que o filósofo consagrou ao romance de Goethe *As afinidades eletivas* permanece pouco explorado — preservado por seus intérpretes como um tesouro oculto que guarda o mistério em torno de sua obra. Apesar do interesse crescente pelo pensamento de Benjamin, na literatura de comentário de língua portuguesa não há nenhum estudo dedicado precisamente a esse texto importantíssimo. Registro da tentativa de decifrar esse ensaio hermético, e sem a pretensão de desvelar o segredo de sua prosa a um só tempo literária e filosófica, este livro se lança, num mesmo gesto, a uma tarefa dupla: introduzir o leitor ao comentário crítico de Benjamin sobre o romance goethiano e oferecer uma apresentação de sua filosofia.

Segundo Hugo von Hofmannsthal — o responsável por sua publicação —, todo o fascínio deste ensaio, a sua beleza e o seu alto teor metafísico constituem a expressão de um "pensamento puro" e "seguro de si", do qual ele mesmo encontrou poucos exemplos. Apontado pelo próprio Benjamin como o modelo perfeito de crítica, esse texto esconde, sob a sua extrema beleza, uma "profundidade enigmática" que possui vários níveis de compreensão, uma inesgotabilidade de sentido que sempre encantou os leitores mais exigentes.

Desenvolvida em torno de três estratos de reflexão — a teoria do conhecimento, a ética e a teoria da arte —, esta investigação procura delinear o "sistema virtual" que, no início da década de 1920, Benjamin declarou ser a sua grande preocupação como "princípio do grande trabalho de crítica literária"; o "pensamento ao menos virtualmente sistemático" que, entre a arte e a filosofia, permitirá recriar a crítica como gênero e transformar o seu exercício.

Dentro da obra de Benjamin, o estudo sobre *As afinidades eletivas* ocupa uma posição estratégica. Como observou Gershom Scholem, ele marca um giro decisivo em sua produção em direção à atitude de comentador, possivelmente inspirada pela tradição talmúdica. Benjamin faz da realização da crítica a elaboração de sua própria teoria, e é em *As afinidades eletivas de Goethe* que ele expõe, pela primeira vez, o seu conceito de crítica estética. Ao esclarecer o estatuto filosófico da crítica, este ensaio permite compreendê-la como a construção do "conceito superior de experiência", a "experiência religiosa e histórica" que o jovem Benjamin apontara, em 1918, como o objetivo primeiro de sua filosofia ainda por vir. Por outro lado, a profunda ligação entre crítica e verdade que se anuncia neste estudo sobre o livro de Goethe dimensiona o alcance dos trabalhos posteriores do autor, tanto os numerosos ensaios de crítica literária que ele escreveu a partir do início dos anos 1920, quanto os de crítica da cultura e outros, muitas vezes inclassificáveis. Visto como um farol que ilumina do alto o antes e o depois, o estudo sobre *As afinidades eletivas* confere à obra de Benjamin uma curiosa unidade.

À primeira vista, a natureza própria do *corpus* benjaminiano parece comprometer essa interpretação. Seu caráter ensaístico e fragmentário, aliado ao esoterismo do estilo, remete-nos, antes, a uma estranha ilegibilidade. Mas esta filosofia, inegavelmente inovadora, é também obstinada. Os mesmos motivos, os mesmos conceitos, insistentemente se repetem, ainda que modificados, reenviando um ensaio a outro e de forma que os textos se relacionem entre si. Assim, ao traçar as correspondências entre o estudo sobre *As afinidades eletivas* e aqueles que com ele se conectam intimamente — principalmente os que pertencem à primeira fase de sua produção —, este trabalho quer encontrar a engrenagem dessa reflexão. Ou seja, trazer à luz essa configuração recorrente, que apresenta tanta unidade e coerência que se impõe afinal como "ideia". Expor a "ideia" Benjamin: este é o objetivo. Segundo a epistemologia benjaminiana, a estrutura da ideia é "monadológica"; ela se manifesta como um todo em cada obra individual. Benjamin deixou bem claro o seu método: "na obra o conjunto da obra, no conjunto da obra a época e na época a totalidade do processo histórico".[1] Para os propósitos desta síntese, adotarei na leitura de Benjamin o seu próprio método, e o estudo sobre *As afinidades eletivas* se constitui como uma mônada, uma imagem em miniatura de seu pensamento. Mas se o pormenor nos faz chegar ao todo é porque permanece como rastro de um pensamento em movimento, de uma lógica que se repete. Será sempre uma ilusão enganosa tentar estabelecer uma imagem acabada desta filosofia.

---

[1] BENJAMIN, W., "Sobre o conceito de História", tese XVII, in *Obras escolhidas*, vol. I, trad. Sérgio Paulo Rouanet, São Paulo, Brasiliense, 1985, p. 231.

BREVE HISTÓRIA DO ROMANCE

Acerca de *As afinidades eletivas* Goethe disse a Heinrich Laube, em 1809, o ano de sua publicação, que o considerava o seu melhor livro. Obra de maturidade do poeta, o romance concentra toda a sua experiência e apresenta num panorama a sociedade de seu tempo, aplicando as suas concepções favoritas sobre a polaridade e o magnetismo universal. Ao transpor a ideia de *afinidade eletiva* do domínio da química para o das relações amorosas, uma verdadeira equação é montada com os quatro personagens principais, que reagem uns sobre os outros à maneira de compostos instáveis, num jogo cruzado de "simpatias magnéticas".

Eduardo e Carlota, um casal de aristocratas, reencontram-se já maduros; e não por amor, mas por fidelidade a um antigo compromisso, decidem casar-se e morar numa erma estância. Após dois anos de tranquila felicidade, cada um recebe um hóspede. O Capitão, amigo de Eduardo, e a jovem, bela e tímida Otília, sobrinha de Carlota, instalam-se na residência do casal, cujo isolamento servirá de laboratório para a experiência a ser realizada: liberadas as energias nesse ambiente lacrado, os elementos rapidamente encontram novas afinidades. Eduardo apaixona-se por Otília e uma idêntica atração se desenvolve entre Carlota e o Capitão. Numa atmosfera de paixão e de tensão extremas, surgem então os efeitos desastrosos da ruptura das leis sociais do casamento, e tudo se desenrola com a fatalidade inexorável de um fenômeno natural. O menor gesto, o mais insignificante episódio, qualquer objeto é símbolo, pois "o *fenômeno originário* do amor aparece ameaçador, semeador de desastre e de morte".[2]

O filho de Carlota e Eduardo, concebido sob o calor das novas paixões, e como se as energias psíquicas das fantasias elaboradas pelos personagens tivessem nele se materializado, nasce com as feições de Otília e do Capitão — o que torna impossível esconder a verdade dos acontecimentos. Certo dia, encontrando-se o sob os cuidados de Otília, um acidente estúpido e inesperado causa-lhe a morte: a criança escapa-lhe dos braços e morre afogada nas águas misteriosas do grande lago da fazenda. Agora, apenas a renúncia pode ser a solução para que o impedimento moral seja respeitado — esse conceito-chave da ética goethiana, para a qual os impulsos naturais do desejo e da paixão, embora sagrados e necessários, são sempre inferiores à racionalidade dos imperativos éticos.

Enquanto Carlota e o Capitão conseguem controlar e vencer a mútua atração, Eduardo e Otília, cuja paixão se intensifica sempre mais e mais, sucumbem ao poder das afinidades. Ao contrário de Carlota, uma mulher antes de tudo lúcida, racional e mestre de si mesma, Otília é por demais sensível às influências elementares da natureza. Ela é um "ser magnético", um "verdadeiro médium cuja influência subsistirá até depois da morte".[3] Assim, só resta à enigmática Otília a trágica renúncia a esse amor impossível — renúncia à qual ela recorre cheia de culpas e negando-se a falar e a comer, até morrer de inanição. Sua morte é seguida pela de Eduardo, incapaz de sobreviver a ela. Carlota sepulta-os, lado a lado, piedosamente, e a alma de Otília, purificada pela dor e pela renúncia, alcança então, com essa morte simbólica, a suprema altura moral que lhe confere um renome de santidade. E deixa atrás de si uma esteira de milagres.

---

[2] BIANQUIS, G., "L'Urphaenomen dans la pensée et dans l'oeuvre de Goethe", in *Études sur Goethe*, Paris, Les Belles Lettres, 1951, p. 231.

[3] LEPINTE, C., *Goethe et l'occultisme*, Paris, Les Belles Lettres, 1957, p. 140.

CAPÍTULO PRIMEIRO
Químicos e alquimistas: a teoria do conhecimento

Existe um empirismo delicado que se identifica intimamente ao objeto e, por via disso, se torna propriamente a teoria.

Goethe

A teoria benjaminiana do conhecimento, que recebeu a sua mais acabada formulação no *Prefácio* de *Origem do drama barroco alemão*,[4] já se encontra toda ela logo nas primeiras páginas do ensaio por ele escrito sobre *As afinidades eletivas* de Goethe. Aqui, em considerações epistemológicas que aparentemente dizem respeito apenas ao trabalho da crítica literária, são os pressupostos fundamentais da concepção do conhecimento que Benjamin nos apresenta. É com uma metáfora preciosa que ele caracteriza o trabalho da crítica literária e define, assim, o estatuto geral da interpretação:

> Se, por força de um símile, quiser-se contemplar a obra em expansão como uma fogueira em chamas vívidas, pode-se dizer então que o comentador se encontra diante dela como o *químico*, e o crítico semelhantemente ao *alquimista*. Onde para aquele apenas madeira e cinzas restam como objetos de sua análise, para este tão somente a própria chama preserva um enigma: o enigma daquilo que está vivo. Assim, o crítico levanta indagações quanto à verdade cuja chama

---

[4] BENJAMIN, W., *Origem do drama barroco alemão*, trad. Sérgio Paulo Rouanet, São Paulo, Brasiliense, 1984.

viva continua a arder sobre as pesadas achas do que foi e sobre a leve cinza do vivenciado.[5]

A tese radical de Benjamin é a seguinte: toda crítica literária que se limita a um interesse meramente filológico se coloca, de saída, como comentário do texto, e jamais pode alcançar a sua verdade. Somente o crítico chega ao *teor de verdade* (*Wahrheitsgehalt*) da obra de arte. O comentador não ultrapassa o seu *teor coisal* (*Sachgehalt*). E o *teor coisal* é apenas o estrato empírico da obra, sua aparência sensível determinada temporalmente e constituída por todos os elementos que dão forma a uma obra, configurando-a como obra de uma época. Se, como indica a metáfora, a obra é uma fogueira, eis a correspondência entre os termos: madeira e cinzas estão para o seu *teor coisal* assim como a chama que sobre eles continua a arder está para o seu *teor de verdade*. Contra uma interpretação classicista da obra de arte, para a qual a verdade se manifesta integralmente na aparência — o que é o arquétipo da beleza —, Benjamin assinala uma fratura na obra: aparência e verdade, embora intimamente relacionadas, não coincidem. O *teor coisal*, a materialidade da obra, não se confunde com o seu teor de verdade, a chama viva.

Segundo Richard Wolin, a distinção que Benjamin faz entre *teor coisal* e *teor de verdade* diz respeito ao paradoxo específico das obras de arte: objetos que, originados num determinado momento fugaz do tempo, "transcendem este limitado, histórico ponto de origem para revelar algo supra-histórico: uma imagem autêntica da verdade".[6] A relação dialética entre esses dois momentos aponta o enigma de toda obra que o crítico tem de enfrentar: a aparência do *sem-aparência* (*Schein des Scheinlosen*); a aparência daquilo que não pode aparecer, a

---

[5] BENJAMIN, W., "As afinidades eletivas de Goethe", in *Ensaios reunidos: escritos sobre Goethe*, trad. Mônica Krausz Bornebusch, Irene Aron e Sidney Camargo, São Paulo, Editora 34, 2009, p. 13-14 (grifo meu). (*Walter Benjamin Gesammelte Schriften*, edição organizada por Rolf Tiedemann e Hermann Schweppenhäuser, com a colaboração de Theodor W. Adorno e Gershom Scholem, 7 vols., Frankfurt am Main, Suhrkamp Verlag, 1974, I, p. 126, a partir de agora, indicado apenas como *G.S.*)

[6] WOLIN, R., *Walter Benjamin, an Aesthetic of Redemption*, New York, Columbia University Press, 1982, p. 30.

emergência do infinito, a verdade, a partir de algo finito, a obra de arte feita pelo homem. E todo o poder do *insight* filosófico do crítico é o de conduzir a obra histórica, e portanto em estado de decomposição, até o ponto de irrupção do seu *teor de verdade*, onde é então revelada a sua ligação com o domínio da "vida redimida", onde a sua significação redentora se manifesta. Metafísica da redenção: esta é "a quintessência da concepção benjaminiana de crítica de arte".[7]

O que é decisivo para o entendimento da metáfora de Benjamin, contudo, é a atenção ao fato de que ela nos apresenta a obra em seu próprio processo de formação. Seu segredo repousa em expor o fazer--se da obra como incêndio.[8] O processo de formação da obra é compreendido justamente como a combustão dos materiais de sua construção: incendiar o dado real, a aparência sensível e empírica na qual a verdade, necessariamente, se inscreve.

Mas a dura materialidade é resistente ao trabalho destrutivo da obra. Ela permanece como resto, madeira e cinzas, que a toda hora podem ofuscar com fumaça e fuligem a flama que sonhava destruí-la para sempre. No entanto, é exatamente este resíduo que a obra não consegue conduzir à exaustão, a própria materialidade que ela desejava incendiar que, segundo Benjamin, coloca em cena a sua possibilidade histórica. Se a tarefa do crítico, como restaurador da verdade da obra, é zelar pela viabilidade da sua interpretação — viabilidade que se confunde com a sua sobrevivência histórica —, ele deve estar então atento à "lei básica da literatura": "as obras que se revelam duradouras são justamente aquelas cuja verdade está profundamente incrustada em seu *teor coisal*".[9] Quanto mais invisível, mais íntima é a sua ligação. Paradoxalmente, contudo, é a diferença que separa os dois estratos que determinará a sobrevivência da obra. Em *As afinidades* Benjamin escreve:

---

[7] Cf. WOLIN, R., *Walter Benjamin, an Aesthetic of Redemption*, op. cit., p. 29.

[8] Para o esclarecimento desta metáfora de Benjamin remetemos ao belo livro de Bruno MORONCINI, *Walter Benjamin e la moralità del moderno*, Nápoli, Guida Editori, 1984, p. 25 e seg.

[9] BENJAMIN, W., "As afinidades eletivas de Goethe", op. cit., p. 12. (*G.S.*, I, p. 125.)

O *teor coisal* e o *teor de verdade*, que inicialmente se encontravam unidos na obra, separam-se na medida em que ela vai perdurando, uma vez que este último sempre se mantém oculto, enquanto aquele se coloca em primeiro plano.[10]

Com o passar do tempo o *teor coisal* aparece cada vez mais claramente, sendo, de uma época, aquilo que na obra se inscreve e que necessariamente só à época seguinte se revela. É preciso saber esperar que os elementos materiais que o compõem desapareçam e definhem no mundo real, para que, na obra, eles se tornem reconhecíveis. Benjamin afirma que tanto para o escritor como para o público que lhe é contemporâneo esses elementos existem, sim, mas nada significam. Eles permanecem cativos na obra. É apenas sob o efeito do tempo que o *teor coisal* de uma obra ganha significação para um período determinado, conferindo sentido à época dessa obra, transformando-se, então, em seu próprio *teor de verdade*. "Na medida em que se dissociam na obra, eles tomam a decisão sobre a imortalidade da mesma",[11] ou seja: é sob o efeito destrutivo do tempo que a obra literária alcança a eternidade. "A *história* das obras prepara a sua crítica e, em consequência, a distância histórica aumenta o seu poder."[12]

De acordo com tal concepção, o *teor de verdade* de um texto só aparece incrustado no seu *teor coisal*. Segundo uma dialética própria do pensamento benjaminiano, a aparência, o estrato sensível da obra, pode ser precursora disto do qual é o efeito. Pois é se revelando que o *teor coisal* produz as condições para a emergência da autêntica experiência da verdade. Neste momento, o *teor coisal* devém *teor de verdade*, escapa ao tempo efêmero e atinge o elemento eterno da verdade. Como esclarece Bruno Moroncini, a relação entre os dois não é "aquela de um sinal que reenvia ao seu significado — para ficar no conjunto metafórico, a fumaça que é signo do fogo —, mas aquela de uma

---

[10] BENJAMIN, W., "As afinidades eletivas de Goethe", op. cit., p. 12-13. (*G.S.*, I, p. 125.)
[11] Idem, p. 13. (*G.S.*, I, p. 125.)
[12] Idem, ibidem. (*G.S.*, I, p. 125.)

simultaneidade na divergência.[13] Ao crítico a verdade só se apresenta na opacidade do texto escrito. O enigma de toda obra, a flama que tanto intriga o crítico, não se confunde com uma substância eterna que permaneceria na arte depois que ela se despojou de sua dimensão empírica. Para Benjamin, a verdade da obra está inscrita no contorno figural de sua materialidade, nos seus próprios interstícios. Em suas pausas, em suas interrupções intermitentes, o legível faz-se traço da presença descontínua da verdade. O texto não é o resto de uma verdade independente de sua existência material; a verdade que na escrita se apresenta não é da ordem da transparência do sentido, de uma inteligibilidade abstrata totalmente desligada do sensível; ela é, antes, a diferença, o corte que mantém separados os dois estratos, o latente e o manifesto, o dito e o não dito.

Para melhor esclarecer o trabalho do crítico, Benjamin lança mão de uma segunda metáfora:

> Pode-se comparar esse crítico ao paleógrafo perante um pergaminho cujo texto desbotado recobre-se com os traços de uma escrita mais visível, que se refere ao próprio texto. Do mesmo modo como o paleógrafo deveria começar pela leitura desta última, também o crítico deveria fazê-lo pelo comentário.[14]

Como o texto desbotado da verdade precisa dessa escrita mais legível sem a qual não existiria, o crítico, como paleógrafo, deve em primeiro lugar decifrar o texto; com paciência, decompor o estrato sensível da obra em seus elementos. O trabalho do comentário, justamente este trabalho incansável de decifração, é portanto absolutamente necessário em seu papel de ato preliminar da crítica. Como a verdade de uma obra não se oferece na imediatidade da visão, o crítico tem de começar com a análise do conteúdo material das obras, atravessando esse escrito manifesto que a princípio "espanta" e "desorienta" e ao mesmo tempo esconde e revela. O que escapa tanto ao autor quanto

---

[13] MORONCINI, B., *Walter Benjamin e la moralità del moderno*, op. cit., p. 28.
[14] BENJAMIN, W., "As afinidades eletivas de Goethe", op. cit., p. 13. (*G.S.*, I, p. 125.)

aos seus contemporâneos é justamente o significado desse *teor coisal*. Se, em suas camadas mais profundas, esses elementos reais permanecem em relação com o *teor de verdade*, eles permitem sempre o esquecimento deste último. O *teor de verdade* pode ser confundido com o *teor coisal*: tal é o problema de toda interpretação que se constrói apenas sobre um fundamento filológico.

Portanto, a série de comentários que uma obra recebe ao longo da história de sua sobrevivência não é vã. Ela discerne e pressente o *teor coisal* que aí se desenvolve, preparando, assim, o terreno da crítica, que, nas palavras de Benjamin, traz com a sua interpretação o "selo" da verdade. Somente a partir de um tal pressentimento o trabalho interpretativo do crítico pode trazer à luz a verdade que na sombra se esconde: o *teor de verdade* que não é outro senão o "*teor de verdade* do *teor coisal*".[15] É apenas através da mediação do transitório conteúdo material de uma obra de arte, historicamente variável, que o acesso ao seu conteúdo de verdade pode ser atingido. O comentário não se reduz a uma simples reescritura da obra; ele já é crítica em exercício, "poder de divisão levado finalmente ao coração da aparente totalidade da obra",[16] que, ao interrogar os elementos reais, impede a simples identificação dos planos. Mas o comentador tem de se duplicar em crítico: como químico, ele decompõe o texto, zelando para que os estratos não se misturem; como alquimista, dos restos ele reacende a chama, fazendo surgir o ouro que com o vil metal se encontrava misturado até a indiscernibilidade.

Segundo Benjamin, só então se pode colocar a "questão crítica fundamental": "se a aparência do *teor de verdade* se deve ao *teor coisal* ou se a vida do *teor coisal* se deve ao *teor de verdade*".[17] Estamos diante da seguinte alternativa: ou é o *teor coisal* aquele que produz a verdade como uma projeção que lhe é própria, ou é o *teor de verdade* que responde pela sobrevivência dos elementos reais da obra. Não é difícil concluir que, para o crítico, só resta a segunda possibilidade.

---

[15] BENJAMIN, W., "As afinidades eletivas de Goethe", op. cit., p. 17 (trad. modificada). (*G.S.*, I, p. 128.)
[16] Cf. MORONCINI, B., *Walter Benjamin e la moralità del moderno*, op. cit., p. 55.
[17] BENJAMIN, W., "As afinidades eletivas de Goethe", op. cit., p. 13. (*G.S.*, I, p. 125.)

Para o pensamento benjaminiano, como vimos, a crítica extrai a sua autoridade da distância histórica. Isto não quer dizer, no entanto, que a passagem do tempo seja capaz de lhe conferir uma espécie de "objetividade desinteressada", impossível para um contemporâneo. Ao contrário. Aqui, toda crítica é interessada, atenta ao núcleo eterno da obra, onde insistentemente se esconde a sua significação redentora. Esta redenção, contudo, só é possível através da *morte*: "Crítica é mortificação das obras"[18] — escreverá Benjamin quatro anos após o ensaio sobre Goethe, no livro sobre o drama barroco, ao definir a sua própria metodologia. Ou seja, apenas a *mortificação* do transitório conteúdo material das obras de arte pode fazer brilhar a sua significação redentora,[19] o seu teor metafísico. Só assim poderá a obra ser transposta do transitório médium da beleza para o sagrado reino da verdade. O pensamento de Benjamin é claro:

> O objeto da crítica filosófica é mostrar que a função da forma artística é, justamente, converter em teores de verdade os teores históricos da coisa, que estão na raiz de toda obra significativa. Essa transformação dos teores de coisa num teor de verdade faz do declínio do efeito, no qual década após década, os atrativos iniciais vão se embotando, o fundamento de um renascimento, no qual toda beleza efêmera desaparece, e a obra se afirma enquanto ruína.[20]

Para Benjamin, a verdadeira interpretação é profundamente histórica. Isto quer dizer que o processo de decomposição no qual *teor coisal* e *teor de verdade* se separam deve ser levado até o fim. Se quiser reacender a chama dessa verdade misteriosa, em vez de preservar a beleza da aparência sensível, a crítica deve reduzi-la a *ruínas* e transformar estas últimas em objetos privilegiados de sua meditação: assim emerge a íntima ligação entre o sentido e a historicidade, entre a signi-

---

[18] BENJAMIN, W., *Origem do drama barroco alemão*, op. cit., p. 203 (trad. modificada). (*G.S.*, I, p. 357.)
[19] Segundo Benjamin, a ideia da redenção através da morte é o que distingue o caminho alegórico para a salvação, característico do drama barroco.
[20] BENJAMIN, W., *Origem do drama barroco alemão*, op. cit., p. 204 (trad. modificada). (*G.S.*, I, p. 358.)

ficação, a temporalidade e a morte. Isto porque, segundo Benjamin, para se compreender a tarefa salvadora da crítica, é preciso encontrar a relação essencial entre salvação e destruição — relação que, em última instância, revela o vínculo inexorável entre a verdade e a morte. A própria dinâmica do pensamento traz a necessidade da destruição: é preciso quebrar a obra para salvá-la. Cabe à crítica filosófica desmascarar o mito da obra de arte clássica, a ilusão da bela aparência por ela projetada — bela aparência que reenvia sempre a uma totalidade enganosa, a uma falsa harmonia natural. Essas obras, cuja estrutura é, em essência, simbólica, têm como consequência a busca de uma totalidade. É isso que elas simbolizam: uma comunhão imediata com o absoluto. Aqui, o discurso idealista de Schiller, que sustenta a possibilidade da representação concreta da bela moralidade, capaz de unir razão e sensualidade, um dos principais ideologemas do século XVIII, é objeto de uma crítica determinada.

O que o pensamento de Benjamin enuncia é que toda beleza implica ilusão, é eminentemente passageira e está fadada a murchar. Portanto, só a experiência do despedaçamento, que deixa a obra em ruínas, pode oferecer uma imagem mais pertinente da existência. O verdadeiro trabalho da crítica é aquele que consegue tirar da materialidade das formas, da sua codificação histórica, seu "vulto futuro" que só a morte poderá revelar. É esta a verdade que as formas artísticas, silenciosamente, nos apresentam. O que elas nos ensinam? Que o sentido só pode nascer da ausência de um sentido último. Por isso Benjamin afirma, parecendo, a princípio, inverter a sua posição: como o conteúdo de verdade da obra de arte só se revela a partir de seus elementos reais, "toda crítica contemporânea, por mais elevada que possa estar, abarca na obra mais a verdade em movimento do que a verdade em repouso, mais a atuação temporal do que o ser eterno".[21] Ou seja, a eternidade própria às obras de arte coincide com a experiência da sua historicidade autêntica. Ela não provém de um pretenso valor eterno das mesmas, mas daquilo que advém do seu próprio processo de formação, do seu caráter eminentemente histórico, que só o tempo revela.

---

[21] BENJAMIN, W., "As afinidades eletivas de Goethe", op. cit., p. 14. (*G.S.*, I, p. 126.)

No *Prefácio* epistemológico que abre as análises benjaminianas sobre o drama barroco alemão, é Platão quem é chamado para esclarecer a relação entre a arte e a verdade, entre a verdade e a beleza. Em seu *Banquete*, "a verdade é apresentada como o conteúdo essencial do Belo",[22] sendo ela a garantir o ser da beleza. Tendo definido o amor como desejo de beleza, a descrição platônica dos vários estágios do desejo erótico nos mostra o iniciado, gradualmente preparado, obtendo, por fim e repentinamente, a revelação: aos seus olhos a beleza aparece como a própria divindade nos mistérios — a verdade mesma. Mas a leitura de Benjamin faz uma distinção essencial: aqui, "a verdade não é desnudamento que aniquila o segredo": ela é "revelação que lhe faz justiça".[23] É este, aos olhos do filósofo, o supremo significado metafísico que o sistema de Platão lhe atribui. Isto significa — de acordo com a interpretação benjaminiana — que, para garantir o ser da beleza, a verdade deve consumi-la em chamas, incendiando a sua materialidade fenomenal. Assim se compreendem as palavras de Benjamin ao caracterizar o instante misterioso em que o *teor de verdade* da obra vem à luz:

> Ele não se manifesta no desvendamento e sim num processo que pode ser caracterizado metaforicamente como um incêndio, no qual o invólucro do objeto, ao penetrar na esfera das ideias, consome-se em chamas, uma destruição, pelo fogo, da obra, durante a qual sua forma atinge o ponto mais alto de sua intensidade luminosa.[24]

E é justamente esta relação entre a verdade e a beleza que, para Benjamin, "mostra mais claramente que qualquer outra a diferença entre a verdade e o objeto do saber, habitualmente identificados".[25] Assim, em *As afinidades eletivas*, ao comparar a atividade filosófica da crítica, não ao trabalho racional do pesquisador moderno — com o qual muitas vezes o filósofo é confundido —, mas às "práticas mágicas"

---

[22] BENJAMIN, W., *Origem do drama barroco alemão*, op. cit., p. 52. (*G.S.*, I, p. 210.)
[23] Idem, p. 53. (*G.S.*, I, p. 211.)
[24] Idem, ibidem. (*G.S.*, I, p. 211.)
[25] Idem, p. 54. (*G.S.*, I, p. 211.)

do alquimista, ele coloca "a obra de arte como *médium* de uma verdade ao mesmo tempo existencial e metafísica, quer dizer, precisamente religiosa".[26] Como deixa bem claro o *Prefácio* do livro sobre o Barroco, a teoria do conhecimento de Benjamin é antes, na tradição aberta por Kant, uma crítica do conhecimento como abstração, mas que não desiste da busca incessante da verdade enquanto dimensão suprassensível, inteligível, que, no seu caso, só se faz como um mergulho incessante na experiência fenomenal, sensível, material. Eis o empirismo delicado que caracteriza o procedimento filosófico benjaminiano.

Como ocorre frequentemente com os textos de Benjamin, o estudo sobre *As afinidades eletivas* de Goethe é marcado pela polêmica. Seu núcleo polêmico, situado no meio e em parte no último capítulo do ensaio, concentra-se em torno da questão da relação entre a obra e a vida. Ele representa um ataque direto à história da literatura que lhe é contemporânea, que só consegue compreender a obra poética como "representação e expressão da vida". É este princípio metodológico, característico dos trabalhos de Wilhelm Dilthey, que Benjamin reencontra na biografia de Goethe feita por Friedrich Gundolf, publicada em 1916. Gundolf, considerado o mais proeminente membro acadêmico do então chamado Círculo de Stefan George, é afrontado violentamente por Benjamin: "aí se realizam a sentença firme e a execução de Friedrich Gundolf".[27]

[26] Cf. WITTE, B., *Walter Benjamin: une biographie*, Paris, Cerf, 1988, p. 60.

[27] BENJAMIN, W., *Correspondance*, t. 1, Paris, Aubier Montaigne, 1979, p. 260. (*Walter Benjamin Briefe*, editada por Rolf Tiedemann, 2 vols., Frankfurt am Main, Suhrkamp Verlag, 1978, t. I, p. 284, a partir de agora, indicado apenas como *Briefe*.) Foi Hannah Arendt, em seu conhecido artigo sobre Benjamin, quem fez questão de marcar o quanto esta atitude repercutiu negativamente nas relações do autor com o mundo acadêmico alemão. Ao criticar tão veementemente Gundolf e a ideologia da influente escola de George, Benjamin, ironicamente, ao mesmo tempo em que se anunciava ao meio literário alemão, arruinava a oportunidade de uma carreira universitária. No entanto, como adverte Richard Wolin, confundir a circunstância exterior da composição deste trabalho com a sua relevância teórica mais geral seria um grande equívoco, "equivalente a confundir o seu teor material — a polêmica com Gundolf, cuja relevância obviamente murchou para um ponto de vista contemporâneo — com o seu teor de verdade". Segundo Wolin, a própria Hannah Arendt foi vítima deste raciocínio ao argumentar contra a inclusão de *As afinidades eletivas* nas *Iluminações*, afirmando que o ensaio consistiria apenas numa polêmica de larga extensão (Cf. WOLIN, R., *Walter Benjamin, an Aesthetic of Redemption*, op. cit., p. 54, nota 65.)

Benjamin sustenta ser preciso esclarecer a "relação teórica"[28] entre a essência de um homem e sua obra, pois essa é a "condição básica" tanto para a observação de sua vida quanto para a compreensão de sua obra. O erro inicial de método — o *"pröton pseüdos"*[29] de quase toda a filologia moderna — é partir da suposta essência de um homem, de sua vida, e daí inferir a obra como um produto ou estabelecer entre as duas uma correspondência "ociosa". Ao acreditar que a obra só seria compreensível a partir da vida do autor, tal filologia acaba por projetar no autor a ideia que faz de sua obra o clichê de uma imagem essencial ou, como escreve o filósofo, de uma "vivência vazia ou inapreensível".[30] É assim que o livro de Gundolf, uma verdadeira "hagiografia", interpreta a vida de Goethe: por analogia com a sua obra, construindo uma visão mitológica dessa vida, que aparece como a maior de suas obras, e Goethe, como o herói. Benjamin, ao contrário, defende a "primazia do texto escrito sobre o texto biográfico".[31] Se o crítico se orienta realmente para o *teor de verdade* da obra e para a essência de uma vida, é a obra que, necessariamente, deve ser posta em primeiro plano. Só um exame rigoroso da mesma, conduzido por uma investigação que recaia sobre "as palavras e as coisas", é capaz de trazer à luz essa essência e esse teor. "Pois em parte alguma esse conteúdo e essa essência evidenciam-se de forma mais durável, mais marcante e mais apreensível do que na obra."[32] Ela é o verdadeiro "testemunho"[33] do autor:

> Não se tem conhecimento do ser de um homem apenas por intermédio de suas manifestações, às quais nesse sentido também pertencem as obras — pelo contrário, ele é determinado, antes de qualquer outra coisa, por aquelas manifestações.[34]

---

[28] BENJAMIN, W., "As afinidades eletivas de Goethe", op. cit., p. 57. (*G.S.*, I, p. 156.)
[29] Idem, p. 56. (*G.S.*, I, p. 155.)
[30] Idem, ibidem. (*G.S.*, I, p. 155.)
[31] Cf. WITTE, B., *Walter Benjamin: une biographie*, op. cit., p. 61.
[32] BENJAMIN, W., "As afinidades eletivas de Goethe", op. cit., p. 56. (*G.S.*, I, p. 155.)
[33] Idem, p. 57. (*G.S.*, I, p. 155.)
[34] Idem, ibidem. (*G.S.*, I, p. 155.)

Consequentemente, o crítico que renuncia à exegese da obra tentando deduzi-la como um produto da vida do seu autor deixa escapar tanto "o valor e a maneira" da obra, quanto a essência e a vida daquele que a configurou, mesmo que uma intuição acabada desta última seja, a rigor, impensável: "As obras são tão pouco deriváveis como os atos".[35] Para Benjamin, mesmo que uma grande obra não possa surgir de uma existência comum, ela só pode esclarecer a vida de seu autor de forma muito fragmentária; e é justamente a impossibilidade de alcançar a *origem* (*Ursprung*) dessa vida, e assim delimitar o conteúdo e o valor da obra segundo o seu sentido último, que acaba por determinar o equívoco do primado das análises biográficas na história da literatura.

O alvo explícito de Benjamin é o "método biográfico tradicional",[36] que, ao eleger os "conceitos psicológicos"[37] como meios privilegiados de investigação, renuncia a todo "pressentimento" do verdadeiro *teor coisal*, dos elementos reais da obra. Por detrás desse método encontramos a atmosfera intelectual das chamadas *filosofias da vida* (*Lebensphilosophie*), especialmente aquela de Dilthey. Ao colocar a vida como base única de compreensão da produção espiritual, essa filosofia elegeu como fundamento teórico uma psicologia compreensiva, cujo centro é constituído pela estrutura da *vivência* (*Erlebnis*) subjetiva. Segundo Dilthey, apenas uma psicologia compreensiva, descritiva e analítica é capaz de reconhecer a unidade estrutural da individualidade, seu modo de ser no mundo, "seu estilo"; e toda produção espiritual, seja uma obra poética ou um sistema filosófico, encontra a sua verdade na psicologia do autor, na "visão do mundo" (*Weltanschauung*) que nela se exprime. A *Introdução ao estudo das ciências do espírito*, obra fundamental de Dilthey, afirma: a ciência de base sobre a qual devem repousar as *ciências do espírito* (*Geisteswissenschaften*), por oposição às *ciências da natureza* (*Naturwissenschaften*), é a psicologia enquanto estudo do indivíduo como consciência e como unidade psicofísica. Para Dilthey, compreender a realidade humana, essencialmente social

---

[35] BENJAMIN, W., "As afinidades eletivas de Goethe", op. cit., p. 57. (*G.S.*, I, p. 156.)
[36] Idem, ibidem. (*G.S.*, I, p. 156.)
[37] Idem, ibidem. (*G.S.*, I, p.156.)

e histórica, é conhecer intuitivamente por uma "participação vivida"; a concepção racionalista de uma explicação causal não pode dar conta dela: "Explicamos a natureza mas compreendemos o homem", este é o *leitmotiv* do pensamento de Dilthey. Mas foi apenas em *Sobre alguns temas em Baudelaire*, escrito em 1939, que Benjamin nomeou explicitamente a figura de Dilthey. Nesse ensaio, onde analisa as difíceis condições de recepção da poesia lírica em nosso tempo (graças à pobreza da experiência moderna) e a sua repercussão na obra de Baudelaire, Benjamin afirma que desde o fim do século passado a filosofia se esforçou para se apropriar da "verdadeira experiência", em oposição àquela que se manifesta na vida normatizada e desnaturada das massas civilizadas.[38] A obra diltheyana, juntamente com os trabalhos de Klages, Jung e Bergson, é apontada como um desses esforços.

Se o que caracteriza a experiência da modernidade é a mecanização dos sistemas culturais e das organizações práticas da vida, Dilthey acredita na possibilidade de superar esse estado de pobreza, contrapondo à experiência impessoal e inautêntica determinada pela sociedade moderna uma experiência verdadeira, autêntica, própria a uma *vivência da consciência*. A pobreza do moderno, neste sentido, poderia ser remediada pela teoria contanto que esta operasse uma refundação da ciência do espírito, fazendo assim uma crítica tanto do idealismo quanto do positivismo — uma crítica que fosse capaz de dar conta da singularidade da vida. O que Dilthey sugere é que a filosofia se coloque como uma reflexão à segunda potência sobre o seu próprio operar, no mesmo sentido da crítica kantiana, interrogando-se sobre as suas próprias condições de possibilidade. Ao procurar a fundação de si mesma por seus próprios meios, essa abordagem transcendental se estabelece como uma "filosofia fundamental da compreensão".[39] A legitimidade da experiência, o selo de sua autenticidade, só será encontrada em seu pertencimento a uma consciência que se sabe "presente-em-vida" e

---

[38] BENJAMIN, W., "Sobre alguns temas em Baudelaire", in *Obras escolhidas*, vol. III, trad. José Carlos Martins Barbosa e Hemerson Alves Baptista, São Paulo, Editora Brasiliense, 1989, p. 104. (*G.S.*, I, p. 608.)
[39] BROGOWSKI, L., *Dilthey: conscience et histoire*, Paris, PUF, 1997, p. 9.

que reconhece, imediatamente, aquela experiência como lhe sendo apropriada. Essas são as características da *vivência*. A vida deve operar, no "átomo consciencial", uma retomada de si mesma antes que a reflexão abstrata a subsuma numa universalidade vazia; antes que o empirismo a reduza a uma mera sensação.[40]

São essas premissas teóricas que fazem da biografia o único caminho capaz de conduzir ao significado e à validade da obra. Quando a tradição, que assegurava ao homem o sentido de sua existência, se esfacela, apenas o estar "presente-em-vida" — característico da forma biográfica — pode garantir a compreensão da obra como obra histórica. Como para a *Lebensphilosophie* a vida é um "fluxo organizado de vivências", o critério da "presença-em-vida", quando projetado no passado, permite que este passado seja reanimado. Assim, a compreensão da tradição histórica do homem, a "consciência histórica", torna-se a grande tarefa da filosofia, e a biografia aparecerá então como o seu instrumento essencial.

Em *Sobre alguns temas em Baudelaire*, Benjamin mostra-nos, contudo, que a *vivência* não é apenas um conceito elaborado pela *Lebensphilosophie*. Ela é uma prática de sobrevivência, uma estratégia de defesa adotada pelo sujeito moderno para enfrentar a experiência "ofuscante" e "inóspita" da época da industrialização em grande escala. O tempo entrecortado do moderno e a violência dos choques a que o sujeito está submetido a todo momento exigem uma atenção desmesurada da consciência. Escudo contra o mundo, ela se torna consciência da consciência de si. Todo o texto se baseia na oposição entre essa experiência da consciência, a *Erlebnis*, e o que seria para Benjamin a verdadeira experiência, a real, nomeada por ele de *Erfahrung*, encontrada nas práticas de uma vida em extinção. Esta é a experiência do sujeito integrado numa comunidade e que pode ir elaborando as coisas com o tempo. Experiência que somente aperfeiçoa, jamais destrói,

---

[40] Para que a vida possa ser expressa nas formas culturais, Dilthey acredita que é preciso liberá-la tanto da visão positivista, que a reduz ao atomismo das sensações, quanto do movimento da negatividade dialética, que apenas garante a passagem ao universal, e assim à expressão, no aniquilamento da sua singularidade.

a *Erfahrung* constitui-se como o contrário da experiência infernal daquele "a quem nunca é permitido concluir o que foi começado":[41] o homem moderno. O registro desse último é a *Erlebnis*, a vivência individual, privada, que o sujeito, em seu isolamento, deve assimilar às pressas, já que os seus efeitos são imediatos.

Nesse ensaio, a questão quanto à possibilidade da experiência no sentido de *Erfahrung*, nas atuais condições de existência, desenvolve-se em torno do tema da *memória*. Se, no passado, era a memória acumulada e conservada pela coletividade que inscrevia nas festas e nos rituais a experiência verdadeira, agora ela pode ser reencontrada no interior do sujeito a partir de uma transformação do próprio conceito de subjetividade. Com a ajuda de Freud em *Para além do princípio do prazer* e na teoria do aparelho psíquico, junto à ideia de memória involuntária elaborada por Proust na *Recherche*, e também com o auxílio do conceito de duração de Bergson, Benjamin elabora um conceito de experiência que se define pela relação da consciência com um passado que, ao mesmo tempo que a constitui, não pertence a ela. A memória representa a presença reativada de uma tradição da qual a consciência não pode se apropriar, pois é inconsciente. A experiência no sentido de *Erfahrung*

> Forma-se menos com acontecimentos isolados e rigorosamente fixados na lembrança (*Erinnerung*), do que com dados acumulados, frequentemente de forma inconsciente, que afluem à memória (*Gedächtnis*).[42]

Para Benjamin, a verdadeira experiência nunca consiste numa relação da consciência consigo mesma, na forma de uma *presença-em-vida*. A irrupção do passado produz, ao contrário, uma rachadura na consciência, exigindo dela que abandone toda identidade imediata consigo mesma. Ou seja, a *Erfahrung* é justamente a experiência daquilo que ultrapassa a consciência, a exterioridade como a diferença

---

[41] BENJAMIN, W., "Sobre alguns temas em Baudelaire", op. cit., p. 129. (*G.S.*, I, p. 635.)
[42] Idem, p. 105 (trad. modificada). (*G.S.*, I, p. 608.)

que ela não consegue domar; isso que a constitui mas lhe é estranho; ao mesmo tempo o seu limite e a sua possibilidade.

Ao tomar como ponto de partida a *Erlebnis*, a leitura que a *Lebensphilosophie* faz da obra poética só pode compreendê-la como um grau mais elevado de organização expressiva da consciência. A obra é pensada como representação e expressão da vida, a vida da consciência. Entre a vida e a obra não existe nenhuma diferença, porque não existe diferença no interior da própria vida. No pensamento benjaminiano, ao contrário, a obra não constitui uma totalidade acabada que expressa a vida plena da consciência. Ela é a escrita de uma falta, de uma ausência. Mais do que expressão da vida, a obra é a introdução na própria vida do seu contrário, de uma alteridade; a diferença que se confunde com a experiência da morte. Como seu *teor de verdade*, a obra porta, inscrita em si, a vida, mas enquanto demanda de uma vida mais justa — demanda de salvação. Lembremos da metáfora: a obra é uma fogueira. Ela quer queimar o seu material — a *simples vida* —, mas no resto que deixa, transmite a possibilidade de reacender a flama viva. Este é o enigma que tanto intriga o crítico.

Na investigação que empreendeu sobre a história da palavra "vivência" em *Verdade e método*, Gadamer afirma que foi a literatura biográfica que primeiro lhe conferiu "cidadania". Ela é a essência da biografia, principalmente a dos artistas e a dos poetas do século XVIII. "A partir da vida se compreende a obra."[43] Gadamer mostra-nos que foi Dilthey quem atribuiu à palavra vivência uma função conceitual, palavra que logo se tornaria favorita da moda e ainda um conceito de alto valor elucidativo.[44] Nada tem de casual, portanto, o fato de que na

---

[43] GADAMER, H.-G., *Verdade e método*, Petrópolis, Vozes, 1997, p. 118.

[44] Vale notar, como também aponta Gadamer, que a cunhagem da palavra "vivência" está diretamente relacionada à crítica do racionalismo da *Aufklärung*, que, partindo de Rousseau, deu validade ao conceito de vida. Conceito este que forma o pano de fundo metafísico que sustenta o pensamento especulativo do idealismo alemão, desempenhando papel fundamental tanto em Fichte, quanto em Hegel e também em Schleiermacher. Diante da abstração do entendimento ou da particularidade da percepção e da representação, o conceito de vida implica a vinculação à totalidade e ao infinito. O apelo de Schleiermacher ao sentimento vivo contra o frio racionalismo da *Aufklärung*, a liberdade estética defendida por Schiller contra a mecanização da sociedade, assim como a oposição estabelecida por Hegel entre a vida (mais tarde, o espírito) e a mera "positividade" constituem a antecipação do processo de rejeição da moderna

biografia de Goethe, escrita por Gundolf, o conceito de vivência tenha alcançado tão amplo desenvolvimento terminológico.[45]

Essa biografia de Goethe feita por Gundolf e tão criticada por Benjamin, como Gadamer esclarece, constitui o epígono do percurso de pensamento inaugurado pela filosofia diltheyana. Ela encontra o seu antepassado primeiro em *Goethe e a fantasia poética*, um dos principais ensaios que compõem a famosa coletânea de Dilthey, *A vivência e a poesia (Das Erlebnis und die Dichtung)*, cujo título constitui um verdadeiro programa para uma teoria da compreensão.[46]

Dilthey, nesse estudo, associa a figura de Goethe à faculdade da imaginação (*Einbildungskraft*),[47] encarnando-a de forma exemplar. Musa do poeta, a imaginação, como faculdade de dar forma, criadora das imagens, é apontada como o princípio de toda arte e constitui o eixo a partir do qual Dilthey pretende edificar a sua teoria da criação. Segundo ele, para compreender Goethe, sua vida e sua obra, é necessário "penetrar na essência da imaginação",[48] pois "em nenhum dos poetas alemães modernos se vê tão claramente como em Goethe esta posição central que a fantasia ocupa na obra de criação poética".[49] Na leitura diltheyana, a peculiaridade da fantasia poética de Goethe é o que determina o seu lugar dentro da literatura europeia: ao lado do movimento romântico, ela ajudou a emancipar a poesia do império do entendimento abstrato e do bom gosto, tão característicos da Ilustração e bastante isolados das forças da vida. Para Dilthey, "a primeira e decisiva característica da poesia de Goethe é que brota de uma extraordinária energia de viver".[50] Assim ele escreve:

---

sociedade industrial que, no início do século XX, acabou por elevar a palavra vivência a um tom quase religioso. O "movimento espiritual" em torno de Stefan George também atuou nesta direção.

[45] GADAMER, H.-G., *Verdade e método*, op. cit., p. 121, nota 119.

[46] Tendo a sua primeira versão datada de 1877, *Goethe e a fantasia poética* foi integrado à coletânea em 1905 e recebeu ainda uma última versão em 1910 que foi apresentada pela tradução francesa.

[47] Dilthey emprega indistintamente o termo *Einbildungskraft* (imaginação) e o seu duplo latino *Phantasie* (fantasia).

[48] DILTHEY, W., "Goethe y la fantasía poética", in *Vida y poesia*, prólogo e notas de Eugenio Ímaz, trad. Wenceslao Roces, México, Fondo de Cultura Económica, 1945, p. 126.

[49] Idem, ibidem.

[50] Idem, p. 128.

Seus estados de ânimo recriam todo o real, suas paixões exaltam o significado e a forma de situações e coisas, e seu impulso incansável de plasmação transmuta tudo em forma e imagem. Sua vida e sua poesia não podem diferenciar-se neste ponto.[51]

"A poesia é representação e expressão da vida."[52] Esta é a frase mais importante do ensaio de Dilthey, ou seja, para o filósofo, a *Erlebnis* é a base de toda a criação, e a poesia, esta somente expressa a vivência e representa a realidade externa da vida. Ao colocar a *Erlebnis* como alavanca da criação poética, ele ancora a arte na vida, que, através do recorte e da modelação da forma, recebe significação. Meio poética, meio histórica, a *Erlebnis*, para Dilthey, é um misto, "uma estrutura que articula o heterogêneo de maneira a produzir sentido".[53]

Assim, o fundamento dos processos psíquicos sobre os quais o mundo poético se forma são sempre as vivências e a base de captar criada por elas. São os "nexos vitais" (*Lebensbezüge*), a trama da vida como uma espécie de intencionalidade profunda, que dominam a fantasia poética, nela encontrando a sua justa expressão, pois já influem na formação das percepções do poeta. É na vida que o homem tem acesso ao seu eu e ao sentimento de sua existência diante dos outros homens, dentro do meio ambiente que o afeta. O que a poesia nos faz ver, primordialmente, é o conteúdo de vida que mora dentro do eu e que forma o "valor de vida"[54] capaz de conferir significado às pessoas, às coisas, às situações e aos acontecimentos. Esse é o conteúdo universal da poesia, que não expressa um conhecimento da realidade, mas "a experiência mais viva do nexo da trama da existência como sentido da vida".[55] Tal é a "relação fundamental entre vida e poesia",[56] entre a arte e a vida. Mas, ao fazer da arte uma autorreflexão da vida, em que a vida

---

[51] DILTHEY, W., "Goethe y la fantasía poética", in *Vida y poesia*, op. cit., p. 128.

[52] Idem, p. 127.

[53] COHN, D., "Presentation", in *Oeuvres de Dilthey*, vol. 7, *Écrits d'Esthétique*, editado e anotado por Sylvie Mesure, com apresentação de Danièle Cohn, trad. Danièle Cohn e Evelyne Lafon, Paris, Le Cerf, 1995, p. 18.

[54] DILTHEY, W., "Goethe y la fantasía poética", in *Vida y poesia*, op. cit., p. 128.

[55] Idem, ibidem.

[56] Idem, ibidem.

parece capaz de se objetivar a si mesma, Dilthey, apesar de todas as recusas, acaba por sucumbir a um modelo empático de compreensão. A vida é retomada na *Erlebnis* como se fosse da ordem de um dado originário. "A obra de arte, por sua existência perfeita, se oferece como uma prova em ato da possibilidade de um acesso imediato à plenitude do ser."[57] Aqui jaz toda a fragilidade do projeto de Dilthey.

Segundo Benjamin, a mera continuidade entre a vida e a obra torna impossível a determinação do papel específico que a obra ocupa na vida de um homem. Além disso, esta concepção, característica da forma mais trivial de pensar, induz a que atribuamos à vida dos artistas "certos tipos de conteúdo",[58] de maneira que ela não só esteja emancipada de todas as "máximas morais"[59] como ainda esteja gozando de uma "legitimidade superior".[60] Desta forma, todo "autêntico conteúdo de vida",[61] que se inscreve necessariamente nas obras, se apaga, ofuscado pela "figura do herói mítico"[62] na qual o artista se vê transformado. Benjamin nota que essa tendência à mitologização do grande artista, característica do círculo de Stefan George, nunca se expôs tão claramente como a propósito de Goethe. É ela que rege também a interpretação de Dilthey, que, fascinado, se identifica ao artista, idealizando a subjetividade criadora. Dilthey também constrói uma imagem mítica do poeta com a descrição que faz do talento poético, onde a fantasia é apresentada como "uma organização mais poderosa de certos homens",[63] fundando-se no "raro vigor de certos processos elementares"[64] a partir dos quais a "vida espiritual" se constrói de "uma forma completamente distinta da normal".[65] Para ele, o poeta destaca-se de todas as demais classes de homens "em um grau mais alto do que se

---

[57] COHN, D., "Presentation", in op. cit., p. 23.
[58] BENJAMIN, W., "As afinidades eletivas de Goethe", op. cit., p. 58. (*G.S.*, I, p. 156.)
[59] Idem, ibidem. (*G.S.*, I, p. 157.)
[60] Idem, ibidem.
[61] Idem, ibidem.
[62] Idem, p. 59. (*G.S.*, I, p. 157.)
[63] DILTHEY, W., "Goethe y la fantasía poética", in *Vida y poesia*, op. cit., p. 129.
[64] Idem, ibidem.
[65] Idem, ibidem.

poderia supor",[66] pois é ele que, melhor que os outros, efetua o pôr em forma; é ele que efetua a *Bildung*. Assim pensada, a vida espiritual fica reduzida a um processo mítico de transformação das sensações, sentimentos e paixões, dispondo-os em figura e ritmo e encontrando a sua possibilidade na organização mais vigorosa do poeta, de sua percepção, sua memória e sua capacidade de reprodução.

O talento, sob esta concepção, é visto inteiramente como "obra da natureza";[67] e uma só e mesma *Bildung* aparece em obra na natureza e na arte. A "técnica da natureza" e a "técnica da arte" identificam-se em seu sentido mais profundo justamente porque representam o trabalho da mesma força criadora.[68] A vida, nas obras, eleva-se, pela *Erlebnis*, à arte. Na fantasia, o fluxo organizado das vivências, que conserva e transmite a vida, é revivificado ao grau máximo de intensidade. A arte, como reprodução mais complexa da *Erlebnis* originária, torna-se uma interpretação viva, e toda obra, uma "criatura viva de tipo peculiar".[69] Jamais a morte se coloca na experiência vivida sobre a qual a forma artística opera.

Conduzindo desta forma a sua interpretação de Goethe, Dilthey só pode concluir pela "universalidade" e "olimpicidade" do poeta. Goethe, "o universal": modelo inalcançável de "plenitude vital", homem completo que estendia os seus interesses muito além da literatura, dedicando-se a matérias tão distintas como a botânica, a doutrina das cores e a geologia; capaz de dividir-se entre o trabalho científico, a especulação filosófica e as atividades administrativas; que no campo das artes ainda explorou o desenho e a arte figurativa. Goethe, "o olímpico": nobre "espectador desinteressado" que majestosamente contempla, com o ânimo sereno, a incessante metamorfose que caracteriza a totalidade harmônica da natureza, como sugere o qualificativo que se atribui a Jean Paul.

---

[66] DILTHEY, W., "Goethe y la fantasía poética", in *Vida y poesia*, op. cit., p. 134
[67] Idem, p. 137.
[68] Como no pensamento de Goethe, aqui a natureza está à espera da arte, do trabalho da imaginação poética que penetra como nenhum outro em seus segredos mais íntimos. E não é apenas neste ponto que encontramos a presença de Goethe; ela acompanha todo o itinerário intelectual de Dilthey.
[69] DILTHEY, W., "Goethe y la fantasía poética", in *Vida y poesia*, op. cit., p. 142.

Mas, enquanto para esta compreensão "o dom de vidente do poeta",[70] com os seus "olhos de lince", faz da poesia a decifração do sentido da vida, e a totalidade da experiência — a exterioridade que mora do lado de fora da consciência, o outro da *Erlebnis* — passa a fazer parte do eu, agora recompreendida pela subjetividade que retoma seu sentido livremente, para Benjamin, ao contrário, essa unidade entre a essência de um homem, sua vida e suas obras só pode ser encontrada na esfera do mito. Nesse domínio, "a essência é *Daimon*, a vida é destino e a obra, que configura nada além da essência e da vida, é forma viva".[71] E a tarefa de toda arte digna deste nome, como também da crítica filosófica onde a sua significação redentora se manifesta, é promover a dissolução do círculo mágico do mito, rompendo o registro da aparência sensível no qual ele se manifesta.

Benjamin sublinha que "a forma canônica da vida mítica é exatamente a do herói".[72] Nela, e somente nela, "o pragmático é ao mesmo tempo simbólico",[73] porque a vida que aí é simbolizada não é a vida propriamente humana, mas, antes, aquela sobre-humana, tanto em sua estrutura como em seu teor. A face simbólica da vida heroica não repousa no caráter individual e humano daquele que vive. Mas é na ideia de uma "tarefa a realizar"[74] que o herói — a quem é atribuída uma missão — se torna sempre o representante da humanidade diante de seus deuses. É assim que, ao fazer do poeta um semideus, a Escola de George concebe a sua obra como uma tarefa, uma "missão de origem divina". Embora tudo isso possa significar para os homens a evidência de uma exigência, Deus, diz Benjamin, não impõe nenhuma tarefa. A noção de tarefa, para ele, é totalmente inadequada em literatura: não é Deus quem dita a obra das alturas; ela "ascende do inescrutável da alma"[75] e participa do "eu mais profundo e próprio do ser humano".[76]

---

70 DILTHEY, W., "Goethe y la fantasía poética", in *Vida y poesia*, op. cit., p. 141.
71 BENJAMIN, W., "As afinidades eletivas de Goethe", op. cit., p. 59. (*G.S.*, I, p. 157.)
72 Idem, ibidem. (*G.S.*, I, p. 157.)
73 Idem, ibidem. (*G.S.*, I, p. 157.)
74 BENJAMIN, W., "As afinidades eletivas de Goethe", op. cit., p. 60. (*G.S.*, I, p. 157.)
75 Idem. p. 61. (*G.S.*, I, p. 159.)
76 Idem, ibidem. (*G.S.*, I, p. 159.)

Segundo a leitura benjaminiana, o que tal interpretação perde de vista quando sublinha a maravilhosa "unidade e harmonia"[77] da existência de Goethe, compreendendo-o como um modelo de plenitude vital, é a sua "angústia mítica". Colocando o seu acento sobre a atividade vital que sustenta toda relação com a arte, sobre o seu efeito profundo de alegria e satisfação, esta interpretação não percebe de que maneira "o mítico vive na existência goethiana".[78] Não se pode confundir com aquietamento o olhar de olímpica serenidade que o poeta lança sobre a vida. Para Benjamin, o epíteto "olímpico" remete-nos antes a essa "natureza mítica, obscura, imersa em si mesma, que em rigidez muda é inerente à arte goethiana".[79] Ele designa "o elemento luminoso na essência mítica": é a outra face, e não a liberação daquela "obscuridade que anuviou pesadamente a existência do homem".[80]

Como aponta Benjamin, o próprio Goethe denominou demoníaco o princípio de metamorfose que preside a sua concepção da natureza; o domínio da aparência cambiante e enganadora. Desta potência tenebrosa podemos encontrar os traços na célebre página que introduz a última seção de *Poesia e verdade*, seu relato autobiográfico: Goethe conta-nos que, ao tentar se aproximar do "domínio que está além dos sentidos", acreditou descobrir, dentro da natureza animada e inanimada, algo que só se manifestava através de contradições e que por isso não podia ser traduzido em conceitos, muito menos em palavras — uma realidade que não era divina nem humana, diabólica nem angelical, que confundia casualidade e providência. Tal essência, que ele nomeou demoníaca a exemplo dos antigos, acompanhará Goethe ao longo de toda a sua vida. Ela exprime a experiência da intocável ambiguidade natural; expressa toda a angústia daquele que se encontra sob o domínio de uma força que é absolutamente impossível de ser controlada. Já no fragmento de 1780, intitulado "Da natureza" — que, se não foi escrito pela mão de Goethe, ele não deixou de reconhecer

---

[77] DILTHEY, W., "Goethe y la fantasía poética", in *Vida y poesia*, op. cit., p. 142.

[78] BENJAMIN, W., "As afinidades eletivas de Goethe", op. cit., p. 61. (*G.S.*, I, p. 158.)

[79] Idem, p. 44. (*G.S.*, I, p. 147.)

[80] Idem, p. 47. (*G.S.*, I, p. 149.)

como uma genuína expressão do seu pensamento —, percebemos essa concepção da natureza como aquela que nos arrasta "no vórtice de sua dança" e que "não revela seu segredo": "Ela me instalou aqui, ela me fará sair daqui". Força que escapa a todo alcance, a natureza é essa mãe que nunca se mostra, a quem nos entregamos plenamente, em afinidade inconsciente, numa espécie de pertencimento subterrâneo.

E isso só demonstra que, em Goethe, as palavras da razão são incapazes de decifrar o misterioso reino da natureza. O pensamento enquanto forma abstratamente racional, desprovido desse poder, não consegue sanar a inquietude daquele que vive. Benjamin ressalta que Goethe jamais alcançou a definição conceitual da "verdadeira" natureza; jamais atingiu o "centro fecundo de uma intuição"[81] que lhe teria permitido descobrir, sob as aparências naturais, a presença da "verdadeira" natureza como *fenômeno originário*.[82] Segundo Benjamin, o próprio conceito goethiano de natureza permaneceu ambíguo, significando tanto o domínio das aparências sensíveis quanto o mundo dos arquétipos alcançados por intuição. Essa espécie de contaminação entre o puro e o impuro, entre os fenômenos e as suas leis, só faz com que a natureza sensível tome a frente, fazendo triunfar a sua "face mítica".[83] A confusão entre empirismo e *logos*, entre percepção sensível e forma originária, testemunha apenas a queda no indiferenciado, a experiência do risco que ameaça todo aquele que vive de ser dissolvido, arrastado pela potência da metamorfose.

Para a interpretação benjaminiana, nesta cosmovisão impera o "caos",[84] e no caos a vida do mito se coloca "sem mestre e sem limites" como o "único poder no âmbito daquilo que existe".[85] É o que se pode concluir da referência à astrologia, "cânone do pensamento mítico", logo no início de *Poesia e verdade*. Benjamin entende que tanto a compreensão da vida submetida ao poder dos signos e dos astros, quanto

---

[81] BENJAMIN, W., "As afinidades eletivas de Goethe", op. cit., p. 45 (trad. modificada). (*G.S.*, I, p. 147.)

[82] Ao final deste capítulo encontra-se o desenvolvimento da concepção goethiana fundamental de fenômeno originário.

[83] BENJAMIN, W., "As afinidades eletivas de Goethe", op. cit., p. 46. (*G.S.*, I, p. 148.)

[84] Idem, p. 47. (*G.S.*, I, p. 149.)

[85] Idem, p. 46. (*G.S.*, I, p. 149.)

todos os outros aspectos supersticiosos da vida de Goethe são traços de sua angústia mítica. O seu medo da morte é o preço pago pela convivência com as forças demoníacas.

Ou seja, a tese de Benjamin é a de que Goethe experimentou toda a potência do mundo mítico. *Daimon* é justamente a primeira das *palavras originárias* (*Urworte*) de seu poema órfico. A ela se seguem *Tyché*, o acaso; *Eros*, o amor; e *Ananké*, a necessidade. No entanto, como diz o poema, as "muralhas de bronze"[86] da necessidade, em que estamos enclausurados e para onde confluem o demônio, o acaso e o amor, podem ser abertas pelo "ser ligeiro"[87] da esperança: *Elpis*, esta é a última palavra de Goethe; ela significa redenção, salvação do poder da natureza, salvação da angústia demoníaca da vida. Foi quando buscava "algo próximo ao humano"[88] nas outras palavras, que o poeta se deparou com ela.

É desta forma que a relação entre a vida e a obra já implica o momento da crítica. Mais do que um monumento que se ergue ao poder da vida, a obra configura um testemunho da revolta daquele que se viu enclausurado nos labirintos demoníacos. Longe de ser o grau máximo de expressão da vida, a obra configura o traço de uma subjetividade que quer se afastar de sua essência demoníaca. Goethe escreveu: "Desta terrível essência eu procurei me salvar".[89]

Na visão de Benjamin, se o exame das obras mais tardias do poeta revela, certamente, a presença inexorável do mito, toda a força e toda a profundidade dessas obras, enquanto testemunho da última evolução de sua vida, residem em trazer à luz a luta do poeta para escapar do círculo mágico do mundo mítico. Assim se compreende por que, precisamente, *As afinidades eletivas* é um texto que permite esclarecer os *arrière-fonds* de sua vida, aqueles que a sua confissão não desvela e que permanecerão escondidos para uma tradição que ainda não

---

[86] GOETHE, J. W., "*Urworte. Orphisch*", in *Poemas* (antologia), trad., notas e comentários de Paulo Quintela, Coimbra, Acta Universitatis Conimbrigensis, 1957, p. 233 (trad. modificada).

[87] Cf. GOETHE, J. W., "*Urworte. Orphisch*", in *Poemas*, op. cit., p. 233.

[88] BENJAMIN, W., "As afinidades eletivas de Goethe", op. cit., p. 60. (*G.S.*, I, p. 158.)

[89] GOETHE, J. W., *Memórias: poesia e verdade*, 2 vols., trad. Leonel Vallandro, Brasília, Editora Universidade de Brasília, 1986, p. 584 (trad. modificada).

se libertou de seu poder. Benjamin nota que, se no período central de sua existência, Goethe aceita submeter-se ao jugo do mito, a ele se vinculando por um verdadeiro "pacto",[90] depois de sua última e mais grave submissão ele iniciou enfim o seu protesto. Após um combate travado por mais de trinta anos contra a instituição legal do casamento — símbolo terrível da clausura mítica —, Goethe se casa com Christiane Vulpius e, um ano mais tarde, inicia a redação de *As afinidades eletivas*. Aqui, a "afinidade eletiva" surge como a outra face do casamento como direito, a inversão da sexualidade regulada em direção a uma outra, livre e ilegal, mas que, como Benjamin mostra, permanece enclausurada na estrutura originária do mito.

Esse romance representa para Benjamin um "ponto de virada"[91] na obra de Goethe. Começa aqui o protesto contra o mito que, de obra em obra, se tornará cada vez mais intenso. Benjamin vê a última série das obras de Goethe como o documento de um processo de "depuração".[92] Se a sua juventude o levara a buscar na arte literária um abrigo, refúgio fácil para a angústia da vida, a idade madura "fez da literatura a soberana de sua vida",[93] dobrando-a "sob as ordens" que faziam dela a "ocasião" de sua obra. Ao mesmo tempo em que Goethe se afasta do mito, a sua obra se torna mais importante do que a sua própria vida, exercendo toda potência crítica, revelando-se como autêntico pedido de redenção.

Voltando à crítica endereçada por Benjamin à *Lebensphilosophie*, agora se poderá compreender por que esta última não pôde alcançar o que é mais característico do trabalho literário. Fixando-se no conceito de *Erlebnis*, a *Lebensphilosophie* perde justamente o *teor de verdade*

---

[90] BENJAMIN, W., "As afinidades eletivas de Goethe", op. cit., p. 69. (*G.S.*, I, p. 165.)
[91] Idem, ibidem. (*G.S.*, I, p. 165.)
[92] Idem, p. 70. (*G.S.*, I, p. 165.)
[93] Idem, ibidem. (*G.S.*, I, p. 165.)

ético, contraposto ao mito e presente no fazer-se da obra pelo sujeito. Benjamin escreve:

> O conceito de vivência não é nada além de uma paráfrase daquela ausência de consequências do canto, ausência esta ansiada também pelo mais sublime modo de ser filisteu (sublime por ser ainda igualmente covarde); e tal canto, despojado da relação com a verdade, não consegue despertar a responsabilidade adormecida.[94]

A ocasião da poesia de Goethe, pelo menos no que concerne às suas últimas e maiores obras, não foi nunca a *Erlebnis*, mas a verdadeira experiência — *Erfahrung* — do domínio do mito. Na "grandiosa experiência fundamental (*Grunderfahrung*) dos poderes míticos",[95] ao perceber que "a reconciliação com eles não pode ser obtida senão mediante a constância do sacrifício",[96] ele se colocou contra elas. Para a interpretação benjaminiana, sua obra é sua luta, um pedaço de vida arrancado do mito. A verdadeira coragem goethiana, que a *Lebensphilosophie* confundiu com uma hipertrofia da vida, foi ter-se oferecido ao mito. Apenas ao se deixar arrastar pelo demoníaco ele pôde realmente conhecê-lo e assim dar início à sua luta. Segundo Benjamin, não é a vivência que está na base da invenção literária, como mostra aquela "convenção" das histórias da literatura que afirma ser a poesia de Goethe uma "poesia de ocasião" (*Gelegenheitsdichtung*). Se a ocasião é capaz de dar o *teor* poético, a vivência só deixa atrás de si o mero sentimento (*Gefühl*), jamais podendo atingir a "relação essencial"[97] que liga um homem à arte.

Na leitura benjaminiana, se a vida de Goethe pode ser o "fenômeno originário" de uma matéria rica em teor poético, é porque ela é dotada de um "caráter moral". Tal é a "antiga vocação do poeta"[98] onde jaz a dignidade do seu canto. Benjamin mostra-nos que, em seus últi-

---

[94] BENJAMIN, W., "As afinidades eletivas de Goethe", op. cit., p. 71-72. (*G.S.*, I, p. 166.)
[95] Idem, p. 69. (*G.S.*, I, p. 164.)
[96] Idem, ibidem. (*G.S.*, I, p. 164.)
[97] BENJAMIN, W., "As afinidades eletivas de Goethe", op. cit., p. 71. (*G.S.*, I, p. 166.)
[98] Idem, p. 71. (*G.S.*, I, p. 166.)

mos anos, ao penetrar profundamente a essência da poesia, o poeta constatou, com um *frisson* de horror, que o simples mundo que o cercava não lhe podia oferecer nenhuma ocasião para cantar, que a ocasião de sua poesia jamais lhe viria ao espírito a partir das experiências vividas. E ele, desde então, não quis outra coisa senão avançar sobre o "tapete do verdadeiro";[99] apenas as "leis" do verdadeiro passam a atiçar "a chama suprema de sua vida",[100] onde se consomem "as escórias de cada paixão".[101]

Numa carta a Scholem, de fevereiro de 1918, Benjamin escreveu: "Eu estou convencido de que Goethe — com a idade em todo o caso — foi um homem totalmente puro do qual nem os lábios nem a pena conheceram a mentira".[102] Ele está se referindo, nesse momento, justamente ao "elemento moral"[103] com o qual a vida do artista se debateu — elemento que, segundo Benjamin, os românticos estavam próximos demais para alcançar. Para o filósofo, apenas a sua geração pode ter, frente a Goethe, uma atitude verdadeiramente crítica, e assim segui-lo com toda "gratidão",[104] porque ela foi a primeira a tocar o seu conteúdo ético, que ele chama *teor* das obras, ou seja, sua relação com a verdade e a justiça. Lembremos: a crítica difere do comentário, pois ela busca o *teor de verdade* das obras — teor que se opõe ao seu conteúdo objetivo ou coisal —; a flama viva que continua a arder sob as cinzas leves do vivido.

De tudo o que dissemos pode-se concluir que a interpretação que Benjamin faz de *As afinidades eletivas* se opõe frontalmente àquela concepção que faz da vida de Goethe a sua verdadeira obra-prima. Trata-se de uma análise imanente, que lê a obra por e para ela mesma. Quando a escola de George atribui à vida de Goethe primazia absoluta, tornando-a inqualificável do ponto de vista moral, imune assim a toda crítica, acaba por impossibilitar o acesso ao núcleo de verdade de sua

---

[99] BENJAMIN, W., "As afinidades eletivas de Goethe", op. cit., p. 72. (*G.S.*, I, p. 166.)
[100] Idem, ibidem. (*G.S.*, I, p. 167.)
[101] Idem, ibidem. (*G.S.*, I, p. 167.)
[102] BENJAMIN, W., *Correspondance*, t. 1, op. cit., p. 164. (*Briefe*, I, p. 178.)
[103] Idem, ibidem. (*Briefe*, I, p. 178.)
[104] Idem, ibidem. (*Briefe*, I, p.177.)

obra. Na leitura de Benjamin, o *teor coisal* do romance é justamente a potência do elemento mítico, onde Goethe nos mostra, contra todas as ilusões do Iluminismo sobre a cultura, que as instituições sociais (o direito, a família) também participam da violência arcaica característica da Natureza. A própria obra, no entanto, apresenta a experiência critico-filosófica capaz de dissolver o círculo mágico do mito. A teoria da interpretação proposta por Benjamin compreende a obra como já contendo em si a crítica. Ela se faz como um processo de autointerpretação da vida; uma prática onde o sujeito pode desmontar a sua própria vida, o seu próprio passado. Longe de ser o lugar em que as suas vivências se depositam, o texto é o traço deixado pela experiência fundamental de dilaceramento do sujeito, produto do trabalho da morte.

Benjamin nota ainda que essa forma de tratar o poeta como herói, tão cara ao decadentismo do círculo de George e que funda todo o livro de Gundolf, acarreta ainda um segundo erro cheio de consequências nefastas: a relação entre o autor e a sua obra é pensada por analogia com aquela que existe entre o *criador* e a *criatura*. Ao falar do poeta como um criador, acaba-se por negligenciar o caráter metafórico do epíteto, assimilando-o ao verdadeiro Criador, como se o escritor, transformado em "super-homem",[105] tivesse a estatura de Deus. Pensar a relação entre o autor e a sua obra sob o modelo da criação tem como consequência a estetização da vida do criador, onde criador e criatura se identificam na figura do herói mítico. Desta forma, o livro de Gundolf repete o "dogma mais impensado do culto a Goethe":[106] a ideia de que dentre todas as suas obras a maior seria a sua própria vida. E o mais importante: ao se fixar na figura mítica do herói vitorioso, dotado de todos os atributos que são próprios do criador, Gundolf se afasta de toda reflexão de ordem moral; quando mergulha nos teores coisais que constituem a vida de Goethe, apenas supõe enxergar ali o seu teor de verdade. Não foi sem provocação que Benjamin declarou, certa vez, que seu livro de cabeceira sobre Goethe era a biografia,

---

[105] BENJAMIN, W., "As afinidades eletivas de Goethe", op. cit., p. 62. (*G.S.*, I, p. 159.)
[106] Idem, p. 63. (*G.S.*, I, p. 160.)

declaradamente hostil, feita pelo jesuíta Alexander Baumgartner.[107] Para Benjamin, a imagem monumental do poeta, que vigora no *Goethe* de Gundolf, não passa de impostura, e o único benefício que a leitura deste livro pode proporcionar é contribuir para o reconhecimento definitivo do mito como "indiferença aniquiladora perante a verdade",[108] fazendo ver, com isso, que a relação entre o mito e a verdade só pode ser a de "exclusão recíproca".[109]

Segundo Benjamin, ao aplicar o conceito religioso de criação para caracterizar o trabalho do poeta, a escola de George apropria-se da linguagem teológica de maneira totalmente inadequada: ela não leva em conta o fato de que o conceito de criação, em seu significado original, implica aquele de *redenção*, sendo deste absolutamente inseparável — o que caracteriza o âmbito do criado é justamente a sua plena participação na "intenção de redenção".

Foi num manuscrito de apenas três páginas, intitulado *Categorias da estética*, escrito entre 1919 e 1920 — provavelmente como preparação para a redação do ensaio sobre Goethe e que permaneceu inédito durante toda sua vida —, que Benjamin esclareceu o problema de como o *conceito de criação* ingressa na filosofia da arte. Seu ponto de partida é a teologia heterodoxa da Cabala, que interpreta o ato criador como um *afastamento de Deus*, uma separação originária, primeira na ordem do tempo, entre Criador e criatura. Para que a criatura ganhe vida própria e alcance o estatuto de finitude que lhe constitui, é necessário que o Criador se torne oculto, pois "a vida da criação permanece na obscuridade, na sombra do Criador, até que este se separa dela".[110] É este afastamento de Deus que traz à luz a criatura, que a faz emergir para a visibilidade, para a aparência. É também este afastamento o estabelecimento da *ordem moral*: "ele constitui a esfera da percepção na intenção ininterrupta, reta, desde a criação, que é boa em si mesma, que só porque é vista como 'boa' constitui o 'ver'".[111]

---

[107] Cf. BENJAMIN, W., *Correspondance*, t. 1, op. cit., p. 434. (*Briefe*, I, p. 477.)
[108] BENJAMIN, W., "As afinidades eletivas de Goethe", op. cit., p. 66. (*G.S.*, I, p. 162.)
[109] Idem, p. 65. (*G.S.*, I, p. 162.)
[110] Idem, p. 124. (*G.S.*, I, p. 830.)
[111] BENJAMIN, W., "Las afinidades electivas de Goethe", in *Dos ensayos sobre Goethe*, trad. Graciela Calderón e Griselda Mársico, Barcelona: Editorial Gedisa, 1996, p. 124. (*G.S.*, I, p. 831.)

Comentando o pensamento místico do cabalista Isaac Luria, é Scholem — de quem, como se sabe, provém grande parte do conhecimento teológico de Benjamin — que elucida este ponto. Segundo ele, a cosmologia luriana, cuja estrutura em muito se assemelha aos mitos gnósticos da Antiguidade, fundamenta-se na teoria do *Tzimtzum*, que originalmente significa "concentração" ou "contração", mas na linguagem cabalística se traduz por "retração" ou "retirada". Isto quer dizer "que a existência do universo só é possível devido ao processo de contração em Deus".[112] Afinal, "como poderia existir um mundo se Deus está em toda parte?".[113] Se Deus é "tudo em tudo", como podem existir as coisas que não são Deus? Como Ele pôde criar o mundo do nada, se o nada não existe? Este é o problema que a teoria de Isaac Luria pretende resolver, afirmando que Deus foi compelido a dar espaço ao mundo, abandonando uma região dentro de Si mesmo, uma espécie de "espaço primordial místico", do qual Ele se retirou. Desta forma, o primeiro ato do "Sem-Fim" não seria um passo para fora — como na cosmologia cabalística mais antiga, onde o processo da Criação se inicia com um ato de projeção do poder criativo de Deus no espaço, de acordo com a doutrina emanacionista do neoplatonismo — ; seria um passo para dentro, um movimento de retração, de retirada para dentro de Si. Scholem descreve:

> Em lugar da emanação temos o oposto, a contração. O Deus, que revelou a si mesmo em firmes contornos, foi substituído por outro que desceu mais profundamente nos recônditos de Seu próprio Ser, que se concentrou em Si Mesmo, e que assim procedeu desde o início da criação.[114]

---

[112] SCHOLEM, G., *As grandes correntes da mística judaica*, São Paulo, Perspectiva, 1972, p. 264.
[113] Idem, ibidem.
[114] Idem, ibidem. É importante mencionar, como afirma Scholem, que "Além de sua importância intrínseca, a teoria do *Tzimtzum* também serviu de contrapeso ao panteísmo, que alguns estudiosos julgam estar implícito na teoria da emanação". (Cf. idem, p. 265)

"O primeiro de todos os atos não é um ato de revelação, mas de *limitação*."[115] Sem o esforço repetido com o qual Deus se contém, nada no mundo existiria. E existe ainda outro aspecto que, segundo Scholem, o próprio Luria considerava da "mais alta importância": se o *Tzimtzum* é um ato de negação e limitação, ele é também um "ato de *julgamento*".[116] Antes de sua ocorrência, a essência do Ser Divino que continha as qualidades do amor e da misericórdia possuía também aquelas da *Divina Severidade*, que os cabalistas nomeiam *Din* ou julgamento. O *Din* não era, contudo, reconhecível, "como se estivesse dissolvido no grande oceano da compaixão de Deus, como um grão de sal no mar".[117] Se foi apenas no ato do *Tzimtzum* que ele se tornou claramente definido e se cristalizou, isto é porque, para os cabalistas, o julgamento significa justamente "a imposição de limites e a determinação correta das coisas".[118] E é precisamente na existência das coisas individuais que a categoria mística do julgamento desempenha um papel fundamental: o ato da criação, pelo qual Deus determina e limita a si mesmo, como ato de julgamento, revela as raízes desta qualidade em tudo o que existe; "raízes do julgamento divino" que, segundo Luria, subsistem em "mistura caótica" com o resíduo da luz divina que persiste no espaço primordial depois do retraimento de Deus.

Aos olhos de Benjamin, toda a natureza "como cenário da história"[119] e também o homem trazem a marca da moralidade, esse vestígio do divino, como um sinal deixado por Deus enquanto se afastava, participando ambos, assim, da *intenção de salvação*. É isso que define o âmbito do criado, a própria vida da criatura: a sua participação plena, "sem restrições",[120] na "intenção de salvação",[121] de expiação e de resgate. Quando a Escola de George cai no "abismo da irrefletida

---

[115] SCHOLEM, G., *As grandes correntes da mística judaica*, op. cit., p. 264
[116] Idem, p. 266. De onde se pode concluir também que, para a cabala luriana, assim como no gnosticismo, a raiz de todo o mal já se encontra latente no ato da Criação. (Cf. idem, p. 267.)
[117] SCHOLEM, G., *As grandes correntes da mística judaica*, op. cit., p. 266.
[118] Idem, ibidem.
[119] BENJAMIN, W., "Comentarios a 'Las afinidades electivas de Goethe'", op. cit., p. 122. (*G.S.*, I, p. 829.)
[120] Idem, ibidem. (*G.S.*, I, p. 829.)
[121] Idem, ibidem. (*G.S.*, I, p. 829.)

confusão terminológica"[122] e atribui ao poeta o título de criador, fazendo-o tomar o lugar de Deus, esquece que o autor, antes de tudo, é criatura, sujeito finito que clama por sua redenção. E essa visão mítica termina por conferir à obra aquilo que pertence apenas à vida da criatura, ou seja, uma participação plena na intenção de salvação; acaba por fazer da obra uma convocação à responsabilidade moral, em vez de a pensar como ela é: lugar onde a vida da criatura imprime o seu pedido de redenção. Benjamin é claro:

> O artista é menos a causa primordial (*Urgrund*), ou o criador (*Schöpfer*), do que a *origem* (*Ursprung*) ou o *configurador* (*Bildner*); com certeza, sua obra não é, de modo algum, sua criatura (*Geschöpf*), mas sim sua *configuração* (*Gebilde*).[123]

Isso significa que a relação entre o autor e a sua obra não pode ser pensada sob a categoria de causalidade, sob o "esquema causa e efeito" que presidiu a criação. No pensamento benjaminiano, a única categoria capaz de dar conta de tal relação é aquela de *origem*: a causa não é o princípio da obra porque "a obra de arte não é algo criado (*Geschaffenes*)",[124] mas um "originado (*Entsprungenes*)"[125] — mesmo "que os não entendidos o chamem surgido ou acontecido".[126] O autor é a sua origem, uma criatura que na obra realiza a sua configuração, a sua formação, de acordo com a exigência moral que o define. Eis por que, no fragmento *Categorias da estética*, Benjamin afirma que, mesmo não ingressando na filosofia da arte como uma causa, "a criação tem com frequência uma conexão com a grande obra de arte: enquanto conteúdo".[127] Segundo Benjamin, a criação é um dos temas mais poderosos da arte. "Todas as obras de arte possuem como conteúdo,

---

[122] BENJAMIN, W., "As afinidades eletivas de Goethe", op. cit., p. 62. (*G.S.*, I, p. 159.)
[123] Idem, ibidem. (*G.S.*, I, p. 159.)
[124] BENJAMIN, W., "Comentarios a 'Las afinidades electivas de Goethe'", op. cit., p. 122. (*G.S.*, I, p. 828.)
[125] Idem, ibidem. (*G.S.*, I, p. 828.)
[126] Idem, ibidem. (*G.S.*, I, p. 828.)
[127] Idem, ibidem. (*G.S.*, I, p. 829.)

de alguma maneira, a criação",[128] na medida em que a obra é o seu pôr em forma, sua *mise en forme*. Apresentar a criação, expô-la: eis a "autêntica essência" de toda a forma, seu conteúdo no estado mais "elevado e sublime". Se o afastamento de Deus faz emergir a criatura, a obra é a sua configuração. Ao restringir na lei da forma o aparecer, ela, a obra, dá forma acabada à criatura, permitindo a passagem da *contemplação* à *percepção*. Para Benjamin, é a isso que se chama *beleza*, cujo trabalho faz progredir a aparência em direção "à totalidade e à perfeição". No entanto, em sua compreensão, é justamente quando produz um rompimento no reino da aparência que a obra ultrapassa o território e também se torna criação: deixa de ser simples percepção do aparecer e torna-se "percepção utópica",[129] percepção de um além da aparência. Somente então ela está submetida à categoria moral, porque a percepção, o domínio da visibilidade, participa da bondade da criação, sim, mas não a exaure. Além do ver, há a responsabilidade moral, para onde aponta o conteúdo de verdade das obras. A aparência é parte imprescindível da criação, mas ela também tem o seu limite, limite no qual se nega e se abre ao outro, penetrando no domínio moral. Assim se compreende a necessidade de destruição da bela aparência enquanto momento primeiro da crítica: para que a experiência do sublime, verdadeiro teor da arte, possa vir à luz.

O autor, no pensamento benjaminiano, é a origem da obra, pois nela se inscreve como criatura que participa da exigência moral, deixando impresso o seu desejo de salvação. Tal *experiência de origem* que define o trabalho da literatura permite compreender em que sentido este pode ser chamado de autobiográfico: a literatura é, precisamente, a experiência da fratura, da rachadura que atravessa o sujeito e toda a sua experiência vivida, a ausência que constitui a possibilidade da obra. O afastamento de Deus, simbolizando a sua diferença radical e portanto a impossibilidade de uma fácil reconciliação, é a imagem que a linguagem teológica da heterodoxia cabalística

---

[128] BENJAMIN, W., "Comentarios a 'Las afinidades electivas de Goethe'", op. cit., p. 123. (*G.S.*, I, p. 829.)
[129] Idem, p. 124. (*G.S.*, I, p. 830.)

apresenta. Mas, como escreve Benjamin, "a essência da criação é exemplar para a condicionalidade moral da percepção utópica".[130] Ou seja, por um lado, somente o "devir outro" de Deus faz aparecer a criatura; por outro, somente essa retração de Deus a faz penetrar na esfera da moralidade. É preciso ressaltar, no entanto, o seguinte: se o destacar-se de Deus é "um ato moral", a lei que nesse contexto se exprime não constitui um sistema positivo de regras e códigos — um processo que, para Benjamin, é posterior. Trata-se de uma lei originária que é, ao mesmo tempo, o fundamento do sujeito e a possibilidade de sua crítica, no sentido da responsabilidade perante o outro. Pois o afastamento de Deus, a alteridade radical na linguagem teológica — na medida em que afirma uma diferença inapropriável pelo sujeito — institui a subjetividade como finitude no encontro com a alteridade.

Para a filosofia benjaminiana, Deus, a "flama originária" da Cabala luriana, só pode ser pensado numa *lógica paradoxal*: ele é, ao mesmo tempo, *fundamento* (*Urgrund*) enquanto criador, e *origem* (*Ursprung*) enquanto redentor. Eis o paradoxo: se na ordem temporal a redenção só pode advir depois da criação, na ordem lógica, no entanto, ela a precede. Do contrário, a própria criação ficaria sem sentido. E é esta mesma lógica paradoxal, característica do discurso teológico, que esclarece o *conceito de origem* posteriormente desenvolvido por Benjamin para caracterizar a relação da obra com a sua ideia, da arte com a verdade. As obras de arte, objetos originados em determinado momento fugaz do tempo, "transcendem esse limitado, histórico ponto de origem, para revelar algo supra-histórico: uma imagem autêntica da verdade". Mas "a origem não tem nada que ver com a gênese",[131] não se confunde com a criação a partir do nada; ela é a própria emergência da ideia que não pode ser pensada sob a categoria de causalidade. Ela constitui, diante do mundo já criado, a experiência do seu sentido. Seu paradoxo consiste em ter um passado — a criação — que ela mesma precede. Como uma espécie de "suplemento" da criação, o trabalho da

---

[130] BENJAMIN, W., "Comentarios a 'Las afinidades electivas de Goethe'", op. cit., p. 124. (*G.S.*, I, p. 830.)
[131] BENJAMIN, W., *Origem do drama barroco alemão*, op. cit., p. 67. (*G.S.*, I, p. 226.)

origem é retomar o passado e colocá-lo no futuro da redenção, um futuro já contido neste mesmo passado como potência, pois é condição de possibilidade da própria criação.

Para Benjamin, a categoria de origem é a categoria central da crítica. Apenas a temporalidade própria da origem pode dar conta da *historicidade* específica das obras de arte — na expressão benjaminiana, sua *pré e pós história*. O autor não é o criador, e sim a *origem* da obra, porque ele trabalha apenas sobre um material já dado, a própria vida da criatura, prisioneira da aparência. É necessário distinguir o *criado* do *originado*, porque "sem o criador não existem eideticamente criação e criatura; mas *configurações* e *formas* existem eideticamente mesmo sem o artista".[132] Como explicita Benjamin, elas, configurações e formas, levantam-se do "insondável da beleza"[133] e guiam o artista em sua tarefa de conduzir a aparência ao seu acabamento, configurando-a e intensificando a sua visibilidade em toda a potência, para transformar o que é apenas "intuído" em "percepção clara".

O problema fundamental da crítica, no entanto, está para além da esfera do visível: trata-se de encontrar o lugar totalmente interno à obra no qual o domínio da aparência é interrompido pelo domínio moral. O autor mostra-se como origem quando imprime, na aparência, esse corte; se permanecesse até o fundo ligado à vida que nele se exprime, não seria mais artista.

Retomando o problema do estatuto da crítica que procura o *teor de verdade* da obra, vemos que este está inscrito na materialidade da obra mas não se confunde com ela: a verdade enigmática que o crítico persegue se encontra mesmo nesta *diferença*. É impossível, para Benjamin, chegar até a essência sem o contraste da aparência, mas esta terá sempre de ser despedaçada e reduzida a ruínas para que a vida que nela se exprime, bela e harmoniosa, não nos ofusque com a sua ilusão de totalidade, de acabamento. E a crítica que o filósofo endereça à *Lebensphilosophie* adquire uma dimensão muito mais vasta, que não se limita à crítica literária e repercute largamente em sua concepção do

---

[132] BENJAMIN, W., "Comentarios a 'Las afinidades electivas de Goethe'", op. cit., p. 123. (*G.S.*, I, p. 830.)
[133] Idem, ibidem. (*G.S.*, I, p. 830.)

conhecimento. A presença da linguagem teológica no discurso de Benjamin tem como consequência uma crítica radical de toda ontologia, que, ao permanecer serva da aparência, reduz toda essência à essência do aparecer. De acordo com a filosofia benjaminiana, essa valorização cega da aparência, à qual sucumbem tanto a ontologia quanto as chamadas filosofias da vida, esquece que a tarefa do pensamento, e assim também a da crítica, é encontrar a verdade que, necessariamente, da aparência se distingue.

O *Prefácio epistemo-crítico* (*erkenntniskritische Vorrede*) do livro sobre o drama barroco alemão é o principal texto metodológico de Benjamin, concentrando os seus mais importantes *insights* relativos à teoria do conhecimento — já esboçados em dois ensaios anteriores não destinados à publicação: *Sobre a linguagem em geral e sobre a linguagem humana*, de 1916, e *Sobre o programa de uma filosofia futura*, de 1918. Em uma das raras ocasiões em que o autor oferece os elementos metateóricos de seu pensamento, o *Prefácio* apresenta uma concepção de verdade claramente distinta de todo o conhecimento do mundo dos fenômenos, do plano ôntico, cuja hipostasia, insistentemente, retorna em toda ontologia. Ele expõe uma teoria do conhecimento que é, antes de tudo, *crítica*. Seu próprio título indica que a verdade procurada por Benjamin deve partir de uma crítica radical do modelo tradicional do conhecimento, concebido como relação entre sujeito e objeto e possuindo um caráter de posse. "O saber é posse", escreve Benjamin. "A especificidade do objeto do saber é que se trata de um objeto que precisa ser apropriado na consciência, ainda que seja uma consciência transcendental."[134]

Benjamin quer afastar-se da filosofia moderna, cuja única preocupação, em seu entendimento, é tomar posse do objeto, como reflete

---

[134] BENJAMIN, W., *Origem do drama barroco alemão*, op. cit., p. 51. (*G.S.*, I, p. 209.)

claramente o método de Descartes. Ele está convicto de que, desde o *cogito* cartesiano até o ego transcendental de Kant e Husserl, temos apenas a afirmação imperiosa da supremacia do sujeito de conhecimento sobre o objeto a ser conhecido. Uma prática que sucumbe ao equívoco de tomar o que é eminentemente mediatizado — a consciência — como imediatidade autêntica. É assim que a teoria do conhecimento de Benjamin tem como característica primeira um antissubjetivismo obstinado, fruto do desejo de revogar tal falácia. Esta filosofia desenvolve uma concepção de verdade que não é pensada como uma "produção na consciência",[135] no sentido do idealismo; que "não é inerente a uma estrutura da consciência",[136] como no kantismo; e que se difere "do modo de ser das aparências",[137] como quer a ontologia. Não se trata de ancorar a filosofia nem no polo do sujeito, como fez toda a filosofia moderna; nem no polo do objeto, reduzindo-a a uma idolatria do mundo dos fenômenos. Em sua renúncia a toda intenção conhecedora, a reflexão benjaminiana constitui a defesa de um "fôlego infatigável", onde, "incansável, o pensamento começa sempre de novo, e volta sempre, minuciosamente, às próprias coisas".[138] Num ritmo semelhante à respiração, ele mergulha no conteúdo material das coisas para alcançar seu conteúdo de verdade. Segundo Benjamin, somente assim é possível expor a verdade dos fenômenos "presente no bailado das ideias" que são o seu "ordenamento objetivo virtual, sua interpretação objetiva",[139] pois, nesta concepção, "a verdade é uma essência não intencional, formada por ideias".[140]

A teoria do conhecimento de Benjamin constrói-se como uma *teoria das ideias*. Mas as ideias, ou os *ideais*, na terminologia de Goethe,[141] não são objeto de nenhuma intuição (*Anschauung*) — seja no sentido kantiano ou de acordo com o programa husserliano de uma

---

[135] BENJAMIN, W., *Origem do drama barroco alemão*, op. cit., p. 52. (*G.S.*, I, p. 209.)

[136] Idem, ibidem. (*G.S.*, I, p. 209.)

[137] Idem, p. 58. (*G.S.*, I, p. 216.)

[138] Idem, p. 50. (*G.S.*, I, p. 208.)

[139] Idem, p. 56. (*G.S.*, I, p. 214.)

[140] Idem, p. 58. (*G.S.*, I, p. 216.)

[141] Idem, p. 57. (*G.S.*, I, p. 215.)

intuição da essência (*Wesenanschauung*). A verdade, decididamente, não pode ser alcançada pela intencionalidade subjetiva; a verdade é a morte da intenção. Trata-se de uma leitura inovadora da teoria das ideias de Platão, que recusa o caráter transcendente das mesmas e sublinha o seu sentido redentor contido na expressão platônica "*tà phainómena sódzein*" (Salvar os fenômenos). E é justamente a salvação dos fenômenos, nas ideias, a tarefa do filósofo. Para Benjamin, a crítica, ou a filosofia, está imbuída da tarefa messiânica de redenção, capaz de conferir aos fenômenos o seu sentido, o seu verdadeiro *Nome*, a sua ideia. Compreender a epistemologia benjaminiana é esclarecer o estatuto que ela atribui às ideias. Como nos mostra Rolf Tiedemann, cujo livro oferece a mais completa exposição desta teoria, o *Prefácio* de Benjamin retoma a polêmica que remonta aos primórdios da filosofia ocidental, a famosa "querela dos universais" que já orientava a disputa entre Aristóteles e Platão:[142] possuirão as ideias — o objetivo último da investigação filosófica — um caráter ontológico, devendo ser interpretadas de maneira realista; ou serão produtos da consciência, como no idealismo? O que deve ser o *próton* da filosofia? A matéria ou a forma? A natureza ou o espírito? Deve o filósofo seguir a via da indução — que parte da diversidade do dado fenomenal — ou aquela da dedução — que parte do reino das ideias?

Em sua resposta a essas questões Benjamin não escolhe nenhuma das vias. Para a sua perspectiva filosófica, em última instância, ambas conduzem ao mesmo lugar: a abstração. Ele deseja encontrar um ponto de vista superior, para além do realismo e do idealismo, num esforço que se assemelha ao de Kant. Mas, se para este último o suprassensível não pode ser conhecido e a ideia é incapaz de fornecer qualquer conhecimento do ente, possuindo apenas um papel regulador, Benjamin, por sua vez, quer possibilitar o conhecimento de uma *experiência superior*.

Ele não se contenta com a cisão kantiana entre o domínio *a priori* e a realidade empírica; entre o sujeito e o objeto como entidades me-

---

[142] TIEDEMANN, R., *Études sur la philosophie de Walter Benjamin*, Paris, Actes Sud, 1987, p. 19.

tafísicas. Em seu texto programático de 1918, "Sobre o programa de uma filosofia futura", Benjamin esclarece o objetivo de sua teoria do conhecimento em vias de constituição: trata-se de

> Encontrar para o conhecimento uma esfera de total neutralidade com relação aos conceitos de objeto e de sujeito; dito diferentemente, de comunicar a esfera de conhecimento autônoma e originariamente própria, onde esse conceito não define mais, de forma alguma, a relação entre duas entidades metafísicas.[143]

E o legítimo *ponto de indiferença* no conhecimento é a esfera da verdade, onde se localizam as ideias. Mas as ideias da epistemologia benjaminiana não são entidades duráveis que moram num céu inteligível e separadas dos fenômenos. Eis o traço primordial que as distingue: elas são *configurações* dos fenômenos efêmeros; configurações encarregadas de garantir o seu ser, o seu sentido e, portanto, a sua salvação.

No pensamento de Benjamin as ideias possuem um estatuto paradoxal: emergem do mundo empírico mas, ao mesmo tempo, pertencem ao inteligível. Se, por um lado, a ideia é preexistente, e faz parte assim de um mundo completamente diferente daquele que ela apreende, por outro, é negada a ela uma existência independente da realidade fenomenal. A tese de Benjamin é a de que "a redenção dos fenômenos por meio das ideias se efetua ao mesmo tempo que a apresentação das ideias por meio da empiria".[144] Ou seja, as ideias não se apresentam em si mesmas, mas apenas, e exclusivamente, num arranjo de elementos concretos, numa configuração particular de elementos concretos. Benjamin ilustra com uma metáfora vigorosa a natureza do relacionamento entre os fenômenos e as ideias: "as ideias se relacionam com as coisas como as constelações com as estrelas".[145] Na epistemologia benjaminiana, se os fenômenos precisam das ideias, as ideias precisam dos

---

[143] BENJAMIN, W., "Sur le programme de la philosophie qui vient", in *Mythe et violence*, trad. Maurice de Gandillac, Paris, Denoël, 1971, p. 106. (*G.S.*, II, p. 163.)

[144] BENJAMIN, W., *Origem do drama barroco alemão*, op. cit., p. 56 (trad. modificada). (*G.S.*, I, p. 214.)

[145] Idem, ibidem. (*G.S.*, I, p. 214.)

fenômenos para poderem vir à luz; a apresentação das ideias só se faz pela mediação da realidade empírica.

O que Benjamin quer é salvaguardar a dignidade da esfera fenomenal. Como seu ponto de partida não é a subjetividade, a ideia só poderá ser atingida numa "imersão contemplativa" nos resíduos da realidade sensível, numa verdadeira exteriorização de si que seja bastante generosa para com o elemento material. Segundo o filósofo, é preciso penetrar o mais profundamente possível na experiência empírica, até o ponto em que essa realidade efêmera se torne suscetível de uma verdade. "O conteúdo de verdade só pode ser captado pela mais exata das imersões nos pormenores do conteúdo material",[146] escreve Benjamin no *Prefácio*, retomando o seu principal *insight* metodológico, já exposto anteriormente no ensaio sobre *As afinidades eletivas* de Goethe. O sujeito extingue-se ao se abandonar ao concreto. Só assim poderá ele decifrar a sua linguagem.[147] Distintas dos meros conceitos, pois estão carregadas de realidade não conceitual, material, as ideias emergem como seres "sem intencionalidade" — como o *Nome* que está contido nos fenômenos de forma virtual, escapando a toda intenção conhecedora enquanto relação entre sujeito e objeto. É por isso que se pode dizer que o "método especulativo" de Benjamin "reencontra paradoxalmente o método empírico":[148] "se existe um 'empirismo delicado', que é, segundo Goethe, a verdadeira teoria, esse é aquele de Benjamin".[149] Talvez seja no pensamento benjaminiano que a palavra de Goethe encontre o seu maior rigor.

---

[146] BENJAMIN, W., *Origem do drama barroco alemão*, op. cit., p. 51. (*G.S.*, I, p. 208.)

[147] No presente estudo não desenvolvemos a importante relação que Benjamin estabelece entre conhecimento e linguagem, assim como a relevância do ensaio de 1916, *Sobre a linguagem em geral e sobre a linguagem humana*, na composição do *Prefácio epistemológico*. Em suas correspondências, Benjamin chega a dizer que este último poderia ser pensado como o texto de 1916 maquilado em uma teoria das ideias, tal a importância que o texto de juventude sobre a linguagem possui para a compreensão de sua trajetória intelectual. No entanto, a íntima ligação entre pensamento e linguagem está implícita nesta investigação. Remeto, para um maior esclarecimento, ao meu artigo intitulado "Na magia da linguagem", in *O que nos faz pensar?*, n° 6, *Revista do Departamento de Filosofia da PUC/RJ*, 1992.

[148] ADORNO, T. W., "Introduction aux *Écrits* de Benjamin", in *Sur Walter Benjamin*, ed. por Rolf Tiedemann, Paris, Éditions Allia, 1999, p. 32.

[149] TIEDEMANN, R., *Études sur la philosophie de Walter Benjamin*, op. cit., p. 39.

Como esclarece Richard Wolin, a epistemologia benjaminiana move-se em torno de um "paradoxo fundamental", pois representa

O esforço para restabelecer a disciplina da metafísica, e desse modo garantir o acesso ao mundo numênico, através de uma abordagem que não apenas afirma a difundida crítica das tendências identitárias do racionalismo — uma crítica da convicção de que o ser do objeto irá por necessidade corresponder *a priori* à estrutura do conceito — mas que também dá pleno direito à advertência kantiana concernente à necessidade para a filosofia de permanecer dentro dos limites da experiência fenomenal.[150]

A teoria do conhecimento de Benjamin deseja a redenção do fenômeno, mesmo que seja uma redenção simbólica. Porque o pensamento deve criticar o que existe; esta é a sua única tarefa. Se a filosofia não pode possuir o absoluto, que ela seja capaz, então, de falar "como se" estivesse de posse desta perspectiva privilegiada. Como Adorno escreveu, certamente influenciado por Benjamin, "perspectivas precisam ser construídas que desloquem e tornem estranho o mundo, o revelem para ser, com suas rachas e aberturas, como ele irá aparecer um dia na luz messiânica".[151] É preciso colocar em relevo a condição degradada do mundo e sublinhar o seu caráter eminentemente histórico, pois a ideia não proporciona, de forma alguma, o conhecimento dos fenômenos, mas apenas a sua apreensão não cognitiva num *insight* *messiânico* onde o que se realiza é a redenção dos mesmos. A ideia só existe para apresentar os fenômenos e lhes dar a sua "interpretação objetiva", como se eles estivessem sendo contemplados do ponto de vista da *vida redimida*.

Para Benjamin, a reflexão deve ser dotada de um "caráter destrutivo" que dissolva as falsas identidades e possa assim vislumbrar novos caminhos.[152] "Os fenômenos não entram integralmente no reino das

---

[150] WOLIN, R., *Walter Benjamin, an Aesthetic of Redemption*, op. cit., p. 90.

[151] ADORNO, T. W., *Mínima Morália*, trad. Artur Morão, Lisboa, Edições 70, 2001, p. 259 (trad. modificada).

[152] Sobre o "carácter destrutivo" vale indicar o fragmento que se encontra em *Imagens do pensamento*, p. 235. In: BENJAMIN, W., *Obras Escolhidas II*, São Paulo, Brasiliense, 1987.

ideias em sua existência bruta, empírica, e parcialmente ilusória, mas apenas em seus elementos, que se salvam."[153] É necessário que eles sejam antes destruídos, decompostos em seus elementos. É nesse momento que encontramos o lugar que o pensamento benjaminiano confere aos *conceitos*: são eles que destroem a falsa unidade dos fenômenos para que estes possam entrar, divididos, na "unidade autêntica da verdade". Em tal teoria do conhecimento os conceitos não possuem um caráter meramente analítico, profano; não podem ser confundidos com uma "sofística destrutiva". Seu papel é o de mediador, de mensageiro do reino numênico. Eles distinguem e dissolvem as coisas em seus elementos constitutivos, mas para que elas possam salvar-se na ideia:

> É função dos conceitos agrupar os fenômenos, e a divisão que neles se opera graças à inteligência, com sua capacidade de estabelecer distinções, é tanto mais significativa quanto tal divisão consegue de um golpe dois resultados: salvar os fenômenos e apresentar as ideias.[154]

As ideias são constelações que "permanecem escuras até que os fenômenos as circundem". Nas palavras de Benjamin, elas são a "mãe fáustica"[155] que só alcança a plenitude de suas forças quando os seus filhos se reúnem em torno dela; jamais se apresentam em si mesmas, mas apenas num arranjo-constelação de elementos materiais no conceito. E a construção da constelação a partir da qual a ideia emerge só depende do "puro poder imediato da apresentação" — poder que está isento de toda intencionalidade, de qualquer mediação subjetiva.

De Parmênides a Hegel, a história do pensamento ocidental não se cansou de sustentar a precedência do universal sobre o particular, do uno sobre o múltiplo, da identidade do conceito em detrimento do individual concreto. Ao afirmar que a ideia emerge de uma forma puramente imanente, a partir de uma constelação de elementos materiais, filosoficamente construída, Benjamin quer voltar atrás neste

---

[153] BENJAMIN, W., *Origem do drama barroco alemão*, op. cit., p. 55. (*G.S.*, I, p. 213.)
[154] Idem, p. 57 (trad. modificada). (*G.S.*, I, p. 215.)
[155] Idem, ibidem. (*G.S.*, I, p. 215.)

processo. Para ele, a verdade afasta-se de todo conhecimento classificador. A ideia "não determina nenhuma classe, e não contém em si aquela universalidade na qual se baseia, no sistema das classificações, o respectivo nível conceitual: o da média".[156] Benjamin insiste em preservar a dignidade dos fenômenos; ele não quer sacrificar a diferença dos objetos subsumindo-os na universalidade vazia do conceito. No tocante à filosofia da arte, a ideia é justamente o conteúdo de verdade das obras. Seu teor enigmático do qual depende a vida do teor coisal, e que na hierarquia que remonta do comentário à crítica pode ser finalmente descoberto. Este tratamento difere totalmente daquele que orienta a análise na história da literatura, onde as "diferenças e os extremos" são relativizados numa perspectiva evolucionista. Benjamin escreve: "na filosofia da arte, os extremos são necessários, e o processo histórico é virtual".[157]

Essa filosofia faz uma crítica radical tanto ao historicismo quanto ao relativismo que dominaram as análises do criticismo no meio universitário alemão, desde Schleiermacher. Segundo Benjamin, a abordagem historicista limita-se a uma classificatória vulgar, empatizante e relativista. Isto é, a uma mera classificação histórica das obras de arte segundo a técnica do "fetichismo-gênero", ou seja, a enumeração de certas características médias presentes nas obras e o seu consequente julgamento presunçoso a partir de tais padrões exteriores, arbitrariamente determinados. Este procedimento infrutífero orientou, como nos mostra Benjamin, a *Estética do trágico* (1917), de Johannes Volket — que coloca no mesmo plano, indiscriminadamente, todos os exemplos da arte trágica para deles retirar o conceito de tragédia a partir da "média" dos traços verificados. Este procedimento, portanto, aniquila a especificidade dos tipos dramáticos. Para Benjamin, a essência de um tipo dramático não se encontra jamais na média de suas características, mas, antes, nos extremos — "o extremo de uma forma ou gênero é a ideia, que como tal não ingressa na história da literatura".[158]

---

[156] BENJAMIN, W., *Origem do drama barroco alemão*, op. cit., p. 60. (*G.S.*, I, p. 218.)
[157] Idem, ibidem. (*G.S.*, I, p. 218.)
[158] Idem, ibidem. (*G.S.*, I, p. 218.)

Evitar o método tradicional do juízo estético que condena ou aprova as obras a partir de padrões externos e abandonar o conceito de gênero para a análise das obras significam, aos olhos de Benjamin, recobrar "as sérias intenções do criticismo". Trata-se de buscar de forma imanente o conteúdo de verdade das obras, aspecto totalmente negligenciado pelo discurso crítico e estético alemão, dominado pela visão historicista. Eis o problema que interessa a Benjamin: como pode algo que é eterno — a própria verdade — emergir de algo sensível e temporalmente limitado como uma obra de arte? Os trabalhos literários originam-se num determinado momento do tempo e possuem, assim, uma história, mas é possível preservar o que eles têm de durável, seu conteúdo de verdade, protegendo-os do capricho arbitrário da visão historicista.

Numa carta ao amigo Florens Christian Rang, de 9 de dezembro de 1923 — exatamente o momento de publicação de seu ensaio sobre *As afinidades* —, carta que figura como uma espécie de esboço de seu *Prefácio* epistemológico, Benjamin define o seu trabalho afirmando que a reflexão que lhe ocupa "recai sobre a relação das obras de arte com a vida histórica".[159] O termo *ideia* é então introduzido justamente para caracterizar essa relação. Ele escreve, categórico: "Tenho doravante por adquirido que não existe história da arte"[160], pois, "do ponto de vista disto que nela é essencial", a obra de arte é "a-histórica". Isso significa que as pesquisas de história da arte que inserem as obras no encadeamento causal dos acontecimentos se limitam a uma história do conteúdo ou da forma, onde as próprias obras só fornecem os exemplos, os modelos: "uma história das próprias obras não é de nenhum modo levada em conta". Segundo Benjamin, é preciso encontrar algo que as relacione umas às outras ao mesmo tempo de um modo *extensivo* e *intensivo*, pois "o liame essencial das obras de arte entre elas permanece do modo intensivo"[161]. Apenas uma "interpretação intemporal, intensiva", pode dar conta da "historicidade específica das obras

---

[159] BENJAMIN, W., *Correspondance*, t. 1, op. cit., p. 294. (*Briefe*, I, p. 322.)
[160] Idem, ibidem.
[161] Idem, p. 295.

de arte", que não se revela a uma história da arte, mas somente àquela interpretação que "faz saltar as conexões que são atemporais sem serem no entanto desprovidas de importância histórica".[162] Essas conexões são as ideias. Verdadeiras "potências" que surgem no universo misterioso da natureza e das obras de arte de modo intensivo, estrelas que "não brilham no grande dia da história", mas que nele operam de "forma invisível", as ideias reluzem apenas na noite da natureza, para a qual Benjamin cunha a bela expressão: "noite salva". Assim, a crítica como interpretação, diferente "de todos os métodos habituais de contemplar a obra de arte", "é a apresentação da ideia". Sua tarefa é "reunir na ideia a vida da criatura".

Mas, para Benjamin, é apenas sob uma atitude filosófica bastante peculiar que as ideias se destacam, uma *percepção original* (*Urvernehmen*) onde as obras, enquanto objetos de investigação, são abordadas nelas mesmas, de forma imanente, em sua intrínseca constituição. A ideia de uma forma de arte só pode emergir a partir de uma imersão no seu conteúdo material, em suas características minúsculas, as mais extremas. É assim que, depois de um trabalho incansável, o crítico descobre o conteúdo de verdade das obras de arte, seu momento de universalidade, redimindo-a de sua condição de particularidade muda, traduzindo a linguagem não conceitual da arte na linguagem conceitual da verdade filosófica. Segundo Benjamin, essa interpretação verdadeiramente objetiva constrói-se em torno de um número limitado de ideias-mônadas, totalidades intensivas, como a tragédia e o drama barroco, que cabe à crítica apresentar, nomeando-as da mesma maneira que Adão nomeou a natureza.

É, pois, com o seu conceito de *origem* que Benjamin articula a eternidade das ideias com a historicidade das formas. A origem é uma ideia que só se realiza verdadeiramente na história: "em cada fenômeno de origem se determina a forma com a qual uma ideia se confronta com o mundo histórico, até que ela atinja a plenitude na totalidade de sua história".[163] No *Prefácio*, o trabalho da crítica enquanto história

---

[162] BENJAMIN, W., *Correspondance*, t. 1, op. cit., p. 295.
[163] BENJAMIN, W., *Origem do drama barroco alemão*, op. cit., p. 68. (*G.S.*, I, p. 226.)

filosófica é apresentado como "ciência da origem": a forma que torna possível a emergência da ideia, sua configuração a partir dos extremos mais distantes que coexistem de forma significativa. Apenas a emergência da ideia, enquanto fenômeno de origem, é capaz de revelar a verdadeira historicidade das formas artísticas. A origem é uma categoria profundamente histórica, mas ela possui uma temporalidade própria, que não é aquela de um tempo linear "homogêneo e vazio";[164] essa espécie de tempo contínuo, exterior aos acontecimentos e às obras e que só pode ter com estes uma relação arbitrária. A experiência da origem permite uma apreensão do tempo histórico em termos de intensidade, e não de cronologia; ela diz respeito a uma história de um tipo diferente da história empírica, do processo globalizante de desenvolvimento de uma causalidade linear, exterior aos acontecimentos. A experiência da origem refere-se à *história natural* na qual o fenômeno pode ser visto do modo como ele aparecerá um dia à luz da realização messiânica.

Benjamin ressalta a oposição radical entre *origem* (*Ursprung*) e *gênese* (*Entstehung*). Como vimos, a origem não pode ser compreendida sob a categoria de causalidade, como uma criação a partir do nada; diante do mundo criado, ela é a experiência que revela o seu sentido. Em seu *Prefácio* ele escreve:

> A origem, apesar de ser uma categoria totalmente histórica, não tem nada que ver com a gênese. O termo *origem* não designa o vir-a-ser daquilo que se origina, e sim algo que emerge do vir-a-ser e da extinção. A origem se localiza no fluxo do vir-a-ser como um torvelinho, e arrasta em sua corrente o material produzido pela gênese.[165]

A experiência da origem é aquela da emergência da ideia. Essa doutrina das ideias, no entanto, não constitui uma projeção arbitrária do sensível na incerteza de um céu inteligível. A origem é uma ideia que só se realiza verdadeiramente na história; em cada "fenômeno de

---

[164] BENJAMIN, W., "Sobre o conceito de História", tese XIII, op. cit., p. 229. (*G.S.*, I, p. 701.)
[165] BENJAMIN, W., *Origem do drama barroco alemão*, op. cit., p. 67. (*G.S.*, I, p. 226.)

origem" uma ideia se confronta com o mundo histórico, até que ela alcance a "totalidade de sua história". Desta forma, a radicalidade do conceito de origem faz cair tanto a eternidade da ideia no sentido platônico, quanto uma representação abstrata e vazia do tempo histórico que não pode dar conta da temporalidade que lhe é própria. Ao subscrever a tarefa primordial da teoria platônica das ideias, a salvação dos fenômenos, Benjamin sublinha que estes, entretanto, só serão verdadeiramente salvos quando forem arrancados da falsa sucessão cronológica e formarem uma constelação, uma inédita ligação; quando a contemplação filosófica, ao recolhê-los numa configuração ideal, der a eles um novo sentido, um *Nome* que seja ao mesmo tempo o rastro e a promessa de uma outra ordem que permita a sua salvação.

Trata-se, segundo Benjamin, de um processo meditativo, reflexivo, "comparável à profunda respiração, durante a qual o pensamento se perde no objeto mais minúsculo, com total concentração".[166] Nesta filosofia, é o "minúsculo" que a reflexão encontra à sua frente sempre que mergulha na obra, na forma da arte, para avaliar o seu conteúdo. As ideias estéticas — assim como o trágico e o cômico — não são fruto do "empreendimento ocioso" de "juntar uma série de obras de arte, visando o que elas têm de comum". Benjamin dá plena validade à crítica que Benedetto Croce, em seus *Fundamentos da estética*, endereçou ao conceito dedutivo de gênero adotado pela filosofia da arte. E compartilha da preocupação de Croce com o particular, sem o qual se perde o essencial. É preciso alcançar um "ceticismo fecundo" onde a filosofia da arte, sem ter como ponto de partida classificações abstratas, não seja obrigada a renunciar a algumas de suas "ideias mais ricas", "mas que vise o que é exemplar, ainda que só consiga encontrá-lo num simples fragmento".[167]

Num fragmento escrito entre 1920 e 1921, "A linguagem e a lógica", Benjamin ilumina a diferença entre a origem e o conceito discursivo, esclarecendo o estatuto da ideia em sua filosofia, onde a relação

---

[166] BENJAMIN, W., *Origem do drama barroco alemão*, op. cit., p. 67. (*G.S.*, I, p. 225.)
[167] Idem, p. 66. (*G.S.*, I, p. 224.)

entre esta e o fenômeno "difere totalmente da relação pseudológica entre termo genérico e termo específico":

> Toda essência é desde o início ligada a uma pluralidade limitada — quer dizer determinada — de essências que não provêm da unidade essencial no sentido dedutivo, mas que — na realidade empírica — são correlativas a esta unidade essencial como a condição de sua apresentação e de seu desenvolvimento. A unidade essencial rege de parte a parte uma pluralidade de essências na qual ela aparece, mas em relação à qual ela permanece sempre discordante.[168]

Isto significa que a ideia, enquanto fenômeno de origem, deve ser compreendida na dialética que lhe é imanente: se a pluralidade de essências do mundo fenomenal é regida de parte a parte pela ideia enquanto unidade essencial, a ideia não pode ser determinada sem essa pluralidade. Pois ela é um "campo de forças", "a força que determina a essência desta empiria".[169] Graças à sua "ausência de intenção", a essência da verdade "se assemelha à das coisas", e só lhe é superior pela sua permanência.

Eis o programa de Benjamin: devemos "tomar partido da teoria liberada do empreendimento da eidética";[170] resistir à hegemonia epistemológica do conceito genérico para liberar a construção de uma epistemologia mais fecunda. "Só é verdadeiro o que frutifica": essa célebre máxima goethiana contém virtualmente a filosofia de Benjamin, onde a singularidade dos fenômenos históricos constitui a semente a partir da qual a reflexão pode fazer frutificar o todo e assim abrir novas possibilidades de sentido. Também para Goethe, "o que importa não é o lado da representação voltado para o objeto nem o conteúdo ideal da verdade, e sim a significação que esta tem para a nossa vida".[171]

---

[168] BENJAMIN, W., "Langage et logique II", p. 24. (*G.S.*, VI, p. 224.)
[169] BENJAMIN, W., *Origem do drama barroco alemão*, op. cit., p. 58. (*G.S.*, I, p. 216.)
[170] *G.S.*, III, p. 258, "Wider ein Meisterwerk". (*G.S.*, III, p. 258.)
[171] SIMMEL, G., *Goethe*, trad. José Rovira Armengol, Buenos Aires, Editorial Nova, 1949, p. 31.

É retomando, conscientemente, a tradição interrompida da ciência goethiana da natureza que Benjamin elabora o seu pensamento: "a morfologia goethiana lhe fornece o modelo de um conhecimento concebido segundo um paradigma estético, onde um conjunto de formas constitui um alfabeto que permite decifrar o texto do mundo".[172] Hannah Arendt observou muito bem que a "única concepção de mundo que exerceu uma influência decisiva"[173] sobre Benjamin, onde a sua "existência espiritual se formara e enformara",[174] foi aquela de Goethe, um poeta, e não um filósofo. Devemos lembrar que é uma citação da *Doutrina das cores*, com a ideia central da morfologia goethiana, que Benjamin escolheu como epígrafe para a abertura do *Prefácio*, indicando o princípio que orienta toda a sua teoria do conhecimento: a necessidade de se afastar do conceito abstrato e de levar em conta a dimensão sensorial da arte. Esta é a citação:

> Posto que nem no saber nem na reflexão podemos chegar ao todo, já que falta ao primeiro a dimensão interna, e à segunda a dimensão externa, devemos ver na ciência uma arte, se esperamos dela alguma forma de totalidade. Não devemos procurar essa totalidade no universal, no excessivo, pois assim como a arte se manifesta sempre, como um todo, em cada obra individual, assim a ciência deveria manifestar-se, sempre, em cada objeto estudado.[175]

Segundo Goethe, nem a ciência da natureza fundada sobre o modelo newtoniano nem a reflexão infinita da subjetividade romântica podem alcançar a totalidade. Enquanto a primeira, prisioneira de sua objetividade, deixa de lado as forças da subjetividade, a segunda não leva em conta a necessária referência à natureza. Se devemos ver a ciência como arte é porque somente a arte, "que é por excelência *mediação*, está em condição de propor uma reconciliação entre sujeito

---

[172] MOSÈS, S., *L'ange de l'histoire: Rosenzweig, Benjamin, Scholem*, Paris, Seuil, 1992, p. 129.
[173] ARENDT, H., "Walter Benjamin: 1892-1940", in *Homens em tempos sombrios*, trad. Denise Bottmann, São Paulo, Companhia das Letras, 1987, p. 142.
[174] ARENDT, H., "Walter Benjamin: 1892-1940", in *Homens em tempos sombrios*, op. cit., p. 144.
[175] BENJAMIN, W., *Origem do drama barroco alemão*, op. cit., p. 49. (*G.S.*, I, p. 207.)

e objeto, entre as paixões criadoras do homem e as formas estáveis da natureza".[176]

Como Simmel nos mostra, em seu *Goethe*, de 1913 — obra de importância fundamental na formação da interpretação benjaminiana do escritor —, para este último, a verdade metafísica é pensada como profunda "relação entre a vida do homem e a totalidade do mundo",[177] a unidade da natureza. A autêntica fecundidade do verdadeiro não se encontra em nenhum conhecimento enquanto conteúdo "logicamente comprovável" e do qual se possa obter outros "conteúdos lógico-reais". Ela é "dinâmica" e atua na vida de quem pensa. O sujeito de um tal conhecimento, verdadeiro "acontecimento cósmico", não constitui "uma capacidade isolada do 'entendimento', mas a totalidade do homem que se encontra entrelaçada com a totalidade da existência".[178] De acordo com a "crença fundamental" que animava Goethe, "o caminho interior do espírito pessoal é por seu destino o mesmo que o da objetividade natural, porque a *unidade da existência* produz de si tanto um como o outro, porque tanto um como o outro são 'natureza' no mais amplo sentido metafísico".[179] Ou seja, se a verdade se refere ao processo completo da totalidade da vida espiritual, sujeito e objeto, enquanto filhos de um só ser físico-metafísico, não podem estar separados. Como escreveu Goethe: "se o olho não fosse solar, jamais poderia ver o sol".

Durante toda a sua vida Goethe lutou contra a "doutrina das forças inferiores e superiores da alma",[180] contra a separação entre sensibilidade e razão, imaginação e entendimento. Em sua imagem do mundo, tanto no espírito humano quanto no universo, "nada está acima nem abaixo" e tudo se refere igualmente a uma unidade decisiva, cuja "secreta existência" se manifesta precisamente na sua relação harmônica com todas as partes. A unidade fundamental e absoluta

---

[176] LACOSTE, J., "Paris-Weimar: Walter Benjamin et Goethe", in *Europe*, nº 804, Paris, Rieder, abril, 1996, p. 31 (grifo meu).
[177] SIMMEL, G., *Goethe*, trad. José Rovira Armengol, Buenos Aires, Editorial Nova, 1949, p. 34.
[178] Idem, p. 35.
[179] Idem, p. 37.
[180] Idem, p. 36.

entre o espírito e o mundo determina a "imersão do conhecer no ser" e implica o abandono tanto da antítese do verdadeiro e do falso quanto daquela entre a sensibilidade e a razão. Assim se explica a insistência apaixonada de Goethe na objetividade do conhecer, na "observação abnegadamente fiel, na exclusão de toda mera subjetividade".[181]

Ele foi antes de tudo alguém que contemplou a natureza a partir de uma visão artística: esse "é o princípio e o fim da concepção goethiana de mundo".[182] Seu perceber é ao mesmo tempo criador; é *visão* que configura os elementos do mundo segundo uma ideia. Como artista, ele "vê a ideia com os olhos". O "investigador da natureza" — o físico, o químico — compreende o fenômeno imediato decompondo-o analiticamente em elementos segundo as suas legalidades. O "filósofo da natureza", ao contrário, reduz os fenômenos às unidades supremas das ideias superiores ao plano dos fenômenos, de modo especulativo. A natureza propriamente artística de Goethe, de modo diverso, opera a sua síntese e tem na observação da *figura* (*Gestalt*) "a revelação direta da ideia". Pois a figura é aquilo que é dado pela impressão da sensibilidade quando essa impressão é *pura*, ou seja, sem nenhuma mediação. De acordo com a unidade do cosmos natural, onde tudo ocupa o lugar que lhe foi determinado, se a natureza deu aos homens os sentidos, a intuição direta, determinada puramente pela sensibilidade, tem o poder de revelar as figuras, as ideias.

Para o pensamento goethiano, a ideia reside na realidade imediata das coisas e nela pode ser percebida. Este é o ponto decisivo que determinará toda a perspectiva epistemológica de Benjamin. Enquanto "sensível-real", a figura é a visibilidade direta da ideia, embora só possamos chamar essa atitude de "visão intelectual" no sentido oposto ao que ela recebe na filosofia contemporânea. Em Goethe, não ficamos diante de uma intelectualidade intuitiva, como, por exemplo, no idealismo filosófico de Schelling. É a sensibilidade do artista que possui uma função intelectual. Eis a diferença: "o filósofo vê o ideal porque o

---

[181] SIMMEL, G., *Goethe*, op. cit., p. 43.
[182] Idem, p. 61.

sabe, o artista o sabe porque o vê".[183] Seu instinto é razão onde o receptivo da intuição sustenta diretamente a ideia. Goethe acredita que a sensibilidade do artista, ao contrário daquela do homem comum, é penetrada por forças e normações intelectuais e racionais, apontando para a totalidade do ser, para a indivisa corrente da vida.

Trata-se, portanto, de encontrar a legalidade em relevo na própria imagem natural, oferecida sem análise ou qualquer participação de elementos não sensíveis. Com um poder de síntese genial, é com o seu conceito de *protofenômeno*, também chamado *fenômeno originário* (*Urphänomen*), que Goethe realiza plenamente essa exigência. O fenômeno originário é o que "coloca manifesto dentro do próprio plano dos fenômenos o que deve qualificar-se de lei, sentido, o absoluto das formas de existência".[184] Se normalmente a lei universal das coisas é representada como estando situada de algum modo fora delas, o conceito de *protofenômeno* quer superar esta separação. Ele apresenta a *lei intemporal* numa intuição temporal; manifesta diretamente o universal no particular, da mesma maneira que a gênese das cores decorre das variações do claro/escuro e o aumento e a diminuição do ritmo da força de atração da Terra causam as mudanças atmosféricas. Assim, escreve Goethe, numa passagem muito apreciada por Benjamin:

> O supremo seria compreender que todo o fático é já teoria. O azul do céu nos revela a lei fundamental da cromática. Que não se busque nada atrás dos fenômenos; eles mesmos são a teoria.[185]

Se a ideia pode ser contemplada nos fenômenos é porque eles próprios são a doutrina, basta que se saiba ver o eterno no transitório. Quando é possível experimentar a *figura*, quando o fenômeno sensível é apreendido em toda sua pureza como fenômeno originário, a própria forma do compreender e conhecer é já também um "fenômeno

---

[183] SIMMEL, G., *Goethe*, op. cit., p. 60.
[184] Idem, p. 63.
[185] GOETHE, J. W., *Máximas e reflexões*, trad. Afonso Teixeira da Mota, Lisboa, Guimarães, 1997, p. 130, máxima 575 (trad. modificada).

primário" e, dentro desta concepção de mundo, não pode ser questionada. Goethe opera com isso uma revolução considerável no problema do conhecimento.

Esta noção de *fenômeno originário* surge, segundo Jean Lacoste, como "a contribuição mais enigmática de Goethe à filosofia".[186] Invenção de poeta, o termo é um verdadeiro *oxymoros*: reúne o prefixo *Ur* — que designa em alemão o que é primeiro, primordial, originário e original e que assim permanece escondido — e *Phänomen* — o fenômeno, o que aparece, se manifesta e se revela. Ele é um "mistério manifesto" *(ein offenbares Geheimnis)*. Elaborada sobretudo nos escritos científicos de Goethe, essa noção aparece pela primeira vez explicitamente em sua *Doutrina das cores*, de 1810.[187] O lugar clássico de sua apresentação é o parágrafo 175 dessa teoria, onde escreve o poeta:

> Tudo se submete a leis e a regras superiores, que, no entanto, não se revelam por meio de palavras e hipóteses, mas por meio de fenômenos, nem se revelam ao entendimento, mas à intuição. Nós os denominamos *fenômenos primordiais*, pois nada no mundo fenomênico lhes é superior, ao contrário, partindo deles é possível descer gradualmente até o caso mais comum da experiência cotidiana. Por um lado, vemos a luz, o claro; por outro, a escuridão, a sombra. A turvação se intercala entre eles, e as cores se desenvolvem a partir desses opostos com a ajuda de sua mediação, como que num antagonismo, cuja alternância remete imediatamente a algo comum.[188]

Para Goethe, apenas uma abordagem empírica pode conduzir à visão desses fenômenos puros. Eles são fenômenos como os outros, e só possuem um único privilégio: o de tornar visível o que faz a unidade do conjunto, a "lei secreta" dos fenômenos derivados. Paradigmas,

---

[186] LACOSTE, J., *Goethe: science et philosophie*, Paris, PUF, 1997, p. 221.

[187] No entanto, segundo Jean Lacoste, podemos encontrar alguns esboços da noção de fenômeno originário em certos ensaios anteriores: aquele de 1798 sobre o "fenômeno puro", o ensaio sobre a mediação da experiência (1792) e também o *Estudo segundo Espinosa*.

[188] GOETHE, J. W., *Doutrina das cores*, apresentação, seleção e trad. Marco Giannotti, São Paulo, Nova Alexandria, 1993, p. 85. (*Farbenlehre*, H.A., 13, p. 367 e segs.)

eles revelam uma *estrutura comum*, sim, mas não possuem uma natureza diferente dos outros fenômenos empíricos: são coisas, realidades, e não pensamentos. Como a "planta primitiva" (*Urpflanze*) que Goethe buscou encontrar nos jardins da Sicília ou o "animal originário" que orientou suas pesquisas em osteologia, o amor, as afinidades eletivas, ou ainda o próprio processo de metamorfose, esses fenômenos primordiais não devem ser confundidos com as ideias platônicas, que se situam para além do que é visível e são atingíveis unicamente pela inteligência. Goethe encontra quatro adjetivos que resumem a natureza dialética desse tipo de fenômeno: "ele é *ideal*, pois ele é o último ponto que pode atingir o conhecimento; ele é *real*, pois ele é o objeto, apesar de tudo, de um conhecimento; ele é *simbólico*, porque ele abarca todos os casos; ele é *idêntico*, pois ele se confunde com o conjunto dos casos".[189]

Como descreve Goethe, estas "manifestações principais" (*Hauptterscheinungen*) se revelam num "piscar de olhos", como uma espécie de "graça". Prêmio conferido após um longo trabalho, semelhante a uma iniciação, a unidade do conjunto só transparece pouco a pouco à intuição (*Anschauung*), ao final de múltiplas experiências, depois que o espírito já abraçou um número suficiente de casos. Mas ela jamais se oferece completamente à visão, tampouco proporciona o acesso a um mundo inteligível enquanto realidade superior. Ao contrário, os fenômenos originários constituem o limite de todo conhecimento. Goethe diz que quando os descobrimos é preciso parar, "se acalmar" e com eles se satisfazer. Não se deve buscar para além dessa totalidade qualquer explicação ou causalidade que revele uma ordem numênica dissimulada por trás das aparências. Nesta visão, os fenômenos constituem o limite, tão evidente e intransponível quanto o azul do céu.

O conceito goethiano de fenômeno originário está no centro da concepção epistemológica de Benjamin, que se propõe a alcançar, da mesma maneira que Goethe em seus escritos científicos, a essência na aparência, a totalidade a partir de um detalhe, de um caso singular, e,

---

[189] GOETHE, J. W., *Máximas e reflexões*, op. cit., p. 259, máxima 1369.

na filosofia da arte, por exemplo, a ideia, a partir de uma obra paradigmática. As *ideias* de Benjamin estão para a *história* assim como os *fenômenos originários* de Goethe estão para a *natureza*. Uma nota redigida no momento de preparação do texto da *Origem do drama barroco alemão*, feita logo após a leitura do livro de Simmel sobre Goethe, tão importante para Benjamin que ele a integrou, anos mais tarde, quase inalterada, aos materiais de seu *Trabalho das passagens*, revela, incontestavelmente, a posição central que Goethe ocupa em seu pensamento:

> Estudando a apresentação simmeliana do conceito goethiano de verdade — e em particular sua explicação excelente do fenômeno originário —, eu compreendi irrefutavelmente que meu conceito de origem na *Origem do drama barroco alemão* é uma transposição rigorosa e peremptória deste conceito fundamental de Goethe, do domínio da natureza naquele da história. "A origem" é o fenômeno originário tomado no sentido teológico.[190]

Segundo Rolf Tiedemann, "a transposição de um conceito de natureza em conceito histórico é o tema central da filosofia de Benjamin";[191] a unidade da natureza goethiana ele substitui pela totalidade da história que se faz presente em seus mínimos detalhes, pois os fenômenos históricos são sementes fecundas a partir das quais o pensamento pode fazer frutificar o todo. Da mesma maneira que os olhos de Goethe tentavam perceber nas plantas singulares a *planta originária*, o olhar benjaminiano faz das obras de arte a manifestação fenomenal da ideia como *origem*. As obras são a garantia de que é na realidade mais individualizada, enquanto fenômeno de origem, que "se determina a forma com a qual uma ideia se confronta com o mundo histórico, até que ela atinja a plenitude na totalidade de sua história".[192] No entanto, como os fenômenos originários de Goethe, a ideia "não é

---

[190] BENJAMIN, W., Anotações para o livro *Origem do drama barroco alemão*, citado por TIEDEMANN, R., op. cit., p. 81e segs. (*G.S.*, I, p. 954). Cf. BENJAMIN, *Passagens*, [N2a, 4] p. 479 e [N9a, 4] p. 491.
[191] TIEDEMANN, R., *Études sur la philosophie de Walter Benjamin*, op. cit., p. 82.
[192] BENJAMIN, W., *Origem do drama barroco alemão*, op. cit., p. 68. (*G.S.*, I, p. 226.)

desnudamento, que aniquila o segredo, mas revelação, que lhe faz justiça"[193] em suas múltiplas variações e metamorfoses.

Contudo, nem a natureza de Goethe nem a história de Benjamin podem ser vistas como fenômenos originários se forem submetidas à categoria de causalidade. Aqui, é o conceito goethiano de *enteléquia* que conduz à compreensão da ideia enquanto fenômeno de origem, distinguindo-a de toda explicação fundada num mecanismo causal. Esse conceito — originado do latim *entelechia* e do grego *entelecheia* —, que remonta a Aristóteles e faz parte do legado de ideias leibnizianas que marcou a época de Goethe, significa o fato de possuir perfeição. Em Aristóteles, enquanto constitui a perfeição do processo de atualização, a enteléquia define o movimento do ser em ato que tende à sua perfeição. É a realização de um processo cujo fim se encontra na própria entidade. Leibniz chama as *mônadas* — as substâncias simples, verdadeiros átomos da natureza — de enteléquias, pois elas trazem consigo uma certa perfeição; há nelas uma certa capacidade de se bastarem a si mesmas, de serem a própria fonte de suas ações internas, como verdadeiros "autômatos incorpóreos", ao mesmo tempo substâncias e estruturas. Ou seja, em ambos os casos, o conceito de enteléquia, seguindo um modelo orgânico-biológico, permite que a totalidade seja alcançada no próprio objeto singular, e não numa ordem que lhe seja exterior conforme o modelo físico-mecânico.

Na primeira versão do *Prefácio*, Benjamin escreveu: "A origem é pois enteléquia".[194] Isto significa que na ideia, enquanto fenômeno de origem, "o devir se fixa" e as realidades históricas assumem a "forma cristalina" da unidade. Mas essa totalidade não pode ser compreendida como construída, pois não colhe uma série de expressões históricas para delas abstrair um elemento comum. Não é o sujeito que fixa o devir na enteléquia; é o próprio devir que se fixa a si mesmo; ou seja, no "domínio do ser verdadeiro" a ideia é *"res in universale* e não *universale in re".*[195] Trata-se de uma formulação extremamente anti-

---

[193] BENJAMIN, W., *Origem do drama barroco alemão*, op. cit., p. 53. (*G.S.*, I, p. 211.)
[194] *G.S.*, I. 3, p. 946.
[195] Idem, ibidem.

platônica da ideia, onde essência e aparência se relacionam e o que é individual não se limita a ser apenas a manifestação sensível de seu fundamento exterior. No pensamento benjaminiano, a ideia define-se pela impossibilidade de renunciar a uma separação com o fenômeno. Esta é a natureza dialética que lhe atribui Benjamin. Dentre os elementos que compõem a concepção goethiana do mundo, além das noções de *enteléquia* e *fenômeno originário*, também encontra ressonância na filosofia de Benjamin o *princípio da polaridade*, mais precisamente no conceito benjaminiano de extremos. De acordo com a expressão de Goethe, a polaridade é "a eterna sístole e diástole", o eterno inspirar e expirar do mundo em que vivemos, nos movemos e somos. Para Goethe, todas as coisas vivem num eterno dualismo consigo mesmas e com as demais; em estado de tensão, todas reclamam sua antítese numa alternância graças à qual a vida palpita em sua unidade. A polaridade define-se, desta forma, como o fenômeno do dual, ou ainda do plural, numa decisiva unidade: "dividir em dois o unido, unir o dividido em dois, é a vida da natureza".[196] A bifurcação e a unificação são polos e oscilações pendulares da mais alta unidade da vida. Submetidos à lei da polaridade, os fenômenos reenviam-se uns aos outros, os círculos dos fenômenos coordenam-se entre si e, segundo as medidas dessa lei, podem compor uma série em continuidade, despojando-se de sua mera contingência.

Lei da realidade, a polaridade determina também a contemplação. Assim escreve Goethe em suas *Máximas e reflexões*: "Cada existente é um *analogon* de todo o existente. Daí que sempre nos pareça a existência simultaneamente unida e separada".[197] Ou seja, a natureza estrutura-se, para o pensamento goethiano, segundo a polaridade entre o todo e as partes: alcançar a parte significa alcançar a totalidade das partes, sua quintessência, da mesma forma que as diferentes partes travam entre si relações polarizadas. Como os momentos polares são sempre as

---

[196] SIMMEL, G., *Goethe*, op. cit., p. 89.
[197] GOETHE, J. W., *Máximas e reflexões*, op. cit., p. 126, máxima 554.

partes de um todo, cada parte é *passagem* para uma outra, que por sua vez também possui o caráter de passagem. Desta maneira, as passagens compõem um processo infinito, que já está dado desde o início.

Voltemos a Benjamin. Em sua epistemologia, tanto fenômeno e ideia se diferem enquanto extremos, quanto as ideias apenas podem fulgurar entre os fenômenos que são extremos entre si. A relação de polaridade entre o todo e as partes, presente na filosofia de Goethe, também se aplica à relação original entre fenômeno e ideia, ou, ainda, entre uma obra de arte singular e a história completa de sua forma. Assim como o todo da natureza goethiana é constitutivo para os objetos de seu processo infinito, a totalidade da história — que podemos denominar ideia — é, em Benjamin, ao mesmo tempo aquilo a que aspira cada parte singular, seja uma obra de arte ou um simples fenômeno histórico isolado, e a história acabada que possui uma significação *original*, constitutiva, para as formas singulares aparentemente deduzidas. Isto revela, mais uma vez, o caráter dialético da ideia.

É principalmente como conceitos estéticos que o pensamento benjaminiano interpreta o fenômeno originário, a entelequia e a polaridade — categorias que Goethe emprega de forma rigorosa apenas em seus escritos sobre zoologia, botânica e sobretudo em sua *Doutrina das cores*. Da mesma forma que Goethe tentava encontrar no fenômeno originário a relação entre os fenômenos esparsos e o todo da natureza, para Benjamin a ideia, enquanto *origem*, apresenta a relação entre os fenômenos, ou as obras de arte concretas, com a totalidade da história. As obras não se reduzem jamais a elas mesmas; são sempre uma passagem para a totalidade, pois a obra só se torna obra na medida em que é recortada da totalidade da qual permanece separada; totalidade que é tanto a passagem quanto o limite das obras, tanto o momento em que a obra se individualiza, quanto aquele em que ela remete para além de si mesma, integrando-se ao todo de sua história. Na tese XVII de *Sobre o conceito de história*, Benjamin torna claro este procedimento: "na obra o conjunto da obra, no conjunto da obra a época e na época a totalidade do processo histórico são preservados e transcendidos".[198] Segundo a sabedoria de Goethe, que no pensamento de Benjamin ainda frutifica, nenhum vivo se aniquila, pois em todos o que é eterno está em obra.

Mas, do ponto de vista de Benjamin, ao acreditar que podemos perceber nos próprios objetos naturais uma reconciliação imediata entre o universal e o particular, em virtude de sua afinidade com a filosofia da natureza (*Naturphilosophie*) desenvolvida pelo Romantismo, a definição de totalidade dada pelo pensamento goethiano perde seu rigor e se reduz a uma atitude meramente subjetiva. Para Benjamin, o conceito goethiano de natureza permaneceu ambíguo, designando tanto o domínio das aparências sensíveis quanto aquele dos arquétipos alcançados por intuição; "com demasiada frequência os fenômenos originários, enquanto arquétipo, converteram-se em natureza, enquanto modelo".[199] Em razão de sua concepção pagã de natureza, ele insistiu em "perceber" os seus fenômenos originários como dados concretos. No pensamento benjaminiano, ao contrário, a ideia "é capaz de iluminar o objeto para a percepção, mas nunca de transformar-se mediante a contemplação",[200] pois esse esclarecimento é teológico; ele transforma os fenômenos naturais em fenômenos históricos, como se estivessem sendo contemplados do ponto de vista da vida redimida. Isso significa que cabe à reflexão filosófica lançar sobre os fenômenos a luz da *revelação*, sob a qual eles se mostram não como fenômenos naturais, mas como fenômenos históricos — e portanto sempre inacabados. Apenas sob essa luz eles podem fazer parte das obras de arte.

Num dos vários fragmentos que Benjamin escreveu sobre teoria do conhecimento, figura a seguinte anotação: "O fenômeno originário é um conceito sistemático e simbólico. Enquanto ideal ele é símbolo".[201] O conceito benjaminiano de origem, fenômeno originário transfor-

---

[198] BENJAMIN, W., "Sobre o conceito de História", tese XIII, in *Obras escolhidas*, vol. I, op. cit., p. 231. (*G.S.*, I, p. 703.)

[199] BENJAMIN, W., "As afinidades eletivas de Goethe", op. cit., p. 45 (trad. modificada). (*G.S.*, I, p. 148.)

[200] Idem, ibidem (trad. modificada). (*G.S.*, I, p. 148.)

[201] *Zum verloren Abschluss der Notiz über die Symbolic in der Erkenntnis*. (*G. S.*, VI, p. 38.)

mado, tomado no sentido teológico, quer enfatizar este caráter de símbolo. Ele é um signo em direção "ao estado acabado do mundo", onde tudo o que é perceptível, todos os fenômenos históricos, só fazem sua entrada "de maneira refratada, imprópria e irreal".[202] Para Benjamin, a essência do autêntico simbolismo filosófico é ser a mediação imediata entre o mundo histórico e o mundo messiânico da vida redimida. Trata-se de ver na materialidade dos fenômenos o signo, a promessa de uma outra ordem que ao mesmo tempo constitui a sua verdade e torna possível a sua salvação. A tarefa do pensamento, enquanto experiência da origem, é alcançar essa relação simbólica que faz confrontar o mundo histórico com o estado acabado do mundo.

Mas é importante atentar para o fato de que, como aparece descrita no *Prefácio*, a origem é uma "restauração inacabada da revelação", e apenas uma "visão dupla" pode captar o seu *ritmo*: por um lado "restauração e reprodução"; por outro, "e por isso mesmo", sempre incompleta e inacabada — o que nos indica que ela possui, como já afirmamos, uma temporalidade específica que implica tanto a retomada do passado, que não pode voltar idêntico, quanto a abertura para o futuro, enquanto experiência de inacabamento. Desta forma, a origem não constitui um começo do qual é possível se apossar; ela não apresenta um sentido pleno, nenhum *telos* ou fundamento que permanecesse idêntico — como poderia sugerir um enfoque nostálgico que visse aqui apenas mais uma metafísica das origens.[203] Se assim fosse, a origem recairia sob a categoria de causa, fundamento genético sobre o qual se assenta toda ontologia. A origem, no entanto, não é gênese. Benjamin esclarece esta temporalidade peculiar: "a origem, portanto, não se destaca dos fatos, mas se relaciona com a sua *pré e pós história* (*Vor-und-Nach-Geschichte*)".[204] Pensada como uma categoria "eminentemente histórica", a origem é a própria diferença temporal a

---

[202] *Erkenntnistheorie*, in G.S., VI, p. 46.

[203] Não podemos deixar de nos referir à análise decisiva que Michel Foucault fez dos usos que a palavra origem (*Ursprung*) recebeu nos vários momentos da obra de Nietzsche, tentando marcar uma oposição entre *Ursprung*, enquanto categoria metafísica por excelência, e outros termos como *Herkunft* e *Entstehung*, que orientam a interpretação genealógica, muito próxima do pensamento de Benjamin.

[204] BENJAMIN, W., *Origem do drama barroco alemão*, op. cit., p. 68. (G.S., I, p. 226.)

partir da qual a história mesma, como relação entre passado e futuro — pré e pós história —, é possível. Essa "história virtual", que tem o nome de *história natural* porque se refere à *vida natural* das obras e das formas, é o que Benjamin chama de "margem colorida" capaz de lhes conferir, às obras e às formas, sentido.

Na versão manuscrita do livro sobre o barroco Benjamin é sucinto: "A origem é a ideia".[205] Pois é essa perspectiva histórica, temporal, que confere totalidade à ideia. Tal como a *mônada* leibniziana que contém em si a imagem de todo o mundo das ideias, a ideia faz com que tudo que nela penetre com sua *pré e pós história* traga consigo, oculta, a figura do mundo das ideias, numa determinação recíproca entre o único e o recorrente, entre a diferença e a repetição.[206] É assim que Benjamin redefine o "antigo sentido" de toda conceitualização filosófica: "observar o vir-a-ser dos fenômenos em seu Ser".[207] Nessa ciência filosófica o conceito de Ser "não se satisfaz com o fenômeno, mas somente com a absorção de toda a sua história".[208] Verdadeiro procedimento de imersão, o pensamento mergulha fundo no real e, sem "assombro", se perde nos elementos mais minúsculos para alcançar a sua "interpretação objetiva".

O poema que Goethe escreveu sobre a metamorfose das plantas fala do problema que enfrentava a sua amada, provavelmente Cristiane Vulpius, diante da "mistura infinita" das flores a desabrochar pelo jardim: nada permite compreender por que elas possuem tantas semelhanças e ao mesmo tempo se manifestam numa multiplicidade inesgotável de formas. No entanto, o coro dessas flores multiformes indica a existência de uma "lei secreta", um "enigma sagrado", o mistério da metamorfose das plantas. Segundo Goethe, a visão dos fenômenos originários é da ordem do mistério; é um "mistério manifesto". Se ela pode

---

[205] *G.S.*, I, p. 936.

[206] Nesta questão específica da temporalidade encontramos inúmeras afinidades entre a filosofia de Walter Benjamin e o pensamento do eterno retorno, assim como foi formulado por Friedrich Nietzsche e interpretado por Gilles Deleuze (Cf. DELEUZE, G., *Nietzsche e a filosofia*, Rio de Janeiro, Globo, 1983; e *Diferença e repetição*, São Paulo, Brasiliense, 1988.)

[207] BENJAMIN, W., *Origem do drama barroco alemão*, op. cit., p. 69. (*G.S.*, I, p. 228.)

[208] Idem, ibidem. (*G.S.*, I, p. 228.)

dissipar o antigo medo das trovoadas e dos vulcões, suscita uma outra espécie de medo como efeito necessário do conhecimento, próximo da experiência do *sublime* e do *espanto*; medo para o qual o poeta oferece, já no fim de sua vida, em meio às suas conversações com Eckermann, a definitiva expressão:

O ponto supremo que o homem pode atingir é o espanto. Quando um fenômeno originário suscita nele este espanto, ele pode se estimar satisfeito, nada maior lhe pode ser conhecido, ele não poderá buscar nada além. É aqui o limite.[209]

No pensamento benjaminiano, a experiência da origem, fenômeno originário transformado, transposto do contexto pagão da natureza para aquele da história messiânica, também se faz como experiência do limite. Os fenômenos históricos também suscitam "experiências fundamentais" que se aproximam do espanto. Como escreveu Benjamin, eles só entram no mundo messiânico de forma "refratária e irreal". Não se pode pretender "explicar aquilo frente a que — por se tratar de experiências originárias — devíamos permanecer em silêncio".[210] O saber do espanto que acompanha a origem, único propriamente digno do homem, é a experiência verdadeiramente histórica dos limites do seu conhecimento e do seu poder; essa verdade ao mesmo tempo existencial e metafísica que o crítico alquimista encontra nas obras: o *enigma do vivo*.

Ao visitar o arquivo Goethe-Schiller em Weimar, a visão dos "manuscritos acamados", como "doentes em hospitais," desperta em Benjamin um pensamento que indica de forma sugestiva o trabalho de leitura das obras: a necessidade de incendiar o seu conteúdo material, essa "escrita decrépita" da qual só pode emanar "gravidade" e "expurgação", para fazer emergir esta verdade misteriosa. O filósofo faz a si mesmo a pergunta:

---

[209] GOETHE, J. W., *Conversações com Eckermann* (18 de fevereiro de 1829), p. 277 e segs.
[210] GOETHE, J. W., *Máximas e reflexões*, op. cit., p. 165, máxima 768.

Mas não estariam também essas folhas numa crise? Não correriam sobre elas calafrios, e ninguém sabia dizer se pela proximidade do aniquilamento ou da glória póstuma? E não seriam elas a solidão da poesia? E o leito onde ela se recolheu? Não haveria entre suas folhas algumas cujo texto indizível se eleve, apenas como olhar ou hálito, dos traços mudos e estremecidos? [211]

---

[211] BENJAMIN, W., "Imagens do pensamento", trad. José Carlos Martins Barbosa, in *Obras escolhidas*, vol. II, op. cit., p. 193. (*G.S.*, IV, p. 354.)

CAPÍTULO SEGUNDO
Beatitude em miniatura: a ética

A salvação se agarra à pequena falha na catástrofe contínua.

Benjamin

Em nenhum momento de *As afinidades eletivas* se vê brilhar a luz do sol. Apenas uma lívida luz domina a paisagem, denunciando a presença ameaçadora da natureza mítica cujo poder oculto se manifesta, ironicamente, na existência dos personagens de Goethe. Das entranhas da terra fala a linguagem da força magnética que expressa sua potência secreta tanto no telúrico quanto no elemento líquido. Sob o lago, construído pelos nobres rurais para embelezar a região, reina o destino demoníaco; "elemento caótico da vida", a água não nos ameaça aqui, em seu fluxo selvagem, mas na "calma enigmática" que leva os homens à sua perda. Onde o mito se faz vitorioso os amantes sucumbem enfeitiçados pelo poder insondável das águas imóveis.

Após inúmeras interpretações que este romance recebeu ao longo de sua sobrevivência histórica, ainda será possível determinar o conteúdo ético de *As afinidades eletivas* de Goethe? Para Benjamin, dos interstícios desta obra o trabalho da crítica pode fazer emergir um pensamento ético preciso que, uma vez posto em obra pela escrita goethiana, se apresenta, filosoficamente, ao *insight* do crítico. E essa ética que Benjamin desvela no romance de Goethe ilumina de forma privilegiada a sua própria reflexão. Segundo o filósofo, há uma "eticidade" que orienta a tarefa da crítica literária, inseparável de uma crítica da modernidade que, aos seus olhos, está dominada pelo império do mito; tanto a literatura quanto a crítica constituem um protesto contra a empresa devastadora das forças míticas que invadem a experiência do homem moderno.

Benjamin mostra-nos que, na época do singular *empobrecimento da experiência* que caracteriza o Século das Luzes, momento de idolatria do homem por ele mesmo e da quimera da liberdade racional, a literatura de Goethe denuncia, traz à luz a imemorial violência do mito. Ele revela, em *As afinidades eletivas*, como essa potência mítica, destruidora, invadiu o mundo moderno e se impôs "sem mestre nem limite à totalidade do ente". Mas, se o romance se constrói a partir da matéria mítica e a atmosfera do mito domina todo o texto, é apenas como estratégia para que ela possa ser revolucionariamente destruída, artisticamente consumida em chamas. Como o mito necessita do segredo para subsistir, ao expô-lo em sua obra, Goethe abre a possibilidade de dissolvê-lo; apenas estando frente a ele, reconhecendo-o, o leitor desfaz o seu feitiço. Dessa forma, o escritor permite ao crítico a emergência da experiência filosófica, salvadora, capaz de suspender a violência mítica. Tal é a operação filosófica, ética e política que define o trabalho da crítica: "com o machado afiado da razão, e sem olhar nem para a direita nem para a esquerda",[212] desbravar a floresta mítica.

Aos olhos de Benjamin a época moderna é uma época pobre. A experiência que ela é capaz de fornecer está reduzida ao "grau zero", o mundo real não passa de um "seco bosque". O homem moderno, particularmente marcado pelo Iluminismo, foi testemunha de uma radical atrofia de sua capacidade de apreensão do *sentido* das coisas. Desprovida de autoridades e potências espirituais, a Época das Luzes foi incapaz de fornecer conteúdo a uma experiência mais plena. Com o abandono da *tradição*, o mundo das coisas raramente é apreendido numa experiência capaz de revelá-lo, finalmente, como a impressão, o traço dos "conteúdos mais essenciais da existência". Segundo Benjamin, nós, modernos, perdemos o poder de fazer uma experiência do

---

[212] BENJAMIN, W., *Passagens*, trad. Irene Aron e Cleonice Paes Barreto Mourão, org. Willi Bolle, São Paulo/Belo Horizonte, Imprensa Oficial do Estado de São Paulo/UFMG, 2007, [N 1, 4], p. 499. (*G.S.*, V, p. 571.)

mundo que traria à luz o seu sentido, a sua *origem linguística*. O mundo das coisas simplesmente não nos aparece mais em seu "teor de mundo". Para o filósofo,

> Jamais houve um tempo que, como o de Goethe, tenha estranhado tanto a ideia de que os conteúdos mais essenciais da existência pudessem se configurar no mundo das coisas e que, sem uma tal configuração, sequer poderiam realizar-se.[213]

É por isso que a tarefa filosófica, definida por Benjamin como tarefa de salvação do mito, alcança hoje toda urgência e necessidade. Ao orientar o trabalho do crítico, ela determina o seu conteúdo ético. Quando já não se pode mais experimentar as próprias coisas no mundo em que aparecem, os textos abrem o acesso ao seu *teor de verdade*. Como afirma Bruno Tackels, essa é "a ideia teórica que sustenta todas as análises literárias de Benjamin".[214] Nesse sentido, todas as obras linguísticas, incluindo a música, constituem o último refúgio de uma experiência das coisas em seu teor de coisas. Em sua mudez, elas escondem esse teor, protegendo, obstinadamente, o sentido das coisas e possibilitando a sua experiência. Essa é a tarefa do crítico; tarefa que, no entanto, apenas se realiza quando este alcança o que o próprio autor não pôde compreender e que permaneceu inacessível à crítica que lhe era contemporânea.

Segundo Benjamin, tanto a obra crítica de Kant como o *Manual elementar* (*Elementarwerk*) do pedagogo alemão Johann Bernhard Basedow, discípulo de Rousseau, testemunham, conclusivamente, a pobreza da experiência moderna em *teor coisal*. No campo filosófico, esse traço determinante do Iluminismo constituiu a premissa da obra de Kant. Em seu texto de 1918, *Sobre o programa de uma filosofia futura*, Benjamin apontou a influência limitadora que o conceito inferior de experiência, próprio dessa época, exerceu sobre o pensamento kantiano:

---

[213] BENJAMIN, W., "As afinidades eletivas de Goethe", op. cit., p. 14. (*G.S.*, I, p. 126.)

[214] TACKELS, B., *Walter Benjamin: une introduction*, Strasbourg, Presses Universitaires de Strasbourg, 1992, p. 40.

"a realidade onde, em toda segurança e verdade, ele quis fundar o conhecimento, e com a qual ele quis fundar o saber, é uma realidade de nível inferior, talvez do nível mais inferior".[215] Foi sobre essa experiência achatada, cuja *vision du monde* tem como paradigma a ciência newtoniana, que Kant construiu a sua teoria da experiência — uma experiência da consciência, reduzida aos limites da experiência possível, onde o sujeito se afirma como soberano. Benjamin sustenta que toda a genialidade do projeto kantiano está precisamente em ter conseguido atribuir um sentido a uma experiência tão desprovida de significação, embora o tenha encontrado apenas na exigência de justificação — "triste significação", porém a única historicamente possível. Para Benjamin, fundar o conhecimento nas representações construídas pelo sujeito é pura mitologia que perde de vista o *teor de verdade* das coisas. A consciência humana empírica, que se coloca frente a objetos, não é mais do que uma espécie de "consciência delirante"; sua experiência, quanto à verdade, tem o mesmo valor da alucinação. Segundo a leitura benjaminiana, esse caráter mítico é o responsável pela miopia de Kant em relação a tudo que diz respeito tanto à *religião* quanto à *história*. Ou seja, quanto à experiência em sua estrutura total como *experiência temporal* do homem: aquela da sua finitude e da sua correspondente demanda de salvação.

Benjamin esclarece: se a carência de conteúdos objetivos, característica do Iluminismo, foi condição imprescindível da obra kantiana, ela também constituiu a premissa da criação goethiana. No exato momento em que Kant põe um termo à sua obra, traçando o seu itinerário por entre o "bosque desolado do real", Goethe dá início à sua busca pelas "sementes do eterno crescimento".[216] Diante da falência do projeto iluminista, que visava à crítica radical da tradição em nome da realização racional da essência do homem, que deixou os modernos numa paisagem devastada, no início mesmo da barbárie, a resposta do Romantismo, ou daquela linhagem do Romantismo que recebeu o

---

[215] BENJAMIN, W., "Sur le programme de la philosophie qui vient", in *Mythe et violence*, op. cit., p. 100. (*G.S.*, II, p. 158.)
[216] BENJAMIN, W., "As afinidades eletivas de Goethe", op. cit., p. 15. (*G.S.*, I, p. 126.)

nome de Classicismo, foi o retorno da tradição em sua forma mais arcaica, como o próprio efeito do processo de civilização.

A contraposição entre Iluminismo e Romantismo é conduzida por Benjamin à sua mais íntima explicação: sem se resignar com a pobreza da experiência, indiferente ao devir das ideias, desenvolveu-se aquela "tendência do Classicismo que procurava apreender o mítico e o filológico",[217] cujo pensamento se orientava para os teores formais, para "os conteúdos configurados (*geformte Gehalte*), da maneira como vida e linguagem os preservavam".[218] Esse Classicismo — cujos grandes nomes são para Benjamin, a princípio, Herder e Schiller, e num segundo momento, Goethe e Wilhelm von Humboldt — não deseja reencontrar uma incorrupta natureza racional do homem como fundamento do desenvolvimento histórico, mas deseja, sim, "alcançar na vida e na linguagem a origem mítica e demoníaca, apenas levemente mencionada da obra da cultura".[219] Porque a civilização precisa remover o seu passado mítico, uma necessidade que se apresenta como desejo de felicidade.

Voltemo-nos para *As afinidades*. Grande parte da crítica sempre acreditou que tanto a matéria, o *teor coisal*, quanto o *teor de verdade* desse romance de Goethe fossem a natureza moral do casamento contra os impulsos da paixão. Na história da relação cruzada entre Eduardo e Otília e Carlota e o Capitão, a interpretação mais comum viu o triunfo da ordem social. O amor-paixão, a *afinidade eletiva* que enlaça os personagens, representaria o desejo subjetivo que, transgredindo a lei, se revela, no entanto, totalmente governado por ela, e justamente por causa dessa transgressão. Desta forma, Eduardo e Otília, o par central do romance, aquele que não conseguiu controlar a irresistível atração das afinidades, sucumbem arrastados pela corrente avassaladora de

---

[217] BENJAMIN, W., "As afinidades eletivas de Goethe", op. cit., p. 15. (*G.S.*, I, p. 126.)
[218] Idem, ibidem. (*G.S.*, I, p. 126.)
[219] MORONCINI, B., *Walter Benjamin e la moralità del moderno*, op. cit., p. 33.

culpa e expiação. Tendo infringido a lei moral, os dois pagam a sua dívida com a morte da inocente criança, filho de Eduardo e Carlota, e com as próprias mortes, pois é apenas no sacrifício que encontram a purificação. Tal leitura equivocada, que orientou toda a filologia goethiana, segundo Benjamin, tomou as palavras proferidas pelo personagem Mittler em defesa do casamento, verdadeiro monumento ao lugar comum, como as próprias palavras de Goethe e a chave da interpretação de sua obra. Assim discursa o personagem:

O casamento é o princípio e o ápice de toda cultura. Ele deve ser indissolúvel, pois traz tanta felicidade, que qualquer infortúnio isolado não tem nenhum valor diante dele. É a impaciência que assalta o homem de tempos em tempos, e ele então tende a sentir-se infeliz. Deixem passar esse momento, e sentir-se-ão felizes por algo, há tanto tempo mantido, continuar existindo. Nunca haverá motivo suficiente para separação.[220]

Benjamin, no entanto, percebe que Goethe faz questão de sublinhar a repetida inconveniência de Mittler, cujo discurso parece estar sempre fora de lugar. Se atentarmos à sutileza do escritor, ficará então claro que a defesa exaltada de Mittler em favor do casamento, misto de "inconsistentes máximas humanitárias" e de "enganosos instintos jurídicos", não pode coincidir com o verdadeiro teor da obra goethiana. Contra tal leitura, já desmentida pela reserva de muitos contemporâneos com relação ao romance, justamente em virtude de sua total falta de sentido moral, a crítica benjaminiana vai mais longe, procurando relacionar a obra de Goethe com o seu tempo — mas não no sentido de buscar uma espécie de derivação causal da obra em relação a esse tempo, procedimento totalmente contrário ao método benjaminiano, mas na tentativa de ler a obra como *expressão* de sua época, algo absolutamente diferente. Benjamin acredita que a compreensão do casamento exposta em *As afinidades eletivas* atesta a nova perspectiva de

---

[220] GOETHE, J. W., *As afinidades eletivas*, trad. Erlon José Paschoal, introdução e notas de Kathrin Holzermayr Rosenfield, São Paulo, Nova Alexandria, 1998, cap. 9, p. 84.

Goethe, orientada para uma "intuição sintética" dos *teores coisais* de sua época.

Sendo o casamento "uma das configurações mais rigorosas e objetivas do conteúdo da vida humana",[221] a crítica benjaminiana irá relacionar a ideia do casamento encontrada no romance com aquelas que foram alcançadas por dois dos mais sublimes espíritos da época goethiana, Kant e Mozart, revelando como o escritor teria, nesta obra, superado a ambos.

Em sua infalível lucidez racional, a definição do casamento oferecida por Kant na *Metafísica dos costumes*, para Benjamin, consegue penetrar na realidade em que o casamento se tornou em meio a uma época empobrecida, em seu *teor coisal*, de forma muito mais profunda do que o faria um mero raciocínio sentimental. Nesse texto famoso, o filósofo reduz o casamento a um mero contrato, cujo bem a ser trocado é o sexo. Eis a sua definição:

> [O casamento] é a ligação entre duas pessoas de sexo diferente tendo em vista a posse recíproca e perpétua de suas propriedades sexuais. — A finalidade de gerar e educar filhos pode ser sempre uma finalidade da natureza, para a qual ela implanta a inclinação recíproca dos sexos; mas para a legitimação dessa ligação não é exigência obrigatória que o ser humano que contrai matrimônio tenha de propor a si mesmo essa finalidade; pois do contrário, cessando a procriação, o casamento ao mesmo tempo se dissolveria por si só.[222]

O casamento, aqui, é pensado apenas como uma troca, regulada por direito, de prestações sexuais. Essa "infâmia" não é privilégio do filósofo, mas da realidade de sua época. Benjamin sustenta que Kant apenas registrou, e com extremo rigor mental, o empobrecimento geral da experiência ética de sua época, que substituiu o amor pelo comércio sexual como base do casamento. Se Kant, porém, alcançou o *teor coisal* do casamento com a definição de sua natureza, seu grande

---

[221] BENJAMIN, W., "As afinidades eletivas de Goethe", op. cit., p. 15. (*G.S.*, I, p. 127.)
[222] Idem, p. 16. (*G.S.*, I, p. 127.)

erro, segundo Benjamin, foi acreditar que poderia deduzir daí o seu *teor de verdade*, entendendo-o como a sua necessidade moral e consequente legitimidade jurídica. "Da natureza pragmática do casamento só se poderia deduzir o seu caráter abjeto."[223] O casamento como infâmia: é nisso que a razão kantiana desemboca sem querer.

No pensamento benjaminiano o *teor de verdade* não é deduzido do *teor coisal*. Este último não pode ser explorado como mero material positivo, do qual seria permitido derivar o teor de verdade. Na metáfora empregada por Benjamin, o teor de verdade é como um *selo* cujas impressões deixadas na cera constituem o teor coisal. Assim como a forma do selo não deriva da cera, mas do sinete que imprime as letras só compreensíveis para quem conhece o *nome* a que as iniciais aludem, o teor de verdade não é dedutível da consistência de uma coisa nem da sua determinação; ele apenas se revela na "*experiência filosófica* de seu cunho divino", na "venturosa contemplação do *nome divino*".[224] Ou seja, o acesso à verdade necessita de uma experiência de ordem filosófica que inclua, também, o domínio religioso; uma experiência irredutível à dedução. O teor de verdade não se deduz; só é alcançado num *experimentum linguae*[225] messiânico, que não deriva em nada do teor coisal, mas que a ele está intimamente ligado enquanto pedido de salvação. Aqui se repete mais uma vez a convicção benjaminiana, compartilhada com Hofmannsthal, de que "a verdade tem a sua morada na língua" — a verdade enquanto *Nome*, linguagem silenciosa do mundo das coisas, lamento mudo pela redenção. Se o teor de verdade do casamento escapou à reflexão kantiana, é porque o filósofo excluiu do domínio filosófico a experiência religiosa capaz de conferir sentido ao casamento.

A concepção mais oposta ao texto kantiano — e que a época nos possa oferecer — é aquela que encontramos na *Flauta mágica* de Mozart. Construída como uma celebração artística de suas mais caras

---

[223] BENJAMIN, W., "As afinidades eletivas de Goethe", op. cit., p. 16-17 (trad. modificada). (*G.S.*, I, p. 127.)

[224] Idem. p. 17 (grifo meu). (*G.S.*, I, p. 128.)

[225] Esta expressão é de Giorgio Agamben (AGAMBEN, G., "Langue et histoire. Catégories historiques et catégories linguistiques dans la pensée de Benjamin", in *Walter Benjamin et Paris: Colloque International, juin/83*, Paris, Cerf, 1986, p. 793-807).

ideias franco-maçônicas, essa ópera nos mostra a "ascensão à serenidade através do amor purificado".[226] Seu tema central é o amor conjugal. O libreto, que se passa no Oriente, em meio a uma atmosfera "feérica" de mágico encantamento, relata a história do belo e virtuoso príncipe Tamino, apaixonado pela jovem e estonteante princesa Pamina, presa pelo altivo pontífice Sarastro, que deseja protegê-la de sua própria mãe, a rainha da noite, da ilusão e da superstição. O pontífice, que acaba por se revelar um sábio, impõe aos amantes provas terríveis: zonas perigosas de fogo e água a atravessar, votos de silêncio e até mesmo a passagem pela estreita porta da morte iniciática. Para libertar Pamina do templo de Sarastro, Tamino tem de ser firme, paciente, calado e disposto a arriscar a vida e a enfrentar a dor. Mas o amor puro de Tamino suporta com bravura todas as provas, sua virtude é recompensada e a felicidade conquistada.

O conteúdo dessa ópera, para Benjamin, não é tanto o desejo dos amantes, mas a sua perseverança. Se os heróis atravessam fogo e água e aceitam todo sacrifício, não é para possuírem um ao outro, mas na intenção de permanecerem unidos para sempre. Aqui, a verdade do casamento, o "pressentimento" de seu conteúdo, encontra a sua expressão mais pura na permanência do amor, no sentimento de fidelidade — um amor que se funda num "mais além da vida", que não se limita ao domínio da aparência e por isso não coincide com a beleza da criatura; um amor capaz de estabelecer um vínculo que nada tem a ver com a regra do direito privado, onde o espírito da franco-maçonaria dissolve todo vínculo concreto.

Do ponto de vista de Benjamin, a *Metafísica dos costumes*, de Kant, e a *Flauta mágica*, de Mozart, apresentam as duas concepções mais contrastantes e profundas que essa época pode ter do casamento. "Será que Goethe, em *As afinidades eletivas*, estará realmente mais próximo do teor coisal do casamento do que Kant e Mozart?"[227] Na interpretação benjaminiana, se Goethe está mais próximo do conteúdo objetivo do casamento do que Kant e Mozart, é porque *As afinidades*

---

[226] HOCQUARD, J.-V., *Mozart*, Paris, Seuil, 1994, p. 159.
[227] BENJAMIN, W., "As afinidades eletivas de Goethe", op. cit., p. 18. (*G.S.*, I, p. 129.)

eletivas constitui o testemunho de uma fratura que atinge a época como um todo, e que é responsável pela oposição entre a *Metafísica dos costumes* e a *Flauta mágica*: a separação entre *teor coisal* e *teor de verdade*. Nas palavras de Bruno Moroncini, "*As afinidades eletivas* se coloca como um corte que mantém a divergência entre *teor coisal e teor de verdade*".[228] Enquanto Kant, partindo do *teor coisal* do casamento, pretende deduzir daí o seu fundamento jurídico moral, e o amor puro de Mozart defende o sentimento de fidelidade como o seu *teor de verdade*, caberá a Goethe, aqui, um lugar estratégico. Ele não apenas não atenua a divergência entre os dois, entre a essência e a aparência, entre a verdade e a coisa, como ainda a leva até o fim. Na experiência da destruição do casamento, o que a sua obra revela é a própria essência da vida natural do homem. Nessa dissolução, "tudo o que é humano torna-se manifestação visível, e o que é mítico remanesce apenas como essência".[229] Ao pintar o retrato da decadência da família na aristocracia europeia, o texto de *As afinidades eletivas* nos mostra como, em seu processo de decomposição, essa instituição libera as forças mágicas do mito que ainda vigoram na sociedade feudal. Assim, toda a impureza do fundamento jurídico-moral do casamento vem à luz, e o *teor coisal* (jurídico-moral) do casamento é destruído e invertido. Pois apenas quando negado e dissolvido é que ele pode fornecer a medida de sua realidade histórica, permitindo ao crítico, nos interstícios da obra, encontrar a verdade. Benjamin sustenta que o casamento se torna uma relação jurídica apenas quando já perdeu a sua natureza ética; ele jamais se justifica como uma instituição do direito, "mas sim unicamente como expressão da existência do amor que, por natureza, buscaria essa expressão antes na morte que na vida",[230] porque a verdadeira destinação do casamento é assumir, apesar de tudo, a vida, até mesmo na morte.

Na leitura empreendida por Benjamin da obra de Goethe, apreende-se a natureza da tarefa filosófica que anima a crítica: a experiência

---

[228] MORONCINI, B., *Walter Benjamin e la moralità del moderno*, op. cit., p. 35. (grifo meu.)
[229] BENJAMIN, W., "As afinidades eletivas de Goethe", op. cit., p. 22. (*G.S.*, I, p. 131.)
[230] Idem, ibidem. (*G.S.*, I, p. 130.)

da verdade das obras, que jamais se deduz do seu teor coisal, mas que com ele se articula intimamente. Para Benjamin, a verdade habita a coisa, mas aí aparece negada, recoberta, desfigurada. Apenas quando opera a desmontagem do estrato sensível da obra, seu sentido manifesto, o crítico alcança o seu verdadeiro teor.

Segundo a interpretação benjaminiana, é na dissolução do casamento descrita em *As afinidades eletivas* que Goethe pressente, efetivamente, que o mito constitui a verdadeira essência do humano. Tal pressentimento revela a verdade do casamento enquanto mera instituição: ele procede das "violências míticas do direito" — poderes que interditam ao homem o "bem-aventurado repouso divino" e o lançam, como um nômade, para fora da esfera da verdade. As forças que emergem do abandono da natureza ética do casamento são, para Benjamin, aquelas que se originam da "potência mítica do direito". O estreito parentesco entre o mito e o direito: essa é a ideia que, nesta obra, pede para ser pensada. Por isso a presença de seu cunho jurídico era inevitável: não para fundamentar o casamento no direito matrimonial, como faz o personagem Mittler, mas para "mostrar aquelas forças que dele nascem no processo de seu declínio",[231] os poderes míticos do direito que transformam o casamento num "naufrágio cuja execução não foi por ele decretada".[232]

Benjamin, no entanto, está seguro de que essa verdade do casamento o próprio Goethe não atingiu jamais. Ele "toca efetivamente no conteúdo objetivo do casamento",[233] mas não de forma intencional. O determinante, do ponto de vista do crítico, é que, no centro de sua época, essa literatura foi capaz de nos colocar a caminho desse teor, abrindo espaços para o trabalho posterior da crítica filosófica, que suspende e congela a violência do mito.

Em sua avaliação da cultura moderna Benjamin detecta a presença constante da violência do mito; uma violência satânica que sobreviveu, subterraneamente, aos séculos de civilização, a todo esforço do

---

[231] BENJAMIN, W., "As afinidades eletivas de Goethe", op. cit., p. 21. (*G.S.*, I, p. 130.)
[232] Idem, ibidem. (*G.S.*, I, p. 130.)
[233] Idem, ibidem. (*G.S.*, I, p. 130.)

homem para dela se manter a salvo. Se em *As afinidades eletivas* a dissolução do casamento aparece perniciosa e cruel e a ação possui um caráter terrível e implacável, isto é porque, diz Benjamin, não são "poderes superiores" que a produzem; é a realidade empobrecida da época que, inexoravelmente, ao reduzi-lo a uma mera instituição do direito, vincula o casamento à violência mítica. Justificar o casamento na esfera do direito significa atrelá-lo, inevitavelmente, a um *destino* que enlaça a criatura num vínculo mortal. Enquanto o caráter ético do matrimônio está no amor capaz de desafiar até mesmo a morte, a sua dissolução gera o mero contrato, e o direito torna-se o veículo através do qual a potência mítica manifesta a sua força demoníaca. Segundo a reflexão benjaminiana, trata-se da emergência do arcaico, da dimensão mítica que nos recoloca não no domínio da inocência da natureza, mas naquele da *simples vida* (*bloßes Leben*) que é o registro da culpa. São essas forças que a ética deve combater: exatamente aquela ética que funda o casamento na morte, libertando-nos da potência ilusória da mera vida.

Filhos do Iluminismo, criaturas esclarecidas, os personagens de *As afinidades eletivas* fazem das boas maneiras a regra de suas vidas. Mas essa "boa educação" se revela um tímido amparo diante do poder de impulsos misteriosos que eles nem mesmo recordavam ter e que as suas próprias consciências não conseguem conter — as afinidades eletivas. Quando a cultura se dissolve, todo o arcaico aparece "como um jogo mítico de sombras com a roupagem da época goethiana".[234] Essa é a atmosfera que domina o romance de Goethe, onde o mito ressurge disfarçado com os traços da civilização: os costumes da vida burguesa são a sua fantasia no "baile de máscaras" que festeja o seu retorno do passado. Segundo Benjamin, o que vemos na forma de vida de Eduardo e Carlota "não é tanto a imoralidade como a sua nulidade";[235] é o seu "vazio". Em nenhuma parte desta obra o casamento se impõe em seus poderes morais.

---

[234] BENJAMIN, W., "As afinidades eletivas de Goethe", op. cit., p. 35. (*G.S.*, I, p. 140.)
[235] Idem, p. 21. (*G.S.*, I, p. 131.)

A ação mostra-nos os protagonistas como "homens bem educados", muito seguros de sua condição mundana, quase inteiramente livres de superstição. Como Benjamin nota, não se poderia imaginar uma maior e mais decisiva ruptura com a tradição do que o episódio em que os personagens, no intuito de embelezar a região, sem escrúpulos e sem nenhum respeito, pisam o solo do cemitério como se fosse qualquer solo e ainda lhe modificam a ordem. "Para onde essa liberdade conduz os protagonistas?"[236] Esta liberdade lhes é inadequada, ela "os torna cegos diante do real que habita o que é temido";[237] é incapaz de os frear, de os proteger frente à violência poderosa da natureza mítica em que vivem, algo que somente o "vínculo estrito" a um ritual poderia fazer. Mas "essa raça arrogante não consegue se livrar do tremor oculto que perpassa todas as forças vivas da natureza".[238] Os personagens, em sua falsa liberdade, hesitam todo o tempo e são incapazes de proferir em palavras qualquer decisão referente aos seus sentimentos. Como escreve Benjamin, "menos hesitação teria trazido liberdade, menos silêncio teria trazido clareza, menos complacência, a decisão".[239]

Para Benjamin, a cumplicidade entre o mito e o direito só encontra o seu esclarecimento com a categoria de *culpa*. No pequeno texto intitulado *Destino e caráter* (*Schicksal und Charakter*), publicado na revista *Argonauten* em 1922 e escrito entre setembro e novembro de 1919, portanto muito próximo do estudo sobre *As afinidades*, finalizado em 1922, Benjamin desvenda a questão. Não só afirma, ali, que a categoria de culpa é essencial para a elaboração do conceito de *destino*, como também que, pelo direito, as leis do destino — a *desdita* e a *culpa* — são elevadas "às medidas da pessoa". O filósofo percebe que, além de pertencer ao contexto do direito, a culpa, em relação ao direito, é transformada na condenação mesma, onde "cada culpabilidade nada

---

[236] BENJAMIN, W., "As afinidades eletivas de Goethe", op. cit., p. 23. (*G.S.*, I, p. 132.)
[237] Idem, ibidem. (*G.S.*, I, p. 132.)
[238] BENJAMIN, W., "Goethe", in *Documentos de cultura, documentos de barbárie: escritos escolhidos*, seleção e apresentação Willi Bolle, trad. Celeste H. M. Ribeiro de Sousa et. al., São Paulo, Cultrix, Editora da Universidade de São Paulo, 1986, p. 58. (*G.S.*, II, p. 732.)
[239] BENJAMIN, W., "As afinidades eletivas de Goethe", op. cit., p. 22. (*G.S.*, I, p. 131.)

mais é do que uma desdita".[240] A relação entre o direito e o destino revela-se na contemplação de uma vida condenada, "enquanto vida que primeiro foi condenada e depois se tornou culpada".[241] Benjamin cita Goethe, que sintetiza bem as duas fases: "Vós deixais o pobre tornar-se culpado"[242]. Pois, "o direito não condena à punição, mas à culpa".[243] Benjamin elabora então o seu conceito de destino, cuja formulação reaparecerá idêntica no ensaio sobre *As afinidades eletivas* de Goethe: "o destino é o contexto da culpa do vivente (*Schuldzusammenhang*: relação/conexão do vivente pela culpa)".[244] Segundo Benjamin, o destino corresponde à "condição natural do vivente", "àquela aparência (*Schein*) ainda não completamente dissolvida", sob o domínio da qual o homem permanece "invisível naquilo que tem de melhor".[245] É sempre um destino que o juiz decreta, cegamente, ao mesmo tempo em que sentencia a pena. Mas não é o homem o atingido por esse decreto; é a sua *simples vida*, que participa, por força da aparência, da culpa natural e da desdita.

Diante do direito ou do mito, a vida é culpa, um débito que não se pode pagar. O domínio do mito é aquele do débito impagável, que permanece impagável na medida em que a criatura acredita saldá-lo conservando a simples vida, que é sempre testemunha desta dívida. Esta é também a natureza do direito racional, que, ao reivindicar a universalidade e a igualdade, não esconde a sua natureza violenta, autoritária, e jamais pode se confundir com a verdadeira *justiça*. Se Kant está presente nesse ensaio de Benjamin sobre Goethe é porque ninguém caracterizou melhor a *lei moral*, fundamentada no tribunal da razão autônoma do homem — tribunal que se transforma facilmente naquele que já foi apresentado por Kafka, onde, de saída, o homem se coloca como culpado mesmo sem ter sido acusado de nenhum delito.

---

[240] BENJAMIN, W., "Destino e caráter", in *Peter Szondi e Walter Benjamin: ensaios sobre o trágico*, vol. II, org. Kathrin Rosenfield, trad. Kathrin Rosenfield e Christian Werner, *Cadernos do Mestrado/Literatura*, Rio de Janeiro, Universidade do Estado do Rio de Janeiro, IL, 1994, p. 29. (*G.S.*, II, p. 174.)

[241] BENJAMIN, W., "Destino e caráter", op. cit., p. 30. (*G.S.*, II, p. 175.)

[242] Trata-se de um dos versos do terceiro poema de *Sobre Wilhelm Meister*.

[243] BENJAMIN, W., "Destino e caráter", op. cit., p. 30. (*G.S.*, II, p. 175.)

[244] Idem, ibidem. (*G.S.*, II, p. 175.)

[245] Idem, ibidem. (*G.S.*, II, p. 175.)

Essa é a quintessência do direito: onde a lei se instaura, a vida é capturada na antecipação da culpabilidade, mesmo antes que qualquer ação se realize. Mais adiante compreenderemos que isso significa, para Benjamin, simplesmente, *ter um destino*.

O casamento reduzido à mera norma jurídica, sobre a qual se pretende justificar uma moralidade duvidosa, torna culpados aqueles que se deixaram arrastar pela corrente de seus instintos subterrâneos, verdadeiros executores do direito mítico, mesmo sem o conhecimento dos homens. Quando o destino entra em cena, fazendo valer a sua força mítica, ele ultrapassa o princípio da responsabilidade. Aí está a chave de compreensão de *As afinidades eletivas*, que se revela, mais do que em qualquer outro episódio do romance, na morte do recém-nascido, filho de Carlota e Eduardo, mas concebido sob o calor das novas paixões, e portanto culpado pelo simples fato de existir. Segundo Bielschowsky, com quem Benjamin concorda inteiramente, esse é o "esquema natural-filosófico e ético" esboçado por Goethe para os capítulos finais de sua obra: esta criança, que traz os traços de Otília e do Capitão como signo da mentira que presidiu a sua concepção, está condenada à morte, e a culpa de tal morte deve recair sobre Eduardo e Otília, que não expiaram as suas próprias culpas com o domínio de si. Esta pequena criança, fruto da mentira, já ingressa, quando nasce, na "ordem do destino"; não expia a antiga falta, ao contrário, é herdeira da culpa e assim tem de perecer. Como observa Benjamin, não estamos diante de uma "culpa moral", pois do contrário a criança não poderia adquiri-la. Trata-se da "culpa natural", por força da qual os homens sucumbem, não por terem cometido alguma ação ou tomado uma decisão, mas, antes, porque vacilam e descansam.

O destino está além da responsabilidade pessoal, não se fundando na esfera da moralidade. Ele representa, no pensamento benjaminiano, a redução da vida humana à natureza; e a natureza, nesse caso, não significa inocência, mas transmissão da culpa. Orientando-se decididamente para a teologia, Benjamin compreende os homens como "criaturas" expulsas do paraíso; criaturas que, ao se deixarem apegar à mera *aparência*, à inércia e à indulgência, as transformam nas armadilhas que os fazem cair na culpa. Essa é a história de *As afinidades eletivas*:

Quando, não respeitando aquilo que é humano, eles sucumbem ao poder da natureza, então sua vida é arrastada para baixo pela vida natural, a qual, ligando-se logo a uma vida superior, já não conserva mais no homem a inocência. Com o desvanecimento da *vida sobrenatural* no homem, sua vida natural torna-se culpa, mesmo que em seu agir não cometa nenhuma falta em relação à moralidade. Pois agora está no território da *simples vida*, o qual se manifesta no ser humano enquanto culpa. O ser humano não escapa ao infortúnio que a culpa chama sobre ele. Assim como cada movimento dentro dele provocará culpa, cada um de seus atos haverá de trazer-lhe a desgraça.[246]

Neste momento, as reflexões de Benjamin manifestam claramente a influência kierkegaardiana. Em *O conceito de angústia*, Kierkegaard já falara do adiamento angustiante diante da decisão que lança a criatura no pecado original. Para Kierkegaard, o pecado não seria a escolha de transgredir a norma — escolha esta que implicaria o conhecimento prévio do Bem e do Mal —, mas o adiamento diante dessa possibilidade. Tal é o sentido da proibição bíblica: o "Tu não comerás dos frutos daquela árvore" já é a própria destinação à culpa. Não se poderia, dessa forma, falar de responsabilidade moral por parte de Adão. Como Kierkegaard nos faz concluir, o pecado se transmite hereditariamente, como um caráter adquirido pela espécie e do qual ela jamais consegue se livrar.

Para Benjamin, se o aparecimento da lei institui o destino como culpa daquele que vive, o adiamento que caracteriza a criatura culpada se define como um "parar próximo desta vida" e deixar-se enamorar por ela; fascinado por sua "bela aparência", apegar-se a ela demasiadamente e não querer morrer. Como a proibição era "se dele comer, dele morrerei", a culpa está justamente no adiar a própria morte. A morte torna-se, assim, a pena máxima para aquele que vive, e a culpabilidade reside, não na vida enquanto tal, mas naquela vida que pretende sobreviver a si mesma.

---

[246] BENJAMIN, W., "As afinidades eletivas de Goethe", op. cit., p. 32 (trad. modificada). (*G.S.*, I, p. 139.)

O mito não surge apenas como um incidente que golpeia a vida; ele é um dos seus estratos estruturais. Este é o centro nervoso de *As afinidades eletivas*. Não se trata de lançar sobre os seus personagens um juízo moral — "personagens ficcionais são sempre demasiado ricas e demasiado pobres para se submeterem ao julgamento moral"[247] —, mas de "compreender moralmente os acontecimentos", colocando-os sob a luz de uma ética. Uma compreensão mais profunda pode detectar que eles exprimem "o desespero fugidio numa vida perdida".[248] Desde o início sob o "influxo das afinidades eletivas", estão sob a ação mágica daquelas forças que a cultura acredita ter dominado e que sempre se revela impotente para interrompê-las. Como Benjamin indica, o alto nível de educação desses seres goethianos deu-lhes o sentido do que é "conveniente", mas, ao mesmo tempo, não pode assegurá--los do sentido do que é "moral".

Em sua crítica, a atenção de Benjamin recai não tanto sobre a conduta desses personagens, mas sobre a sua *linguagem*. Para esta filosofia, nada vincula tanto o ser humano à verdade quanto a linguagem, único domínio capaz de revelar a compreensão ética do mundo, de lançar sobre a *simples vida* a esperança de uma vida mais plena. No registro da linguagem, segundo a mais cara convicção do filósofo, é possível encontrar um reflexo da *vida justa* que nos libere do círculo mágico do mito. Benjamin observa ser o problema desses personagens de Goethe o fato de que estão marcados pela mudez: "seguem seu caminho sentindo, porém surdos; enxergando, porém mudos. Surdos perante Deus e mudos diante do mundo".[249] Segundo Benjamin, é impressionante um romance dessa extensão com uma tamanha carência de nomes. Todos os nomes que figuram na narrativa — Eduardo, Otto, Otília, Carlota, Luciana e Nanny — são meros prenomes. A única exceção é o nome de Mittler, que não esconde o seu sentido depreciativo, pois em alemão "Mittler" significa "intermediário", "mediador", o que expressa, seguramente, a sua natureza mais íntima. Como

---

[247] BENJAMIN, W., "As afinidades eletivas de Goethe", op. cit., p. 25. (*G.S.*, I, p. 133.)
[248] Idem, ibidem. (*G.S.*, I, p. 134.)
[249] Idem, p. 26. (*G.S.*, I, p. 134.)

"nada vincula tanto o ser humano à linguagem quanto o seu nome",[250] tal surpreendente pobreza de nomes se explica de maneira mais profunda como essência da ordem mítica na qual vivem enredados esses seres de Goethe: eles permanecem submissos a "uma lei sem nome, sob uma fatalidade que enche o mundo das figuras com a pálida luz do eclipse solar".[251]

A profusão de traços premonitórios e paralelos em *As afinidades eletivas* nunca escapou aos olhos da crítica como "expressão evidente de seu caráter". No entanto, para Benjamin, esta profusão só encontra o seu esclarecimento se for compreendida como um "simbolismo de morte"[252] a atravessar toda a obra em seus traços mais ocultos, sendo ela a verdadeira responsável pela sensação de ansiedade e desassossego que invade o leitor. Dentre os elementos dessa simbólica fatal, Benjamin destaca o episódio da taça de cristal, narrado por Goethe no capítulo nove da primeira parte do livro. Durante a festa de aniversário de Carlota, na qual se comemorava a colocação da pedra fundamental da nova casa, a taça, fabricada durante a juventude de Eduardo e gravada com as suas iniciais, na época E e O, lançada para cima como tributo à construção e destinada a se quebrar no chão, segundo o costume, foi agarrada em pleno ar e depois conservada por Eduardo com todo o cuidado. Signo da oferenda desdenhada, a taça, cujas iniciais são também as do par central do romance, é acolhida com alegria, revelando toda a cegueira dos personagens.

As correspondências desse gênero, essas similitudes escondidas, não se explicam simplesmente pela tipologia da composição goethiana; elas compõem, segundo Benjamin, a "tipologia fatal" imposta pelo destino: "*o eterno retorno do mesmo*".[253] O eterno retorno é o "signo do destino" porque a característica do destino é ser idêntico na vida de muitos ou se repetir na vida de um mesmo indivíduo. O que essa linguagem da morte apresenta é, antes de tudo, o tema do "ser consagrado

---

[250] BENJAMIN, W., "As afinidades eletivas de Goethe", op. cit., p. 26. (*G.S.*, I, p. 135.)
[251] Idem, p. 27. (*G.S.*, I, p. 135.)
[252] Idem, p. 28. (*G.S.*, I, p. 135.)
[253] Idem, p. 30. (grifo meu). (*G.S.*, I, p. 137.)

ao destino".[254] Para a leitura benjaminiana, Goethe desenvolveu, ao longo de toda a obra, "essa espécie fatídica do existir, que engloba em si naturezas vivas num único contexto de culpa e expiação".[255] Benjamin define: "o destino é a correlação de culpa do vivente".[256] E ninguém caracterizou melhor esta ordem do destino que vigora em *As afinidades* como o compositor e teórico alemão, amigo de Goethe, Karl Friedrich Zelter, quando escreve: lá "também os melhores têm algo a ocultar e devem acusar a si mesmos por não estarem no caminho certo".[257] Em *As afinidades eletivas*, é a lei do destino que se apresenta "como a culpa que se herda ao longo da vida".[258]

O homem atrelado ao *fatum* de forma indissolúvel: assim caminha aquele que é cego. E quando se chega a esse grau de degradação, diz Benjamin, até as "coisas aparentemente mortas", os objetos inanimados, adquirem poder, porque um dos critérios que definem o mundo mítico é justamente a "incorporação de todas as coisas à vida".[259] No romance, o destino avança à medida que se termina a casa; o moinho, em que pela primeira vez Eduardo e Otília se encontram ao ar livre, é símbolo da natureza desintegradora e transformadora do mundo subterrâneo. Tudo faz parte do círculo mágico do mito, que vem à tona com o desmoronamento do casamento, pois este constitui a verdadeira "fatalidade", uma sina muito mais poderosa do que a *escolha* (*Wahl*), a eleição à qual se abandonam os apaixonados. No domínio do mito, "toda escolha, considerada a partir do destino, é 'cega' e conduz, cegamente, à desgraça",[260] e a norma violada impõe-se, poderosa, exigindo o sacrifício para expiar a infração. Assim se cumpre todo esse simbolismo de morte sob o "arquétipo mítico do sacrifício",[261] ao qual Otília está predestinada. No "mais decisivo sentido desta obra", a sua morte é um "sacrifício mítico"; e isso não quer dizer que ela "se sacrifica", mas

---

[254] BENJAMIN, W., "As afinidades eletivas de Goethe", op. cit., p. 30. (*G.S.*, I, p. 138.)
[255] BENJAMIN, W., Idem.
[256] Idem, ibidem. (*G.S.*, I, p. 138.)
[257] Idem, p. 31-32. (*G.S.*, I, p. 138.)
[258] Idem, p. 32. (*G.S.*, I, p. 138.)
[259] Idem, p. 33. (*G.S.*, I, p. 139.)
[260] Idem, p. 34. (*G.S.*, I, p. 140.)
[261] Idem, ibidem. (*G.S.*, I, p. 140.)

que é a vítima inocente que purga os culpados, já que, no mundo mítico, a expiação é sempre a morte dos inocentes. Apesar do seu suicídio, ela morre como mártir, e ainda lhe é atribuída uma série de milagres. O mito é o "fundamento" de *As afinidades eletivas*, constituindo a sua tese. Benjamin afirma: "[O mítico] constitui o teor coisal deste livro".[262] Para os contemporâneos de Goethe, este teor mítico não passou despercebido, mesmo que não tenha ultrapassado o nível do mero sentimento, mesmo que não tenha alcançado a "verdadeira intuição". Se os críticos anônimos ficaram paralisados pelo respeito que se devia a cada obra de Goethe, Madame de Staël escreveu em *Da Alemanha*:

> Não se pode negar que há neste livro um profundo conhecimento do coração humano, mas um conhecimento desencorajador, a vida é ali representada como uma coisa bastante indiferente, não importando a maneira como seja vivida; triste quando se aprofunda nela, bastante agradável quando se esquiva dela, suscetível de enfermidades morais que devem ser curadas se possível, e pelas quais se deve morrer se não for possível curá-las.[263]

Diante da reserva dos comentadores proeminentes que não deixaram de perceber as "notórias tendências pagãs"[264] da obra, a ausência absoluta de transcendência divina, Benjamin afirma que Goethe tinha, ao mesmo tempo, de defender a sua obra e proteger o seu segredo. Assim, destruiu os rascunhos, e o que falou sobre *As afinidades* contribuiu apenas para nos despistar de seu sentido, transformando-a numa "fábula da renúncia"[265] e fixando assim a imagem tradicional do romance. Mas Benjamin está convicto de que "o conteúdo moral dessa obra encontra-se em níveis muito mais profundos do que as palavras de Goethe permitem supor",[266] pois nem o autor, nem os críticos de seu tempo poderiam tomar consciência do *teor da verdade* do roman-

---

[262] BENJAMIN, W., "As afinidades eletivas de Goethe", op. cit., p. 35. (*G.S.*, I, p. 140.)
[263] Idem, p. 36. (*G.S.*, I, p. 141.)
[264] Idem, p. 37. (*G.S.*, I, p. 142.)
[265] Idem, p. 40. (*G.S.*, I, p. 143.)
[266] Idem, p. 41. (*G.S.*, I, p. 144.)

ce: ser um protesto contra o mito, um pedido de salvação. Como "toda significação mítica busca o segredo",[267] denunciando-a em sua obra, o escritor põe em obra a tarefa salvadora da literatura, que é liberar-nos do círculo mágico do mito.

O *conceito de demoníaco* — que se encontra na primeira estrofe do poema órfico *Palavras originárias*, intitulada *Daimon*, e com o qual Goethe introduziu a última seção de sua obra autobiográfica, *Poesia e verdade* — coloca-nos no coração do romance. Segundo Benjamin, é "a ideia do demoníaco que aparece na ideia do destino em *As afinidades eletivas*".[268] Em *Poesia e verdade*, Goethe nos conta como ao longo de toda a sua vida, desde a infância até a idade madura, ao tentar aproximar-se do domínio que está além dos sentidos, deparou-se com "o infinito, o inatingível",[269] que ele denominou "demoníaco" — algo que, na natureza animada e inanimada, só se manifesta por contradições e que, por conseguinte, não pode ser traduzido em conceitos ou palavras. Assim escreve Goethe:

> Essa coisa não era divina, visto que parecia irracional; não era humana, de vez que não possuía inteligência; nem diabólica, porque era benéfica; nem angélica, pois que muitas vezes nela se manifestava uma alegria maligna. Assemelhava-se ao acaso por não mostrar nenhuma coerência e tinha um certo ar de Providência por denotar um encadeamento. Tudo que se nos apresentava como limitado podia ser penetrado por ela. Parecia agir arbitrariamente com os elementos necessários de nossa existência: comprimia o tempo e dilatava o espaço. Dir-se-ia que só se comprazia no impossível e rejeitava o possível com desprezo. A esse ser que parecia penetrar todos os outros, separá-los e uni-los, dei a qualificação de demoníaco, a exemplo dos antigos e dos que haviam reconhecido qualquer coisa de análogo. Procurei furtar-me a esse ser temível.[270]

---

[267] BENJAMIN, W., "As afinidades eletivas de Goethe", op. cit., p. 44 (trad. modificada). (*G.S.*, I, p. 146.)
[268] Idem, p. 49. (*G.S.*, I, p. 150.)
[269] GOETHE, J. W., *Memórias: poesia e verdade*, op. cit., p. 584.
[270] Idem, ibidem.

A experiência do demoníaco é aquela da "ambiguidade incompreensível da natureza (*Naturzweideutigkeit*)".[271] Petrificado no "caos de símbolos" em que se transforma a natureza, o homem perde aquela liberdade que os antigos não conheceram, e a sua ação "submete-se a sinais e oráculos".[272] Aqui, a referência à astrologia, "cânone do pensamento mítico", também presente na obra autobiográfica de Goethe, é essencial para clarificar a ideia de destino. Em seu poema órfico é com ela que o poeta nos apresenta o *Daimon*:

Segundo que o Sol, à hora em que tu nasceste,
Recebeu em sua casa a saudação dos planetas,
Segundo a lei que presidia ao teu nascimento,
Tal é preciso que tu sejas, tu não podes escapar,
Assim falavam já Sibilas e Profetas,
Não há força nem tempo capazes de quebrar
A força em tu que se desenrola com o tempo.[273]

Para Benjamin, a força desses "poderes arcaicos" na vida do homem manifesta-se como *angústia* (*Angst*). A angústia é o preço pago pela humanidade por sua convivência com as "forças demoníacas". Dentre as suas diversas formas, a "angústia diante da morte"[274] é a mais intensa; raiz de todas as outras, ela é o traço visível daquela "inquietude pagã" que arrasta aqueles que, sob a influência do mito, se agarram à terra, apegando-se ao "lado de cá", porque a morte é o que mais ameaça o domínio da "vida natural", onde o mito se coloca como a única potência. Como aponta Benjamin, a ideia de imortalidade, no mito, constitui um "*não-poder-morrer*" (*Nichtsterbenkönnen*), um estar amarrado à mera aparência da vida. Sua tese é a de que esta angústia marcou definitivamente a vida do próprio Goethe, para quem a imortalidade não passava de "uma fuga do ilimitado para o ilimitado".[275] Tudo o que

---

[271] BENJAMIN, W., "As afinidades eletivas de Goethe", op. cit., p. 49. (*G.S.*, I, p. 150.)
[272] Idem, p. 54. (*G.S.*, I, p. 154.)
[273] GOETHE, J. W., "*Urworte. Orphisch*".
[274] BENJAMIN, W., "As afinidades eletivas de Goethe", op. cit., p. 50 (trad. modificada). (*G.S.*, I, p. 151.)
[275] Idem, p. 51. (*G.S.*, I, p. 151.)

o artista escreveu sobre a sobrevivência da alma, segundo Benjamin, só denuncia a sua conhecida aversão à morte e a qualquer coisa que reenvie a ela, revelando, assim, a mais extrema superstição: a *angústia mítica* de Goethe. E não há sensação mais rica em variantes do que a angústia, "à angústia da morte se associa a angústia da vida, do mesmo modo que a um som fundamental se unem seus inúmeros harmônicos".[276] Benjamin fala do "jogo barroco"[277] da angústia diante da vida que presidiu a existência de Goethe — jogo sobre o qual a tradição silencia, único jogo que se joga quando o mito, vitorioso, se instaura no domínio do ente.

Mas a vida pede para ser arrancada do mito e do destino, e também da culpabilidade aos quais ela está condenada simplesmente por ser vida. Para Benjamin, somente a presença, no homem, da "vida sobrenatural" pode impedir que a sua vida natural se torne culpada. A vida sobrenatural é, justamente, a vida ética, que se realiza com a interrupção do mito e que apenas a *verdadeira experiência histórica* é capaz de assegurar. No pensamento de Benjamin, esta possui um sentido preciso e significa a generosidade corajosa do homem de experienciar a sua finitude, a temporalidade inerente à própria vida, um limite que ele experimenta como perda, mas que, por outro lado, lhe revela o seu outro: a vida que ultrapassa a *simples vida*, a força libertadora do desejo de salvação.

Na época moderna, onde a pobreza ética se transformou em norma geral — este é o problema que Benjamin expõe em sua leitura de *As afinidades eletivas* —, temos apenas uma *moralidade formal*, que no vazio de sua forma abriga confortavelmente a culpabilidade do mito. Mas, se o mítico pode ressurgir com a decadência do ético, é porque constitui uma estrutura da própria vida: em sua condição simplesmente natural, a vida é culpabilidade; em sua mera aparência, a vida é apenas um nexo de culpa e castigo. A verdadeira experiência histórica, no sentido de *Erfahrung*, é a experiência filosófica de redenção: perdão do débito e destruição do mito. Em Benjamin, estamos diante de uma

---

[276] BENJAMIN, W., "As afinidades eletivas de Goethe", op. cit., p. 51 (trad. modificada). (*G.S.*, I, p. 151.)
[277] Idem, p. 52. (*G.S.*, I, p. 152.)

salvação sem garantia, não regulada por nenhum *a priori* e nem antecipada por nenhum *telos*, como no historicismo. A autêntica experiência filosófica da história é precisamente aquela do limite entre o mundo da culpa da criatura e aquele da redenção; duas esferas que atravessam a história humana e a dividem, abrindo-a à descontinuidade, à *diferença* que a constitui enquanto história. O mito e a redenção, portanto, não representam para Benjamin o princípio e o fim; eles são os dois planos sincrônicos que podemos descobrir a cada rachadura do desenrolar diacrônico do tempo. Caberá ao pensamento posicionar-se diante do modo como esses pontos se relacionam numa época, saber se a dívida poderá ser perdoada ou se ela aumentará até o fim, ficando como legado para as futuras gerações. Justamente porque o seu êxito não está assegurado, impõe-se a tarefa da crítica filosófica, a "eticidade" que a caracteriza.

Já em *Destino e caráter* Benjamin falava do "tempo da salvação",[278] o tempo "da verdade", que ele diz ser também o "tempo da música". Essa seria a temporalidade salvadora que a sua filosofia reivindica como verdadeira essência do tempo histórico, "do tempo de uma vida superior, menos dependente da natureza".[279] Pois, em sua natureza particular, o tempo do destino só é "impropriamente temporal",[280] nele não há espaço para a diferença do tempo: é sempre o *eterno retorno do mesmo* que preside o tempo mítico. O tempo do destino, escreve Benjamin, "não tem nenhum presente, pois os momentos fatais (cheios de destino: *schicksalhaft*) só existem em romances ruins, e também passado e futuro ele só conhece em modulações curiosas".[281]

A preocupação do filósofo, nesse texto, concentra-se, no entanto, na distinção conceitual do par terminológico que compõe o seu título,

---

[278] BENJAMIN, W., "Destino e caráter", op. cit., p. 30. (*G.S.*, II, p. 176.)
[279] Idem, p. 31. (*G.S.*, II, p. 176.)
[280] Idem, p. 30. (*G.S.*, II, p. 176.)
[281] Idem, p. 31. (*G.S.*, II, p. 176.)

a diferença entre o conceito de *destino* e aquele de *caráter*. Benjamin acredita que sem o esclarecimento desta distinção é impossível atingir tanto o sentido de destino quanto o de caráter, pois, do modo como são habitualmente encarados, os dois conceitos aparecem ligados de maneira causal, e o caráter é designado como a causa do destino:

> No fundo disto encontra-se o seguinte pensamento: se, por um lado, o caráter de um homem — quer dizer, também o seu jeito e modo de reagir — fosse conhecido em todas as suas particularidades, e, por outro lado, se o acontecer no mundo (*das Weltgeschehen*) fosse conhecido nos domínios onde ele se aproximasse daquele caráter, então poder-se-ia afirmar, com precisão, tanto o que aconteceria com aquele caráter, quanto o que seria realizado por ele. Isto quer dizer: seu destino seria conhecido.[282]

Assim pensam as cartomantes e quiromantes e todos os que afirmam predizer o destino dos homens a partir de quaisquer signos; o destino, para aquele que encontra em si um "saber imediato do destino em geral", está, de alguma maneira, presente; está "a postos" (*zur Stelle*).[283] Benjamin sabe que para os homens modernos essa ideia é inaceitável, que as "representações contemporâneas" jamais conduzem o pensamento àquele "acesso imediato"[284] ao destino em geral, característico do esoterismo. No entanto, esses homens aceitam a possibilidade de *ler* o caráter de outro homem a partir de seus traços corporais, como sustenta a moderna fisionomia, pois o caráter lhes aparece como algo existente, tanto no passado quanto no presente, e portanto algo reconhecível. Ou seja, eles acreditam, de alguma maneira, encontrar em si "o saber do caráter em geral".

Benjamin enfatiza a ideia de que, enquanto o sistema de signos caracteriológico se restringe normalmente ao corpo (quando não se incluem os signos do zodíaco), os signos do destino, segundo a con-

---

[282] BENJAMIN, W., "Destino e caráter", op. cit., p. 25. (*G.S.*, II, p. 171.)
[283] Idem, p. 26. (*G.S.*, II, p. 172.)
[284] Idem, p. 25. (*G.S.*, II, p. 171.)

cepção tradicional, se encontram disponíveis em todos os fenômenos da vida exterior, além dos fenômenos corporais. No entanto, como a conexão que implicam "está além do imediatamente visível", tanto o caráter quanto o destino estão presentes apenas em *signos*. Mas é importante perceber que, em ambos os sistemas, "o signo e o designado não significam o caráter e o destino em uma correlação causal",[285] pois "uma correlação de significação" nunca pode ser uma correlação causal. Como afirma a sua mais antiga filosofia da linguagem, exposta no texto de 1916, "Sobre a linguagem em geral e sobre a linguagem humana", e desdobrada no estudo, já dos anos 1930, "A doutrina das semelhanças", a linguagem, desde um ponto de vista filosófico, constitui um "arquivo" de *semelhanças suprassensíveis* (*unsinnliche Ähnlichkeiten*) que não se confundem com relações causais, como aquela que se poderia ter entre significante e significado, de acordo com uma visão degradada da linguagem, com a sua "concepção burguesa". Estamos diante, aqui, de um "ler mais antigo", no qual a linguagem reenvia apenas a ela mesma, e as correspondências mágicas da natureza, entre micro e macrocosmos, se revelam.

A compreensão usual da relação entre destino e caráter, segundo a qual o caráter é a causa do destino, além de ser incapaz de tornar compreensível "de uma forma racional" a predição desse destino, é falsa. É falsa porque se funda numa separação que é "teoricamente inviável": a separação entre o *interior* e o *exterior*, entre a interioridade do homem e a exterioridade do mundo. Para Benjamin, essa separação entre o sujeito e o objeto, entre a subjetividade e o mundo, marca da época moderna, denuncia exatamente a permanência do mito. Em sua filosofia, "nenhum conceito de um mundo exterior (*Außenwelt*) se deixa definir em oposição ao limite do conceito do homem que age (*wirkender Mensch*)."[286] Entre o homem e o mundo "tudo é efeito recíproco", confundindo-se "os raios de ação", e, por mais que as suas representações sejam diferentes, esses conceitos são inseparáveis:

---

[285] BENJAMIN, W., "Destino e caráter", op. cit., p. 26. (*G.S.*, II, p. 172.)
[286] Idem, p. 27. (*G.S.*, II, p. 173.)

Não é apenas impossível indicar o que seria a função do caráter e o que tem de valer como função do destino em uma vida humana, mas o exterior que o homem, enquanto agente, encontra, pode, por princípio e em grau tão elevado quanto se queira, ser derivado do interior, assim como o interior do exterior, de forma que um pode ser considerado igual ao outro.[287]

É apenas "neste sentido", porém, que caráter e destino coincidem teoricamente no pensamento benjaminiano. A verdadeira compreensão, seja da essência de ambos ou de sua relação, precisa diferenciá-los cuidadosamente, até que esses conceitos se tornem "totalmente divergentes". Para tanto, Benjamin sustenta que o conceito de caráter deve receber uma determinação mais exata: "onde houver caráter, certamente não haverá destino, e o caráter não será achado no contexto do destino".[288]

Benjamin denuncia que, no "linguajar comum", tais conceitos usurpam a "soberania de esferas e conceitos mais elevados": o caráter é enganosamente transferido para um *contexto moral*, e o destino, para um *contexto religioso*. Nada é mais afastado do conceito de destino do que o domínio religioso. No caso do destino, essa transferência enganosa se explica pela ligação desse conceito com um conceito equivocado de culpa, onde a desdita ocasionada pelo destino é compreendida como a resposta de Deus — ou dos deuses — à culpabilidade religiosa. Benjamim ainda sublinha: falta uma relação correlata do conceito de destino com o conceito de *inocência*, assim como nele também não há lugar nem para a *dita*, nem para a *bem-aventurança*, pois elas conduzem para fora da esfera do destino. A dita não pode ser uma categoria constitutiva do destino, já que é ela que salva o ditoso do encadeamento dos destinos, da rede de seu próprio destino. "'Sem destino' (*Schicksallos*): não é à toa que Hölderlin assim se refere aos deuses bem-aventurados".[289] Na medida em que algo é destino, é sempre desdita e

---

[287] BENJAMIN, W., "Destino e caráter", op. cit., p. 27. (*G.S.*, II, p. 173.)
[288] Idem, p. 28. (*G.S.*, II, p. 174.)
[289] Idem, ibidem (trad. modificada). (*G.S.*, II, p. 174.) Cf. "Canto de destino de Hiperíon", v. 7, in HÖLDERLIN, F. *Poemas*, trad. José Paulo Paes, São Paulo, Companhia das Letras, 1991.

é sempre culpa, e uma ordem que se constitui unicamente pela desdita e pela culpa, onde nenhuma via de salvação é concebível, jamais pode ser pensada como religiosa. Esta é a conclusão do filósofo.

O domínio no qual valem somente a desdita e a culpa, "a balança na qual a bem-aventurança e a inocência são leves demais e flutuam para cima [dissolvendo-se no ar] é a balança do direito".[290] É preciso evitar confundir a *justiça* com a ordem do *direito*. Esta confusão, nas palavras de Benjamin, "preservou-se além da época que instaurou a vitória sobre os demônios", pois a ordem do direito não passa de um "vestígio do estágio demoníaco da existência humana".[291] Assim como Kierkegaard, Benjamin acredita que o direito sobrevive apenas como uma máscara que encobre o demoníaco; que o direito apenas simula a justiça. O direito, o destino e o demoníaco compõem a tríade que, no pensamento benjaminiano, caracteriza o domínio do mito, da repetição da *simples vida*, desprovida de espírito.

Para a filosofia benjaminiana, é em sua relação com "o encadeamento pagão de culpa e castigo" que se constitui o destino, que aquele que vive pode ser conectado tanto às cartas quanto aos planetas. Benjamin desvenda a técnica da qual se utiliza o vidente: aproximar a criatura do *contexto de culpa* (*Schuldzusammenhang*), graças às coisas mais proximamente calculáveis, imediatamente sabidas; "coisas impuramente prenhes de certeza".[292] Desta forma, o que a vidente lê nos signos diz respeito apenas à simples vida natural do homem, e o homem que vai ter com ela renuncia à sua possibilidade de redenção, à vida justa, verdadeira, em favor da vida culpada que traz em si. É neste sentido que o conceito de destino se separa inteiramente, é "completamente independente", daquele de caráter, que tem o seu fundamento numa "esfera totalmente diferente". Se, na quiromancia e em outras práticas interpretativas, caráter e destino coincidem por inteiro, é porque ambos se referem ao "homem natural", à simples vida natural do homem, que se anuncia através dos signos que a natureza oferece. Já o funda-

---

[290] BENJAMIN, W., "Destino e caráter", op. cit., p. 29. (*G.S.*, II, p. 174.)
[291] Idem, ibidem. (*G.S.*, II, p. 174.)
[292] Idem, p. 30. (*G.S.*, II, p. 175.)

mento do conceito de caráter se encontra numa "esfera da natureza" e está tão afastado da esfera moral quanto o destino da religião.

Para alcançar o conceito de caráter, é preciso abandonar todo o vínculo equivocado com o conceito de destino, que se constrói através da representação de uma "trama" que só a "observação superficial" toma como caráter. Ao lado das características fundamentais, "o olhar afiado do conhecedor de homens"[293] distingue "traços mais finos, sinuosos e estreitos", tornando esta trama cada vez mais densa, até que "um entendimento débil" acaba por acreditar que é capaz de "possuir a essência moral do caráter em questão", sendo capaz de distinguir as suas qualidades boas e as más. No entanto, segundo Benjamin, para compreender o sentido dos conceitos é necessário abstrair o *valor moral* (*moralische Wertung*) dos traços de caráter: "apenas ações — jamais qualidades — podem ser moralmente relevantes".[294] E, nessa abstração, deve-se manter a "valoração em si", tirando-lhe apenas o "acento moral",[295] o que tornará possíveis avaliações e julgamentos de valor moralmente indiferentes, seja num sentido positivo ou negativo (como acontece, por exemplo, nas definições que dizem respeito às qualidades do intelecto, como esperto ou tolo).

É a *comédia* que indica, no pensamento de Benjamin, a verdadeira esfera dessas "qualidades pseudomorais".[296] No centro da comédia, como personagem principal, encontramos quase sempre um homem que poderíamos chamar de vil se encontrássemos as suas ações na vida, e não no palco, onde elas "aparecem sob a luz do caráter". Como ocorre nos casos clássicos, o caráter do herói cômico é objeto de "alta alegria", porque as suas ações jamais são vistas pelo público numa perspectiva moral: "seus atos só interessam na medida em que refletem a luz do caráter".[297] Benjamin fala dos personagens do grande artífice da comédia que foi Molière, cujo caráter se desdobra "com um

---

[293] BENJAMIN, W., "Destino e caráter", op. cit., p. 31. (*G.S.*, II, p. 176.)
[294] Idem, ibidem. (*G.S.*, II, p. 177.)
[295] Idem, p. 32. (*G.S.*, II, p. 177.)
[296] Idem, ibidem. (*G.S.*, II, p. 177.)
[297] Idem, ibidem. (*G.S.*, II, p. 177.)

brilho solar que ilumina o seu único traço",[298] seja a hipocrisia ou a avareza. Em sua compreensão, todo o sublime da comédia de caráter reside no "anonimato do homem e de sua moralidade em meio ao mais elevado desdobramento do indivíduo na singularidade de seu traço de caráter";[299] a celebração da singularidade de cada indivíduo, desprovida de juízo moral: algo que nenhuma análise psicológica, calcada no interior subjetivo, poderia jamais alcançar.

Enquanto o destino se desenrola como complicação da pessoa com a culpa, Benjamin acredita que o caráter é a resposta do Gênio a essa "sujeição mítica"; nele, "a complicação devém simplicidade, o *fatum* devém liberdade".[300] Ou seja, na afirmação da sua singularidade, livre de culpa, o indivíduo consegue liberar-se do círculo mágico do destino. O caráter do personagem cômico é "o lustre cujo raio torna visível a liberdade de suas ações".[301] Ao dogma da culpa natural da vida humana, a culpa originária, o Gênio contrapõe "a visão da *inocência originária natural* do homem".[302] E essa visão, cuja essência permanece no domínio da natureza mesmo estando bem próxima de concepções morais, é uma "visão libertadora"; ela se relaciona com a *liberdade* na medida em que o traço do caráter é "a luz do indivíduo no céu descolorido (e anônimo) do homem".[303]

Como vimos, a reflexão benjaminiana relaciona-se diretamente com a concepção kierkegaardiana do pecado original, onde a queda no destino, no contexto de culpa e expiação, se encontra inteiramente desvinculada do estado de inocência. Mesmo sem cometer nenhum ato imoral, o homem está preso ao seu mítico destino pelo simples fato de existir. É por isso que o destino é incompreensível tanto a partir da esfera moral quanto da religiosa. Se, no paraíso, Adão é verdadeiramente inocente, ele não pode saber nada de inocência nem de culpa no sentido moral. A inocência remete a um estado anterior à instauração

---

[298] BENJAMIN, W., "Destino e caráter", op. cit., p. 33. (*G.S.*, II, p.178.)
[299] Idem, ibidem. (*G.S.*, II, p. 178.)
[300] Idem, ibidem. (*G.S.*, II, p. 178.)
[301] Idem, ibidem. (*G.S.*, II, p. 178.)
[302] Idem, ibidem (grifo meu). (*G.S.*, II, p. 178.)
[303] Idem, ibidem. (*G.S.*, II, p. 138)

da moral, à distinção entre o Bem e o Mal, onde não se pode falar de culpa; para desejar o bem é preciso já conhecer o mal e, portanto, ter deixado de ser inocente. Assim também o destino nada tem a ver com a felicidade, pois essa última é exatamente aquilo que vem desagregar a ordem mítica do destino.

Na determinação benjaminiana do conceito de destino não encontramos os pares inocência e culpa, felicidade e infelicidade. Neste contexto jazem apenas os únicos conceitos de infelicidade e culpa. Excluído da esfera religiosa, o destino pertence àquela ordem incapaz de reintegrar a inocência, que não pode prometer nenhuma felicidade ou beatitude: a ordem do direito, onde a infelicidade da criatura devém culpa diante da lei. O destino, em Benjamin, coincide com a constituição natural do vivente, ou seja, com aquela aparência que, se não for totalmente dissolvida, constrange o vivente na culpa; e a vida culpada, submetida ao direito, é aquela que hesita, que se demora demasiadamente na aparência da vida, antes de se decidir a abandoná-la pela esfera ética.

Numa passagem de *Destino e caráter*, mais tarde retomada integralmente no livro sobre o drama barroco, Benjamin afirma que apenas com a *tragédia*, pela primeira vez, o destino demoníaco foi rompido. Enquanto a comédia ilumina o conceito de caráter, o autêntico conceito de destino é aquele presente na tragédia, assim como o Gênio capaz de romper a sua trama aparece representado na figura do herói:

> Não foi no direito, mas na tragédia, que a face do gênio se ergueu pela primeira vez para fora da névoa da culpa, pois na tragédia o destino demoníaco é rompido. Isto não significa que o encadeamento imprevisível e pagão de culpa e castigo tenha sido substituído pela pureza do homem redimido e conciliado com o puro Deus. Na tragédia, porém, o homem pagão toma consciência de que é melhor do que os seus deuses, mas este conhecimento lhe tira a voz (*verschlägt ihm die Sprache*), sua fala permanece surda. Sem se confessar (*bekennen*), ela procura, furtivamente, juntar sua força. Ela não deposita culpa e castigo nitidamente separados nos pratos da balança, mas ela os embaralha. Não se trata, absolutamente, de restaurar a ordem ética do mundo (*sittliche Weltordnung*), mas o homem moral, ainda mudo,

ainda sob tutela, quer se erguer — é como tal que ele é denominado o herói —, no tremor daquele mundo sofrido. O paradoxo do nascimento do gênio na surdez moral e na infantilidade moral é o sublime da tragédia. Trata-se, talvez, do fundo do sublime em geral, no qual aparece muito mais o gênio do que o deus.[304]

Para Benjamin, a tragédia dissolve o destino mítico porque o seu herói confunde culpa e castigo em vez de os depositar, nitidamente separados, nos pratos da balança. A balança constitui o símbolo do direito, cuja verdadeira pena é a própria culpa, e onde a concatenação culpa-castigo não pode ter fim, já que o castigo não tolhe a culpa; ao contrário, a reproduz. Na imagem de agitar e confundir, o que o filósofo simboliza é a obra da verdadeira *justiça*, que não precisa de balança porque não pesa, simplesmente anula, cancela totalmente o nexo culpa-castigo. Apenas destruindo o domínio do direito, a justiça pode reintegrar a inocência e conceder felicidade à criatura.

O que interessa, nesse momento, é a contraposição que se estabelece entre, de um lado, a esfera do mito e do direito, e, de outro, aquela do religioso, do ético e da justiça. Benjamin afirma que o direito sobrevive apenas porque se mascara de justiça. Segundo a sua leitura crítica, é justamente isto que Goethe nos faz ver em *As afinidades eletivas*, onde a dissolução do ético, além de revelar a persistência mítica do direito, denuncia a pretensão deste de se valer a si mesmo como moral. Se o nascimento da ética é capaz de dissolver a ordem mítica, sua decadência reabre o espaço para o retorno dessa ordem. Eis a questão levantada pela crítica benjaminiana: no auge da modernidade, no momento em que a civilização acreditou ter tomado o lugar das autoridades espirituais na luta contra o demônio, o direito mítico, que ela acreditava ter removido, retorna mascarado de moral. No entanto, aos olhos de Benjamin, se a história deixa restos que testemunham a persistência do mito, estes também trazem consigo a exigência de justiça. Assim se define a tarefa da crítica: encarregar-se desse

---

[304] BENJAMIN, W., "Destino e caráter", op. cit., p. 29. (*G.S.*, II, p. 174.)

legado histórico visando à abolição do mito. Seja ele um texto ou uma configuração social, caberá ao crítico, filósofo, em seu trabalho incansável de alquimista, trazer à luz o conteúdo de verdade dos fenômenos históricos, que pode ser lido como um pedido de redenção.

É dentro desse conceito de mito que está contida a crítica benjaminiana da concepção tradicional do tempo histórico, principalmente aquela posta em obra pelo historicismo; uma questão que permaneceu até o fim de sua obra, determinando o estatuto da temporalidade na construção de sua filosofia da história. Como estabelece claramente o texto *Sobre o conceito de história*, seu último escrito, mas que concentra, contudo, antigas convicções, a história não se reduz a um mero desenrolar de acontecimentos num tempo homogêneo e vazio, simples concatenação de eventos num meio meramente formal. Benjamin procura um conceito de historicidade que trabalhe justamente a relação entre o tempo circular do mito e o tempo acelerado da civilização que a este se opõe, embora também se mostre como mítico — e contra ambos o "momento da justiça". Os tempos da história, nesse pensamento, estão em luta. E é somente essa descontinuidade, característica da dimensão histórico-temporal, que torna possível a crítica: ela emerge no instante de "conhecibilidade possível", que Benjamin chama de *tempo de agora (Jetztzeit)*, onde penetram as "farpas do messiânico"; momento de ruptura, de interrupção do desenrolar mítico dos acontecimentos, que traz consigo a possibilidade de redenção.

O único conceito de destino, o autêntico, para Benjamin, é aquele "que compreende o destino na tragédia, da mesma forma que as intenções da cartomante".[305] Ele não se refere ao futuro, mas é pensado, necessariamente, como "já posto", algo que estaria "a postos". Nesse sentido, e ao contrário do que possa parecer, ler o destino nas linhas de uma mão, nas cartas ou na configuração planetária não significa predizer o futuro, mas aprisionar o sujeito na repetição a-histórica de um passado arcaico, no repetir-se da vida culpada. Segundo Benjamin, o domínio dos sinais é o da indiferença do espaço

---

[305] BENJAMIN, W., "Destino e caráter", op. cit., p. 31. (*G.S.*, II, p. 176.)

e do tempo; seu contexto é aquele da culpa, onde nada muda e tudo é sempre igual. Este registro, que só é temporal de modo totalmente impróprio, difere totalmente, por gênero e por medida, do tempo da redenção ou da verdade. Mesmo a cartomante e o quiromante, diz Benjamin, sabem que o tempo mítico do destino pode tornar-se, a cada momento, contemporâneo de um outro tempo; sabem que ele é um tempo não autônomo, que adere parasitariamente ao tempo de uma vida superior, menos ligada à natureza, ao tempo da vida justa.

O tempo mítico tem a culpa em seu centro; ele aprisiona, apresenta um passado cuja característica é não poder passar, insistindo, repetindo-se infinitamente no tempo. Esse passado mítico, sempre disponível para qualquer contemporaneidade, abole do presente a sua carga de descontinuidade temporal, sua diferença temporal. Nesse tempo inferior, que se permite contemporâneo a qualquer outro, o presente se reduz a um passado mascarado, que se recusa a ser solto de uma vez por todas, e jamais carrega a possibilidade de manifestação da justiça, da liberação do mito. O esforço da filosofia benjaminiana é, portanto, desmascarar o conjunto de toda história advinda até o presente como *história natural*, repetição da natureza mítica, para preparar o tempo da redenção, onde a temporalidade mítica se interrompe e o passado, liberado, abre espaço para que o presente possa passar em sua diferença salvadora.

A contraposição entre direito e justiça, que esclarece o conteúdo coisal do romance goethiano, coloca-se ainda mais nitidamente em *Crítica da violência*, escrito em 1921, que, junto a *Destino e caráter*, compõem ambos, com o trabalho sobre *As afinidades eletivas* de Goethe, uma constelação privilegiada. Esse ensaio revolucionário, onde se cruza uma multiplicidade singular de códigos, mistura a linguagem marxista com aquela da revolução messiânica, enquanto ambas anunciam não apenas uma nova era histórica, mas o próprio começo da verdadeira história desvencilhada do mito. Benjamin trabalha, nesse estudo, a oposição entre o mito e a verdade da religião, utilizando-se de uma distinção inspirada na leitura de *Reflexões sobre a violência*, de Georges Sorel, assim como em suas conversas com Ernst Bloch. Uma dessas conversas tinha por tema duas espécies de greve essencialmente distintas: a greve geral política da revolução alemã, de 1918-1919, que visava instaurar um novo direito e apenas substituir uma elite por outra, fundamentada na *violência mítica*, e a greve geral proletária, que, segundo a esperança de Benjamin, seria a abolição de toda dominação e, portanto, a ruptura do mito, da repetição do mesmo que caracteriza a história. Aqui, a utopia de uma revolução anarquista capaz de aniquilar o mito fundamenta-se na esfera teológica e é definida por Benjamin como uma *manifestação santificada da violência*. Da mesma forma que em *Sobre o conceito de história*, essa utopia é apresentada como a irrupção salvadora de Deus na história, sob a figura do Messias.

Esse texto inquieto e ao mesmo tempo místico e hipercrítico, obcecado pelo tema da destruição radical e da exterminação do direito, apresenta a relação da violência com o direito se manifestando de dois modos: a violência *cria* o direito, como, por exemplo, no direito de guerra, ou *conserva* o direito estabelecido, defendendo-se daquela violência que se quer instauradora de um novo direito. Bem mais importante que estas duas, há, no entanto, uma violência diferente, que Benjamin nomeia *violência divina* e que, em seu entendimento, constitui a *verdadeira justiça*. Ela não cria nem conserva nenhum direito; ao contrário, aniquila todo direito existente sem dar lugar a nenhum outro; não abole simplesmente o direito historicamente dado, mas faz desabar a própria esfera do direito nos seus dois momentos de criação e conservação:

> Se a violência mítica é instituinte do direito, a violência divina é destruidora do direito; se aquela estabelece limites, esta rebenta todos os limites, se a violência mítica é ao mesmo tempo autora da culpa e da penitência, a violência divina absolve a culpa; se a primeira é ameaçadora e sangrenta, a segunda é golpeadora e letal, de maneira não sangrenta.[306]

---

[306] BENJAMIN, W., "Crítica da violência — Crítica do poder", op. cit., p. 173 (texto modificado). (*G.S.*, II, p. 199.)

A ausência de sangue na violência divina é seu ponto fundamental. No sangue jaz toda a diferença. Isso não significa que Benjamin esteja defendendo uma espécie de visão humanitária contra a violência mítica do direito; a ausência de sangue só é significativa porque, em sua interpretação, Benjamin concebe o sangue como *símbolo da simples vida* (*das Symbol des blossen Lebens*), da vida enquanto tal, prisioneira da culpabilidade. A violência mítica faz jorrar o sangue, contra a vida, mas permanece na mesma ordem que esta, a ordem da culpa, aquela do ser vivo enquanto tal. Já a violência divina se exerce sobre a vida, sim, mas em favor do ser vivo. Ela possui uma outra origem. Enquanto a violência mítica do direito exige o sacrifício, satisfaz-se sacrificando o ser vivo, a violência divina sacrifica a vida para salvar o ser vivo. Se ela aniquila a vida, os bens, o direito, o fundamento do direito, jamais destrói a alma do ser vivo. A violência divina assume o sacrifício em nome da "vida para além da vida, a vida contra a vida, mas sempre na vida e para a vida":[307] a exigência de justiça. Benjamin escreve:

> Pois o sangue é o símbolo da simples vida. O desencadeamento da violência jurídica remonta ao processo de culpa da vida pura e natural, o qual entrega o ser humano inocente e infeliz à penitência, com a qual expia sua culpa e também absolve o culpado, não de uma culpa mas do direito. Pois com a vida termina a dominação do direito sobre os vivos. A *violência mítica* é violência sangrenta sobre a vida, sendo essa violência o seu fim próprio, ao passo que a *violência divina* é uma violência pura sobre a vida toda, sendo a vida o seu fim. A primeira violência exige sacrifícios, a segunda violência os aceita.[308]

É a partir de uma teoria do vivente, teoria que estabelece como culpada toda vida que insiste em persistir na própria vida, que Benjamin elabora o seu conceito de justiça. Lembremos: persistir é justamente a característica principal do tempo mítico. A pena da vida cul-

---

[307] DERRIDA, J., "Prenome de Benjamin", in *Força de lei: o fundamento místico da autoridade*, trad. Leyla Perrone-Moisés, São Paulo, WMF Martins Fontes, 2007, p. 125.
[308] BENJAMIN, W., "Crítica da violência — Crítica do poder", op. cit., p. 173 (grifo meu). (*G.S.*, II, p. 199.)

pada, por isso, só pode ser a morte; e o sangue, o seu símbolo. A violência divina, que Benjamin evoca como "um poder puro, imediato, que possa impedir a marcha da violência mítica",[309] vem possibilitar o início do domínio do vivente sobre a vida, pois aquele que vive só está em condições de vencer quando uma justiça mais elevada se coloca contra a vida e em sua defesa. Esse poder divino, acredita Benjamin, mora na *tradição religiosa*, e na vida contemporânea ele encontra ainda uma "manifestação sagrada" na educação, no "poder educativo em sua forma perfeita".[310]

Em seu conhecido comentário à "Crítica da violência", Jacques Derrida afirma que aí encontramos a "essência do judaísmo" que orienta a "lógica profunda" do pensamento de Benjamin.[311] Na crítica que endereça à sacralização da simples vida, da vida por si mesma, a vida natural, nos deparamos com o "despertar da tradição judaica", para a qual o que é sagrado na vida não é a vida, e sim a justiça desta vida; a "possibilidade de justiça" que a vida contém, pois o valor da vida vale mais do que a vida pura e simples. Este gesto, por si mesmo paradoxal, aos olhos de Derrida, é aquele que caracteriza a "lógica imanente" ao pensamento benjaminiano, que, inseparável de sua escrita filosófica, desafia os limites da representação. A leitura derridiana sustenta que esse ensaio leva a cabo a ideia cara a Benjamin de uma "experiência original da linguagem", que se opõe precisamente à dimensão representativa, mediadora e, consequentemente utilitária da linguagem, que arrasta esta última, fazendo-a cair de sua dimensão original, a *nomeação*.

Ao contrapor a pura violência divina, a *judaica*, que se liga aos fins justos e destrói o direito, à violência mítica de tradição grega, ligada aos meios justos, que instaura e conserva o direito, como Derrida observa, Benjamin se coloca para além de toda mediação. Pois a violência pura não seria nem um meio justificado, nem injustificado; "indecidivelmente", ela não constitui um meio, e entra numa relação

---

[309] BENJAMIN, W., "Crítica da violência — Crítica do poder", op. cit., p. 173. (*G.S.*, II, p. 199.)
[310] Idem, ibidem. (*G.S.*, II, p. 200.)
[311] DERRIDA, J., "Prenome de Benjamin", op. cit., p. 62.

completamente diferente com o par meio/fim. Afinal, como Benjamin ensina, perguntar se a violência pode ser um meio em vista de um fim, seja ele justo ou injusto, equivale a proibir-se a si mesmo de julgar a própria violência. A questão que se coloca neste ensaio de Benjamin, como nota Derrida, é aquela da origem do direito, do direito ao direito; a questão da violência do direito que se estabelece a si mesma, a tautologia que estrutura toda fundação da lei. Diante da violência pura, ao contrário, trata-se do instante revolucionário, inapreensível, da decisão excepcional que não faz parte de nenhum contínuo histórico temporal; momento que sempre tem lugar mas que escapa à representação, pois apresenta uma lei cuja inteligibilidade somente o futuro poderá fornecer.

É neste sentido que a interpretação derridiana compreende a referência a Deus — acima da razão e da universalidade — no pensamento dessa espécie de "justiça sem direito": ela diz respeito à "singularidade irredutível de cada situação"[312] histórica; configura a própria instância da *decisão*, que se coloca como uma manifestação imediata, fora de toda estrutura meio/fim, já que seu único objetivo é mostrar-se a si mesma. Derrida não deixa de marcar a audácia e a valentia desse pensamento da violência divina do judaísmo, que sabe que não existe justiça nem responsabilidade sem a coragem de se expor a todos os riscos; onde a própria condição da responsabilidade é a "ausência de critérios gerais e regras automáticas"; onde a responsabilidade está atrelada à coragem de assumir uma decisão em situações excepcionais, sempre em casos extraordinários e inauditos.

Isto significa, como aponta Derrida, que a decisão (*Entscheidung*) que permite conhecer e reconhecer uma tal violência é uma "*decisão inacessível ao homem*",[313] porque essa violência não se presta a nenhuma determinação humana, a nenhum conhecimento ou "certeza" decidível por nossa parte. Jamais é possível conhecê-la em si mesma, "como tal", e sim apenas em seus "efeitos", que, "incomparáveis", fogem de qualquer generalidade conceitual, de qualquer juízo determinante. Para

---

[312] DERRIDA, J., "Prenome de Benjamin", op. cit., p. 119.
[313] Idem, p. 129.

Benjamin, só há certeza, conhecimento determinante, no domínio da violência mítica, aquele do direito; o conhecimento e a ação estão sempre dissociados. A justiça, só se pode chamá-la em silêncio. Como esclarece Derrida, ela constitui a soberana "potência violenta dessa apelação originária", condição de toda apelação, na qual apenas o *nome* ressoa, "a prenomeação do nome, eis a justiça em seu poder infinito".[314]

Onde persiste a *simples vida*, desaparece aquele que vive: aí jaz a diferença entre a religiosidade e o mito, a justiça e o direito. O "princípio da sacralidade da vida", que, estendido ao reino animal e vegetal, constitui a quintessência da religião natural, fundamento do humanitarismo contemporâneo, é justamente a própria essência do mito. Ele anula a diferença fundamental entre a vida e a vida justa, e esta diferença é o que distingue o homem de qualquer outra criatura, enquanto desejo de liberdade, de libertação das condições que o aprisionam na existência. Somente a *vida justa* é capaz de romper a história natural do homem, que sempre deixa atrás de si um rastro de sangue. A *vida natural*, enquanto vida histórica que o mito reduziu à simples natureza, surge como uma vida que já não consegue se livrar do seu próprio passado, limitando-se, por isso mesmo, à mera sobrevivência. Ela já deixou de ser uma vida humana.

Se a *vida justa* se contrapõe à *simples vida*, a verdadeira historicidade, segundo Benjamin, se opõe à simples história. O homem só pode ser histórico no sentido pleno do termo quando sabe que tem que

---

[314] DERRIDA, J., "Prenome de Benjamin", op. cit., p. 134. Lembrando o grande interesse de Benjamin pelas coincidências significativas presentes nos nomes próprios — como testemunha o ensaio sobre as *Afinidades eletivas* —, Derrida termina seu comentário de "Crítica da violência" apontando para o enigma de sua assinatura. Justo ao lado do nome de batismo de Benjamin, Walter, a última frase do texto, segundo Derrida, nomeia a sua assinatura e o seu nome, que se chama *"die waltende"*. Ele assinala o "jogo" entre *"walter"*, que em alemão significa "reinar", "dominar", e Walter, o nome de batismo de Benjamin. Este jogo incerto, mas que conteria a força demonstrativa deste ensaio, na leitura derridiana, permite desvendar o nome daquele que o assina: "Deus, o completamente Outro, como sempre", porque "Deus é o nome, esta violência pura, e justa por essência" (DERRIDA, J., op. cit., p. 139). Para Derrida, entretanto, o ensaio de Benjamin parece se assemelhar demais à violência mesma contra o qual se insurge. Ele aí identifica o pertencimento a uma tradição da qual o próprio Benjamin pretendeu se afastar, assinalando a presença de uma origem reacionária que o ligaria, em afinidade, tanto a Heidegger, quanto ao jurista católico e conservador Carl Schmitt. Assim, se é possível encontrar preocupações comuns entre Benjamin e Derrida, qualquer aproximação apressada entre os dois autores é insustentável. Apesar de seu interesse confesso pelo pensamento benjaminiano, a desconstrução derridiana não reconheceu a sua radicalidade revolucionária.

romper, a cada vez, com a história que passou, esse passado mítico que insiste em retornar e cujo traço principal é não poder passar. No pensamento de Benjamin, a historicidade autêntica é aquela na qual se inscreve o desejo impossível de toda cultura: consumar o seu próprio passado. Esse é o desejo da vida justa. Mas essa experiência histórica pressupõe o desejo de abolir o passado mítico que quer determinar o presente, sufocando-o, pressupondo, ao mesmo tempo, a impossibilidade de sua total abolição. A justiça divina, revolucionária, não cria um novo direito; ou seja, o incondicionamento almejado por ela não relaciona a verdadeira historicidade a nenhum fundamento; ela é, ao contrário, a pensabilidade da própria ausência de fundamento, a experiência crítica de seu próprio limite. A justiça não conserva a vida culpada sob uma outra forma; ela a destrói, simplesmente.

Para Benjamin, o homem não coincide com a *simples vida* do homem; o que é sagrado no homem é aquela vida capaz de permanecer idêntica tanto em sua vida terrestre, quanto na morte e na sobrevivência. O dogma da sacralidade da vida é apenas a "última aberração da enfraquecida tradição ocidental, pela qual se quer buscar o sagrado, que esta perdeu, no cosmologicamente impenetrável".[315] Este dogma não é senão o mito que volta sob o véu da cultura. Segundo o diagnóstico de Benjamin, é no vazio em que vive o homem moderno, na pobreza que sobreveio à decadência do sagrado, da justiça e da ética, que se instalou a presença do mito mascarado de universalmente humano. O desejo de salvação, contudo, continua a morar nessa vida arrastada pelo mito.

No pensamento benjaminiano, a vida culpada é aquela que adia a morte, que hesita diante dela. Mas a morte é justamente a *ruptura* que suspende o tempo da vida culpada. Despedida radical da simples vida do mito e de seu passado que não pode passar, ela implica um dia mais decisivo, inseparável de uma outra experiência do tempo, que leva em conta toda a sua radicalidade. Em outras palavras, na ética benjaminiana, sustentar o caráter radical da morte é conservar a diferença entre a

---

[315] BENJAMIN, W., "Crítica da violência — Crítica do poder", op. cit., p. 174 (trad. modificada). (*G.S.*, II, p. 202.)

vida e a vida justa, mantendo firme esta distinção. É ela, esta distinção, que abre o espaço que permite ao moderno a verdadeira experiência da história: a simultânea constatação do retorno do mito e do desejo de justiça, de redenção. Neste sentido, qualquer filosofia que pretenda, de algum modo, subtrair a radicalidade da morte está condenada à constante ressurreição do passado morto, podendo sempre ser apropriada pela ideologia dos vencedores, tão desprezada por Benjamin. Neste ponto preciso jaz o limite intransponível entre a visão benjaminiana da história e o pensamento de Hegel: ao pensar a morte como uma passagem, ao compreender o negativo como a negação da negação, a dialética racional hegeliana subtrai da finitude a sua caducidade essencial. Na análise minuciosa que fez das teses de "Sobre o conceito de história", Michel Löwy observa como o pensamento de Benjamin se move em "confronto implícito com a filosofia da história de Hegel"[316]. Ao reconciliar a simples vida rápido demais, sua Teodiceia racionalista acaba por legitimar cada infâmia da história como etapa necessária da marcha triunfal da razão, do progresso da humanidade em direção à consciência da Liberdade. E a visão aterrorizante da história, sua violência mítica, é neutralizada, vista como um estágio a ser superado, um meio a serviço do "verdadeiro resultado da história universal", a realização do Espírito universal. Benjamin quer, justamente, revelar o caráter ilusório desta concepção, desmistificando o progresso e fixando o olhar nos escombros que ele deixa atrás de si — a verdadeira experiência da história só pode basear-se na *rememoração* (*Eingedenken*) universal de todas as vítimas, sem exceção. Não há, para Benjamin, nenhuma diferença essencial entre a ideologia do progresso e o pensamento mítico: ambos se fundam sobre a violência tanto quanto constituem o fundamento sobre o qual a violência se assenta. A temporalidade que subjaz à fantasmagoria do progresso, aos seus olhos, é apenas a do *eterno retorno do mesmo*, como o descreveu August Blanqui em *A eternidade pelos astros*, dez anos antes do *Zaratustra*.

---

[316] LÖWY, M., *Walter Benjamin: aviso de incêndio: uma leitura das teses "Sobre o conceito de história"*; tradução de Wanda Nogueira Caldeira Brant, [tradução das teses] Jeanne Marie Gagnebin, Marcos Lutz Müller, São Paulo, Boitempo, 2005, p. 92.

Nos escritos de Benjamin, em que as categorias de mito e de destino são determinadas conceitualmente, a referência ao conceito do *eterno retorno* de Nietzsche é constante. Em *Parque Central*, de 1939, lê-se: "A ideia do eterno retorno transforma também o acontecer histórico em artigo de massa".[317] O domínio do *sempre igual*, a ideia da *repetição* do tempo do sempre igual, que resiste ao poder da negação, é característica essencial do mundo mítico. Não se trata de ratificar, ou de verificar filologicamente a leitura benjaminiana do eterno retorno de Nietzsche — ideia sobre a qual a história da filosofia já conferiu variadas e contrastantes interpretações. Trata-se de assinalar a relevância e o papel que o eterno retorno ocupa no discurso de Benjamin: como símbolo do tempo mítico, do tempo sem divisão, onde o passado é sempre contemporâneo e preside qualquer outro tempo. Para o seu pensamento crítico, ao qual não se pode negar a influência da filosofia de Nietzsche, é preciso reconhecer, no entanto, o poder destrutivo do tempo mítico da repetição; reconhecer para poder derrotá-lo, libertando a vida culpada do círculo mágico dentro do qual ela se debate.

Quando, a propósito de Goethe, Benjamin falava da tendência classicista do romantismo alemão, "que procurava apreender, não tanto o ético e o histórico, mas antes o *mítico* e o *filológico*, da maneira como *vida* e *linguagem* os preservavam",[318] ele se referia à percepção que esse classicismo tinha da presença, no coração da história, da potência destrutiva do mito. Compreender o estudo de Benjamin sobre *As afinidades eletivas* é, portanto, deparar-se com o *teor coisal* do romance, o mito, que a modernidade esclarecida tinha acreditado conter mas que se revela, dentre outras coisas, na atmosfera de culpabilidade que atravessa toda a história e que termina com a expiação de Otília. O que a crítica benjaminiana nos faz ver, porém, é que, em sua literatura, Goethe combatia tanto mais incansavelmente as forças míticas quanto mais reconhecia a sua capacidade devastadora. Ao construir personagens que sucumbem, sem saída, ao destino, ao tempo demoníaco do

---

[317] BENJAMIN, W., "Parque Central", in *Obras Escolhidas*, v. III, trad. br., São Paulo, Brasiliense, 1989, p. 156. (*G.S.*, I, p. 663.)
[318] BENJAMIN, W., "As afinidades eletivas de Goethe", op. cit., p. 15.

mito onde não há redenção possível, a escrita de Goethe faz-se como uma verdadeira luta para que ao menos a esperança de redenção não seja abandonada. Se não há via de salvação em *As afinidades*, isto é apenas o *teor coisal*, e não a verdade da obra, que, sob o fundo mítico, faz brilhar a sua luz. O *teor de verdade* do romance, que é também o conteúdo ético e salvador da obra, aponta para uma outra experiência do tempo, experiência que tem o poder de romper o círculo mágico no qual o destino pretende nos sufocar. Trata-se da potência salvadora que o *presente* carrega consigo, de forma concentrada, e que é capaz de libertar tanto o *passado* quanto o *futuro*, a possibilidade de cada instante de se tornar uma abertura, a porta de saída do domínio do mito.

Em *Rua de mão única*, a coleção de aforismos que Benjamin publicou em 1928, encontra-se "Madame Ariane, segundo pátio à esquerda" — pequeno texto dedicado àqueles que costumam perguntar pelo seu futuro às benzedeiras; belo fragmento que sintetiza a profunda compreensão do tempo da salvação que está no centro da ética benjaminiana:

> Quem pergunta pelo futuro a benzedeiras abre mão, sem o saber, de um conhecimento interior do que está por vir, que é mil vezes mais precioso do que tudo o que lhe é dado ouvir lá. Guia-o mais a preguiça que a curiosidade, e nada é menos semelhante ao devotado embotamento com que ele presencia o desvendamento de seu destino que o golpe de mão perigoso, ágil, com que o corajoso põe o futuro. Pois presença de espírito é seu extrato; observar com exatidão o que se cumpre em cada segundo é mais decisivo que saber de antemão o mais distante.[319]

Neste aforismo, Benjamin nos dá pistas ao falar de uma sabedoria do corpo — a "presença de espírito"; essa atenção involuntária ao instante que faz parte da coragem de construir o futuro, em oposição ao

---

[319] BENJAMIN, W., "Rua de mão única" (trad. Rubens Rodrigues Torres Filho), in *Obras escolhidas*, vol. II, trad. Rubens Rodrigues Torres Filho e José Carlos Martins Barbosa, São Paulo, Brasiliense, 1995, p. 63. (*G.S.*, IV, p. 141.)

"devotado embotamento" daquele que presencia, passivo, o desvendamento de seu destino. Segundo o filósofo, "signos precursores, pressentimentos, sinais atravessam dia e noite nosso organismo como batida de ondas"[320] Mas, para poder utilizá-los, é necessário ter "sobriedade" e "liberdade". Só a "covardia" e a "preguiça" conduzem o homem que se põe a interpretá-los. Em seu entendimento, a melhor força de uma profecia ou um aviso é aquela que "nos atinge no *centro* e nos obriga, mal sabemos como, a agir de acordo com ela".[321] Se não estamos atentos e deixamos de agir de acordo com ela, "então, e só então, ela se decifra".[322] E quando nós a lemos, já é "tarde demais". Aqui a leitura é sempre tardia. Benjamin adverte que "não é impunemente que se entrega a vida ainda não vivida a cartas, espíritos, astros, que num átimo a vivem e gastam, para devolvê-la a nós ultrajada". Não se pode esquecer do poder que o corpo tem de "medir-se com os fados sobre sua própria base e vencer". É possível vencer o destino. Mas, para isso, é exigida toda a atenção ao *instante*, pois ele é o "jugo de Caudium"[323] que faz o destino se curvar.

Esclarecendo o teor dessa experiência salvadora do tempo, Benjamin define o seu pensamento ético: "transformar a ameaça do futuro no agora preenchido";[324] "único milagre telepático digno de ser desejado", que "é obra de corpórea presença de espírito".[325] Essa ética é também aquela do historiador nas teses *Sobre o conceito de história*, que, guiado pela atenção e pela coragem, sabe intervir no momento certo e congelar o tempo mítico do destino no qual o inimigo não para de vencer.

E esse caminho que nos leva da esfera do destino àquela da *liberdade*, do mito à *verdade*, e da natureza a *Deus*, a crítica benjaminiana também encontra em *As afinidades eletivas* de Goethe. Se o mito era a

---

[320] BENJAMIN, W., "Rua de mão única", op. cit., p. 63. (*G.S.*, IV, p. 141.)

[321] Idem, p. 64 (grifo meu). (*G.S.*, IV, p. 141.)

[322] Idem, ibidem. (*G.S.*, IV, p. 141.)

[323] Uma referência ao episódio da batalha das forças Caudinas, acontecida em 321 a.C., na qual os romanos foram encurralados pelos samnitas nos desfiladeiros Caudinos, situados próximo à antiga cidade de Caudium, e aí foram humilhados e colocados sobre o seu jugo.

[324] BENJAMIN, W., "Rua de mão única", op. cit., p. 64. (*G.S.*, IV, p. 142.)

[325] Idem, ibidem. (*G.S.*, IV, p. 142.)

tese dessa crítica, a salvação constituirá a sua *antítese*. Como vimos, o mítico é apenas o *teor coisal* do romance, e não o seu *teor de verdade*; cabe ao trabalho do crítico separar o estrato no qual o verdadeiro sentido do livro "reina de forma autônoma",[326] discernindo o que Benjamin chamou de o seu "núcleo luminoso de teor de redenção".[327] Para essa filosofia, onde não se pode comprovar a existência de um tal domínio, "não se pode falar de literatura, mas sim de seu precursor, a escritura mágica",[328] ainda dominada pelas forças do mito.

A crítica, segundo Benjamin, só alcança esse conteúdo de verdade, o *núcleo luminoso e redentor* da obra de Goethe, quando, atenta à estrutura formal do romance, se depara com a pequena *novela* que surge como um clarão de seu interior — mais precisamente no capítulo dez da segunda parte do livro. Trata-se da novela intitulada "Os vizinhos singulares" (*Die wunderlichen Nachbarskinder*), inserida no texto à maneira de Cervantes, como uma história real relatada diante de Carlota e Otília por um hóspede que, de passagem, fazia uma visita. É a história de duas crianças, um menino e uma menina, cujos pais habitam castelos vizinhos e acalentam a "agradável perspectiva" de que um dia eles venham a se casar. Entre as duas criaturas, contudo, manifesta-se "uma estranha antipatia"; eles têm a certeza de que se odeiam e que tudo os opõe. O tempo passa, e, enquanto o menino viaja para longe, a jovem se compromete com outro em noivado. Quando o menino retorna, já rapaz, a moça, que "parecia ter despertado como de um sonho", percebe que seu antigo "ódio infantil" não passava de "uma violenta inclinação inata, sob a forma de resistência", e que seu jovem vizinho fora realmente a sua "primeira paixão". "Duplamente mudada, em relação ao futuro e ao passado", com o seu "espírito infantil" a despertar "em toda a sua maldade e violência", ela resolve morrer para punir o rapaz, que lhe permanecia indiferente; ao menos em pensamento, deseja unir-se a ele, eternamente.

---

[326] BENJAMIN, W., "As afinidades eletivas de Goethe", op. cit., p. 61. (*G.S.*, I, p. 158.)
[327] Idem, ibidem. (*G.S.*, I, p. 158.)
[328] Idem, ibidem. (*G.S.*, I, p. 158.)

É então que, num passeio fluvial em que se comemorava a despedida do rapaz, que decidira abandonar a cidade, ao som da música, com o "jovem anfitrião" ao leme para render o velho piloto adormecido, aparece no convés a sua "bela inimiga" de infância, com os cabelos adornados por uma grinalda de flores, que ela tira e joga em sua direção, correndo para a proa do barco e atirando-se na água. O barco, que seguia pela forte correnteza do rio, foge ao comando do rapaz e encalha. "Nesse exato momento", tomado pelo susto que o fez "agir mecanicamente e sem refletir", o rapaz livra-se de suas roupas mais incômodas e também mergulha para salvar a moça. No meio da aventura, quando a correnteza já os havia arrastado para longe, encontra um jovem casal que o ajuda a fazer de tudo para reanimá-la e ainda oferece aos aventureiros seus trajes nupciais, que ainda estavam completos, para que aqueles pudessem se livrar de suas vestes molhadas. "Em poucos momentos", os antigos inimigos infantis "caíram nos braços um do outro com imoderada paixão". A embarcação estava a caminho, e os pais dos enamorados, que já tinham se precipitado em direção à margem do rio, veem seus filhos salvos surgirem do bosque, ao longe, e irreconhecíveis em suas estranhas vestimentas...

Indicando compreender toda a profundidade do insólito episódio, toda a sabedoria salvadora do tempo nele contida, Goethe escreve em sua narrativa:[329]

---

[329] Mesmo tendo adquirido a forma de romance, *As afinidades eletivas* permaneceram, para Benjamin, com um caráter de novela, como tinha sido inicialmente concebida, mas de uma maneira encoberta. Aos seus olhos, Goethe adota com relação aos acontecimentos apresentados uma enfática "atitude de narrador", de sóbrio "relator", e renuncia a introduzir o leitor como parte central da ação, que lhe permanece "inacessível". Aí se manifesta a tendência de novela subjacente ao romance: "Pois se o romance, como um sorvedouro, atrai o leitor irresistivelmente para o seu interior, a novela insiste no distanciamento, ela expulsa todos os seres vivos de seu círculo mágico" (BENJAMIN, W., "As afinidades eletivas de Goethe", op. cit. (*G.S.*, I, p. 168.)). A diferença entre relato e romance terá, mais tarde, um importante papel na concepção benjaminiana da "perda da experiência" como característica essencial da modernidade. Em "O narrador. Considerações sobre a obra de Nikolai Leskov", de 1936 (in *Obras escolhidas*, vol. I, trad. Sérgio Paulo Rouanet, São Paulo, Brasiliense, 1985), ao esboçar a história da "arte de narrar", desde os antigos relatos de transmissão oral e sua decadência com o surgimento do romance, até o triunfo da informação em nossos dias, a decadência da tradição narrativa constitui um importante aspecto da perda de sentido da tradição em geral, da experiência pré-ilustrada do universo. A familiaridade de Goethe com essa experiência, da qual é testemunho a sua concepção mítica da natureza, está, portanto, na base da orientação do romance sob a forma de relato (Cf. JARQUE, V., *Imagem y metáfora: la estética de Walter Benjamin*, Toledo, Ed. Servicio de Publicaciones de la Universidad de Castilha-La Mancha, 1992, p. 86).

Passar da água à terra, da morte à vida, do seio da família ao desamparo, do desespero ao deslumbramento, da indiferença à afeição, à paixão, e tudo isso num instante a cabeça não teria forças para conceber tudo isso: explodiria ou enlouqueceria. Nesse caso, cabe ao coração a tarefa de tornar suportável uma tal surpresa.[330]

Segundo Benjamin, uma "clara luz" reina sobre toda a novela porque ela "é o *dia da decisão* que lança o seu brilho no Hades crepuscular do romance".[331] Fazendo das correspondências e contrastes entre o romance e a novela a chave de sua interpretação, ele identifica esse pequeno relato como o lugar, dentro da própria obra, onde o círculo mágico da natureza mítica é quebrado, e faz de "Os vizinhos singulares" a alegoria do "poder do *verdadeiro amor*".[332] Enquanto os enamorados do romance não conseguem confessar seus sentimentos em palavras ou atos, vivem na escuridão, e têm a morte como fim; aqueles da novela, ao contrário, impulsionados pelo verdadeiro amor, agem corajosamente no momento decisivo, encontrando o casamento e a vida feliz. Para Benjamin, o *dia da decisão* é, na novela, o índice da irrupção da verdade no texto.

A crítica benjaminiana aponta para a ideia de que os personagens do romance, seres ilustrados e que deveriam ter a sua "liberdade" perfeitamente garantida, demonstram, no entanto, ainda sofrer o constrangimento interior de seus liames familiares. Já na novela triunfam as forças do verdadeiro amor, que "eclipsam totalmente no ser amado a presença dos seus pais" — justamente o que é simbolizado pelos trajes nupciais que tornam os jovens irreconhecíveis aos seus. "O simples esplendor de seu amor" desliga a criatura de qualquer outro laço. E, além disso, Benjamin sublinha em sua crítica: essa falsa "independência" que caracteriza as figuras do romance apenas os exclui da comunidade dos homens, selando ainda mais estritamente a sua "submissão temporal e espacial ao destino"; os heróis da novela, ao contrário,

---

[330] GOETHE, J. W., *As afinidades eletivas*, op. cit., p. 217.
[331] Idem, p. 76 (grifo meu). (*G.S.*, I, p. 169.)
[332] Idem, p. 102. (*G.S.*, I, p. 188.)

mesmo no "ponto alto" de sua aflição, jamais esquecem o perigo de naufrágio que ameaça os seus companheiros de viagem, como atesta o fato de o jovem só mergulhar depois que o barco encalha.

O fundamental para a interpretação benjaminiana, no entanto, é o seguinte: na novela, os enamorados "não conquistam a paz por meio do *sacrifício*",[333] nela a vida não é o preço que se tem de pagar pela paz. Quando a jovem heroína se lança à água, seu "salto para a morte" não tem o sentido de um sacrifício — isso Goethe soube indicar muito bem, e de forma sutil, no gesto da moça de lançar ao rapaz a sua coroa de flores, imediatamente antes de saltar, pois não deseja morrer coroada como uma virgem que se entrega ao sacrifício. E ainda, nota Benjamin: se o jovem não larga o leme é porque também não toma parte de nenhuma ação de ordem sacrificial. A audácia dos dois é ilimitada, mas não procede de "uma liberdade concebida de modo falso".[334] Assim, o que a eles se impõe não é um *sacrifício exterior*, mas uma *decisão interna*.

Benjamin conclui que é justamente "a aspiração quimérica por liberdade"[335] que consagra os personagens do romance ao destino; os heróis da novela, para além da esfera da "liberdade", encontram em sua "corajosa determinação" força suficiente "para romper o destino que se avoluma sobre eles e para desmascarar uma liberdade que pretendia degradá-los à nulidade da *escolha* (*Wahl*)".[336] Tal é o sentido de seu comportamento no breve instante da *decisão* (*Entscheidung*): libertos do destino e da falsa liberdade, mergulham na viva correnteza cujo poder benfazejo, que o próprio Goethe fez questão de notar, não é menos importante, aqui, do que é no romance, "o poder letal das águas dormentes".[337] Em outros termos, pode-se falar, neste caso, daquela *violência divina* que se fundamenta numa ética que só tem de prestar contas diante de Deus; não diante dos homens.

---

[333] BENJAMIN, W., "As afinidades eletivas de Goethe", op. cit., p. 77. (*G.S.*, I, p. 170.)
[334] Idem, ibidem. (*G.S.*, I, p. 170.)
[335] Idem, ibidem. (*G.S.*, I, p. 170.)
[336] Idem, ibidem. (*G.S.*, I, p. 170.)
[337] Idem, ibidem. (*G.S.*, I, p. 171.)

O último indício, para Benjamin, desse núcleo de verdade que é a pequena novela — e talvez o mais importante — reside no fato de que o jovem *despe* a sua amada após a ter retirado da água. Esse gesto, que pode ser compreendido apenas como uma tentativa de reanimá-la, transforma-se, sob o olhar alegórico de Benjamin, num emblema no fundo metafísico do texto, pois, como observa o filósofo, quando o corpo humano se desnuda, ele se faz *signo* do homem que comparece diante de Deus:

> O ser humano aparece-nos como cadáver, e a sua vida como amor, quando se encontram perante Deus. Por isso, a morte tem o poder de desnudar como o amor. Indesvendável é somente a natureza, que guarda um segredo pelo tanto de tempo que Deus a deixa subsistir. A verdade é descoberta na essência da linguagem.[338]

Com tais frases, que surgem enigmáticas, Benjamim passa abertamente para um registro teológico, e a linguagem teológica esclarece que é como *utopia* que se deve ler a história desses jovens vizinhos singulares. Dentro do romance, ela figura como a imagem ideal do amor conjugal — este que, subtraído do império da natureza, se realiza apenas diante de Deus — e nos conduz à linguagem, como a *origem* que torna possível essa garantia teológica. A localização, nesse ingênuo relato, do núcleo "redentor", cujo caráter utópico se revela ostensivamente no fato de seus personagens aparecerem, fora da história, como arquétipos inacessíveis diante do contexto de culpa da narração principal, evidencia a impossibilidade de reconciliação dentro dos limites do mito, onde só há lugar para a resignação e o sacrifício. Aqui a redenção se apresenta apenas sob a forma de *antítese*. E "parece claro que semelhante 'redenção' não poderia cumprir-se em si mesma, mas que necessitava de um prolongamento no qual 'tese' e 'antítese' encontrassem a '*síntese*' correspondente".[339] A *esperança* é esta síntese. Nela, ilumina-se o próprio sentido da crítica com relação à obra, que é fazer

---

[338] BENJAMIN, W., "As afinidades eletivas de Goethe", op. cit., p. 116. (*G.S.*, I, p. 197.)
[339] JARQUE, V., op. cit., p. 87.

emergir novamente o desejo de redenção, o protesto contra o mito que presidiu a literatura.[340]

Segundo Bernd Witte, o romance, em sua estrutura simbólica, comporta uma coerência de sentido que é retrabalhada e ao mesmo tempo depreciada pelo crítico: a apresentação do tempo do destino, do contexto mítico da culpa.[341] A forma narrativa da novela, neutra e exemplarmente sóbria, repudia qualquer valoração psicológica ou moral, e está pronta para ser carregada de conteúdos metafísicos. É isso que Benjamin faz em sua exegese, salvando a obra de arte ao encontrar em sua base uma nova verdade metafísica. Quando isola a pequena novela de seu contexto, ele descobre essa verdade: o amor verdadeiro, ideal, cuja "origem é o pressentimento da vida bem-aventurada".[342] Desta forma, pode-se presenciar o exercício daquela "faculdade profética", e mesmo divina, da humanidade, em virtude da qual ela consegue escapar do destino; a experiência do Gênio humano que faz nascer a utopia do desejo de felicidade. É ela que confere ao texto o seu mais alto sentido teológico.

A crítica descobre, no interior do romance, o seu inverso; a pequena novela, a sua verdade escondida. Quando se lançam nas águas do rio, arriscando as suas vidas, os jovens vizinhos salvam o seu amor; se correm o risco de "se sacrificar", este sacrifício é fruto de uma *decisão*, de uma intervenção no momento oportuno, jamais constituindo uma expiação. Otília, ao contrário, nunca arriscou a vida; apenas se deixou morrer progressivamente em seu mutismo mítico. Como afirma Benjamin, somente o afrontamento assumido e soberano diante da morte pode salvar o amor do declínio fatal que arrasta aqueles que estão submetidos às afinidades eletivas; só a coragem é capaz de deixar, no amor, "a insígnia e o selo divinos". Assim, o *verdadeiro amor* que

---

[340] Um manuscrito disponível nos *Arquivos Benjamin* traz a "Disposição" que o filósofo elaborou, detalhadamente, para o seu ensaio sobre *As afinidades eletivas*, a estrutura rigorosa que subjaz ao belo texto sobre o livro de Goethe e que se divide em três partes: a primeira parte: o mítico como tese; a segunda parte: a salvação como antítese; e a terceira parte: a esperança como síntese. Cf. Walter Benjamin's Archive. Bilder Texte und Zeichen, Frankfurt am Main, Suhrkamp Verlag, 2006, p. 178.

[341] WITTE, B., op. cit., p. 68.

[342] BENJAMIN, W., "As afinidades eletivas de Goethe", op. cit., p. 114. (*G.S.*, I, p. 196.)

enlaça o casal da novela enlaça exatamente "por arriscar a vida em prol da verdadeira reconciliação, consegue obtê-la e, com ela, a paz em que sua aliança amorosa perdura".[343]

Na filosofia benjaminiana, a *verdadeira reconciliação* é unicamente aquela que nos liga a Deus; está interditada a quem não abole tudo o que tem, toda a esfera da aparência, para reencontrar apenas "a face reconciliada de Deus":

> Um salto que desafia a morte caracteriza aquele momento em que os jovens amantes, cada um por si só perante Deus, empenham-se em nome da reconciliação. E tão somente em tal prontidão para a reconciliação, uma vez feitas as pazes, eles se conquistam um ao outro.[344]

Essa reconciliação verdadeira pertence a um mundo superior; não se encontra no plano da simples vida. O gesto violento da jovem vizinha — que Goethe não temeu descrever em toda a sua desmedida — indica tudo o que ela comporta de aniquilamento, remetendo àquela violência que Benjamin chamou de *divina*, messiânica. Livre de qualquer escolha, e por consequência de todo conceito de fim, essa violência não ameaça nem castiga, e também não recompensa; pura ostentação da injustiça e denúncia da urgência da justiça, ela é uma violência que grita, avisando que chegou o dia do juízo final. Como intervenção pontual, é o gesto aniquilador que faz a lei voar pelos ares desencantando uma situação, que "faz ver o lado negro das coisas e, ao mesmo tempo, indica uma saída".[345] Nesse sentido, como diz Françoise Proust, "ela é *afirmação* pura".[346]

---

[343] BENJAMIN, W., "As afinidades eletivas de Goethe", op. cit., p. 96. (*G.S.*, I, p. 184.)

[344] Idem, p. 96-97. (*G.S.*, I, p. 184.)

[345] PROUST, F., *L'histoire à contretemps: le temps historique chez Walter Benjamin*, Paris, Cerf, 1994, p. 126.

[346] Idem, ibidem. Nesta compreensão apresentada por Françoise Proust da violência divina como afirmação, encontramos, indubitavelmente, ecos do pensamento nietzscheano. A ideia de temporalidade que essa violência pressupõe, em sua decisiva atenção ao instante, nos remete também ao conceito de eterno retorno de Nietzsche, cujo sentido, antes de tudo, ético, é aquele do tempo intensivo exigido pela afirmação da vida (Cf. DELEUZE, G., *Nietzsche e a filosofia*, op. cit., p. 56 e segs.).

É assim que esse casal singular, que entra e sai rapidamente do contexto do romance, passando pelos olhos do leitor furtivamente, traz o seu sentido ético mais profundo. E Benjamin percebe que, enquanto os personagens do romance, mesmo "frágeis e mudos", permanecem diante do leitor em seu tamanho natural, o unido par desaparece da novela, irreconhecível em suas vestes nupciais, sob uma perspectiva infinitamente longínqua... Neste momento, o filósofo pergunta a si mesmo: "Será que, na disposição para afastar-se e desaparecer, não deveria estar subentendida a beatitude — a *beatitude em miniatura*, que Goethe mais tarde transformou no motivo único da *Nova Melusina?*".[347]

Como se pode ver em suas cartas, Benjamin fazia alusão, com uma frequência digna de nota, a um projeto goethiano, nunca realizado, que deveria ser o *pendant* do ensaio sobre *As afinidades eletivas*. Tratava-se do comentário de um conto de Goethe intitulado *A nova Melusina* — parte do rosário de histórias que compõem *Os anos de viagem de Wilhelm Meister*.[348] Esta obra, que Benjamin se felicitava por ter tido a chance de ler fora do quadro romanesco, o tocou profundamente. É a história de um jovem esperto e "impetuoso" que encontra uma bela mulher, rica e encantadora, que traz consigo um pequeno "cacifo". Eles se amam, mas ela não se cansa de lhe impor uma série de condições esquisitas, que ele nunca consegue cumprir: zelar por um pequeno cofrinho enquanto simplesmente ela desaparece, repetidamente, sempre prometendo uma felicidade bem próxima. Certa noite, o curioso rapaz percebe que do cofrinho começa a sair uma pequena

---

[347] BENJAMIN, W., "As afinidades eletivas de Goethe", op. cit., p. 78-79 (trad. modificada, grifo meu). (*G.S.*, I, p. 171.)

[348] Numa carta a Scholem de 14 de fevereiro de 1921, onde fala das relações entre história e crônica e qualifica esta última de "história radicalmente traficada" ou ainda de "falsificação", ele aponta que esta ideia lhe foi sugerida pelo conto de Goethe, *A nova Melusina*. Anos mais tarde, em outra carta ao amigo de 6 de abril de 1925, ele se refere à realização de um comentário deste conto como um "trabalho urgente". Tratava-se aí, como escreveu a Hofmannsthal, em 11 de junho de 1925, não mais de confrontar a figura de Goethe com o conteúdo da obra, como no estudo sobre *As afinidades eletivas*, mas de esclarecer a natureza do conto literário no contexto do conto popular, como será feito posteriormente no ensaio, de 1936, dedicado à arte de narrar. Apesar de ter ficado em estado de puro projeto, esse trabalho sobre *A nova Melusina* parecia ser tão importante para Benjamin que, mesmo na situação mais difícil, com a guerra já declarada, ele ainda o mencionou em outra carta, desta vez a Gretel Adorno, de 17 de janeiro de 1940, a propósito da miniaturização como fantasmagoria. (Cf. BENJAMIN, W., *Correspondance*, op. cit., v. I, p. 237, 345 e 355, v. II, p. 322 [*Briefe*, v. 1, p. 257, 377 e 389, v. 2, p. 844].)

fresta de luz. Ele chega bem perto e lá encontra a sua amada misteriosa. Ela, na verdade, é uma princesa anã, um ser minúsculo, da linhagem dos gnomos, dos espíritos elementares, que insistentemente retorna para o seu reino em miniatura, que cabe todo dentro do cacifo. Se quiser ficar com ela, tem de aceitar ser um anão e ir morar dentro do pequeno cofrinho. Ele tenta, mas se cansa dessa condição, e, por fim, retorna à sua estatura normal, sem riqueza e sem mulher. Sua felicidade exige todo o despojamento, e ela é apenas em miniatura, uma *beatitude em miniatura (Seligkeit im Kleinen)*.

Mesmo que a significação que este conto de Goethe tinha para Benjamin permaneça um enigma, o que ele parece indicar é que na "moral dessa história" jaz a mesma sabedoria ética que confere aos "vizinhos singulares" aquela "completa segurança existencial",[349] que desperta "a sensação de que eles não possuem mais destino".[350] Uma felicidade *inteira*, mas que passa... E que, por isso mesmo, pede para ser agarrada. A beatitude fulgurante que está, toda ela, contida na miniatura do *instante*. Segundo Benjamin, esse é o verdadeiro sentido da "redenção na vida eterna";[351] única eternidade que nos é dada nesta vida.

---

[349] BENJAMIN, W., "As afinidades eletivas de Goethe", op. cit., p. 78. (*G.S.*, I, p. 171.)
[350] Idem, ibidem. (*G.S.*, I, p. 171.)
[351] Idem, p. 55. (*G.S.*, I, p. 154.)

CAPÍTULO TERCEIRO
Beleza e mistério: a teoria da arte

A beleza nunca é clara a respeito de si mesma.

Goethe

Benjamin afirma que é preciso estar convencido da beleza de Otília para penetrar em *As afinidades eletivas* de Goethe, porque a *aparência do belo*, essência da personagem, é o "coração" do romance. Em sua interpretação, toda "impressão favorável" que Otília desperta provém apenas de sua bela aparência; apesar das numerosas páginas do diário que escreve, a natureza interior dessa jovem permanece trancada: ela é uma alma ambígua que atrai com "claridade inocente" a "obscuridade mais profunda". Para Benjamin, Otília surge da água. Como Afrodite e as inumeráveis filhas de "belos pés" que nascem dos deuses do mar, ela também participa da "magia especial" que pertence à água, substância móvel, a um só tempo "negra" e "insondável", "clara" e "especular", e onde os poderes demoníacos do mito, tema central do texto, marcam a sua presença. Segundo Benjamin, a figura de Otília a reinar misteriosa em sua beleza persuasiva faz todo o relato penetrar no domínio das "fórmulas encantatórias", "os princípios demoníacos da invocação (magia encantatória) invadem a própria criação poética":[352] a *apresentação*, aqui a escrita literária, invade o âmbito das fórmulas de invocação, "porque sempre se invoca apenas uma aparência, a beleza viva em Otília, que se impunha com força, enigmática e não purificada, como

---

[352] BENJAMIN, W., "As afinidades eletivas de Goethe", op. cit., p. 89 (trad. modificada). (*G.S.*, I, p. 179.)

'matéria', no sentido mais poderoso".[353] Em sua beleza suave, Otília expressa, com máxima força, o caráter ilusório da bela aparência, a profundidade na qual o belo, ao mesmo tempo, se vela e se manifesta.

Se o ensaio que Benjamin escreveu sobre o livro de Goethe desemboca numa "teoria geral do belo",[354] é unicamente porque faz da beleza de Otília a condição fundamental de sua interpretação. Já no *Banquete* de Platão encontramos como primeiro paradigma do belo a figura da amada, a "beleza corporalmente viva".[355] Benjamin, no entanto, atém-se a este paradigma de forma ainda mais rigorosa e dele faz o próprio "ideal de beleza".[356] Como esclarece Winfried Menninghaus, "Benjamin vê configurados 'com suprema intensidade' no belo corpo do ser amado dois momentos de todo o belo: a *vida* (*die Lebendigkeit*) e a *aparência* (*der Schein*). Para ele, ambas estão estreitamente vinculadas: a aparência do belo é, essencialmente, a aparência de sua vida".[357] Mesmo que "em graus infinitamente distintos", segundo a teoria de Benjamin, "todo o essencialmente belo está sempre e essencialmente unido à aparência", existindo uma aparência de vivo mesmo nisto que é menos vivo que tudo, porque é belo por essência: a aparência que se extingue. Esta que, no contexto no romance goethiano, é a marca da beleza de Otília. Assim escreve Benjamin:

> Um momento da aparência, entretanto, ainda se conserva no mais inanimado, caso este seja essencialmente belo. Por essa razão, em toda beleza artística continua habitando aquela aparência — ou seja, aquele tanger e delimitar a vida —, e sem ela a beleza da arte não é possível.[358]

---

[353] BENJAMIN, W., "As afinidades eletivas de Goethe", op. cit., p. 89-90 (trad. modificada). (*G.S.*, I, p. 179.)

[354] MENNINGHAUS, W., "Lo inexpressivo: las variaciones de la ausencia de imagem en Walter Benjamin", trad. Manuel Espín, in *Sobre Walter Benjamin: vanguardias, historia, estética y literatura: una vision latino-americana*, Buenos Aires, Alianza Editorial/Goethe-Institut Buenos Aires, 1993, p. 39.

[355] BENJAMIN, W., "As afinidades eletivas de Goethe", op. cit., p. 111. (*G.S.*, I, p. 194.)

[356] BENJAMIN, W., "Schönheit". (*G.S.*, VI, p. 129.)

[357] MENNINGHAUS, W., op. cit., p. 175 (grifo meu).

[358] BENJAMIN, W., "As afinidades eletivas de Goethe", op. cit., p. 111. (*G.S.*, I, p. 194.)

Esta semântica dos conceitos de beleza, de aparência e de vida que encontramos em Benjamin, como bem observa Menninghaus, constitui a reformulação filosófica da antiga constatação do elemento vivo que anima a beleza, desde muito conhecida na poética e na teoria da arte. Seu modelo é o mito de Pigmalião, o lendário escultor que cria a estátua Galateia pela qual a deusa Afrodite o torna perdidamente apaixonado. E, atendendo às súplicas do artista, anima-a de vida, permitindo-lhe desposá-la. Mas a filosofia da arte benjaminiana se inicia exatamente onde o elemento vivo do belo encontra o seu limite; lá onde, também, a estética idealista, principalmente aquela de Schiller, é objeto de uma crítica determinada. No ensaio sobre *As afinidades*, tanto o mito de Pigmalião quanto o discurso idealizante de Schiller sobre uma "vida bela" — que o texto alude através da fórmula "a vida bela, o essencialmente belo e a beleza aparente — estes três são idênticos"[359] — são destruídos violentamente. Se, sob o signo de Pigmalião, a ilusão do vivo constitui o lugar positivo do belo, Benjamin sustenta que a essência da arte reside precisamente num trabalho inverso de petrificação, de imobilização, que transforma toda a beleza viva em ruína. É o elemento da morte, e tudo o que a ele se relaciona, que entra em cena e expulsa do centro da arte os elementos da vida insuflados pelo ilusionismo: "porque é a morte que grava mais profundamente a tortuosa linha de demarcação entre a *physis* e a significação",[360] que instaura a diferença entre a aparência e a verdade. Assim se destrói o ideologema harmonista de uma "vida bela", na qual "todas as linhas-fronteiriças cortantes" — nas palavras de Schiller — desaparecem para dar lugar a uma "concordância" entre a razão e a sensualidade".

A síntese, a união da beleza e da verdade, constitui a essência do classicismo de Weimar, que encontra nas obras de Schiller e de Goethe a sua mais importante formulação. Schiller afirmava, no fim do século XVIII, a urgência de recompor harmonicamente o conjunto das faculdades humanas, para que pudessem superar os efeitos empobrecedores da crescente divisão do trabalho, do processo de fragmentação que

---

[359] BENJAMIN, W., "As afinidades eletivas de Goethe", op. cit., p. 110. (*G.S.*, I, p. 194.)
[360] BENJAMIN, W., *Origem do drama barroco alemão*, op. cit., p. 188. (*G.S.*, I.1, p. 343.)

caracteriza o moderno. Inspirando-se na experiência dos gregos, que, a seu ver, souberam unir, numa esplêndida concepção do humano, a fantasia e a razão, apenas uma recomposição harmoniosa das faculdades do homem poderia elevá-lo, salvando o desvio do "sentimento", numa modernidade onde a inteligência intuitiva e a especulativa se encontram separadas. Schiller reivindicava uma educação estética, reservada a poucos, única saída para resolver o problema das relações do homem com o universo e recobrar as condições necessárias para a cultura. Em sua reflexão, é preciso um "estado de alma onde razão e sensibilidade — dever e inclinação — concordam",[361] porque somente "a 'bela alma' realiza os mais perigosos deveres da humanidade tão facilmente como se apenas o instinto agisse nela".[362] Para Schiller, a bela alma jamais é consciente de suas ações, ao contrário da alma disciplinada pela regra moral, que pode sempre justificar a relação de suas ações com a lei, tornando a sua vida semelhante a "um desenho em que a regra aparece esboçada em traços toscos". Já "em uma *bela vida*, como em um quadro de Ticiano, todas aquelas linhas de demarcação cortantes desaparecem e no entanto toda a figura aparece mais autêntica, mais viva, mais harmoniosa".[363] Essas palavras de Schiller em seu célebre ensaio de 1793, "Da graça e da dignidade", marco na busca de uma filosofia da arte que tenta reconstruir a existência humana em sua totalidade, condensam a ideia contra a qual o pensamento de Benjamin irá se insurgir: aquela do domínio estético como o lugar da conciliação entre o sensível e o moral, que faz do homem um ser perfeito, capaz de converter o sensível e limitado em infinito e eterno.[364]

---

[361] SCHILLER, F., "Grâce et dignité", in *Textes esthétiques*, trad. fr. Nicolas Briand, Paris, Vrin, 1998, p. 42.
[362] Idem, ibidem.
[363] Idem, ibidem (grifo meu).
[364] Se, para Kant, como nos diz a terceira crítica, o belo é símbolo do bem, Schiller conduz a análise do belo bem mais longe do que Kant. Enquanto a estética kantiana só considera o sujeito, o espírito, lugar do prazer estético que é fruto das faculdades intelectuais, desconsiderando o objeto, que é apenas a ocasião deste prazer, Schiller propõe um conceito objetivo de beleza. Em seu pensamento, a liberdade não é percebida apenas na vontade humana, como afirma Kant, ela age também fora do homem, nos objetos que chamamos de "natureza", e constitui a sua beleza. Assim, nosso julgamento estético nos é ditado não por uma impressão subjetiva, mas pela constatação de uma liberdade inerente ao fenômeno; a beleza tem um caráter objetivo, ela se define como a liberdade e a autonomia que se manifestam no interior do fenômeno; é, na ordem das aparências, o que a liberdade é na ordem moral. Na arte, são belos os objetos que, na

Todo o ensaio sobre *As afinidades eletivas* repousa nesta problemática: a crítica de uma visão classicista da obra de arte, de sua concepção simbólica, onde a obra, em sua beleza sensível, reenvia sempre a um inteligível pleno, à totalidade e à harmonia de uma natureza sem fissuras. Aqui já encontramos o que Benjamin denunciará mais tarde em seu trabalho sobre o Barroco: o uso fraudulento do conceito de símbolo, que, desde o romantismo, invadiu a filosofia da arte, esterilizando-a; uso fraudulento que faz da obra de arte a "manifestação" de uma "ideia", caracterizando-a como simbólica. Este uso deforma, numa relação entre manifestação e essência, a unidade do elemento sensível e do suprassensível, na qual reside o paradoxo do símbolo teológico. Pensado enquanto estrutura simbólica, o belo simplesmente se funde com o divino. Trata-se da noção da imanência absoluta do mundo da ética no mundo do belo; imanência elaborada pela estética romântica. Segundo Benjamin, "o classicismo tem uma clara tendência a ver a apoteose da existência num indivíduo cuja perfeição não é puramente ética".[365] Uma vez eliminado no indivíduo o sujeito ético, "seu coração se perde na bela alma. E o raio de ação — ou melhor, o raio cultural — desse indivíduo perfeito, desse belo indivíduo, coincide com o círculo do 'simbólico'".[366] Assim se configura a interioridade completa, não contraditória, e ilusória do classicismo, que Benjamin não cansa de criticar em virtude de sua completa incapacidade de

imagem apresentada pelo artista, despertam no espectador a ideia de liberdade. Em "Da graça e da dignidade", Schiller busca descobrir os traços característicos do belo no que diz respeito à forma humana, considerando-a sob dois aspectos: de um lado, a "beleza arquitetônica" que é um dom do criador, uma beleza estável; de outro, a forma humana que seduz como uma beleza móvel, que ele chama de "graça". Inteiramente independente da beleza estável, esta última pode aparecer e desaparecer acidentalmente; é uma beleza que se manifesta nos gestos e, não sendo obra do criador, pertence propriamente a um ser, exprime os seus sentimentos e as suas vontades, testemunha a sua liberdade. A graça é a expressão da virtude. Nos seres designados por Schiller de "belas almas", movimentos irrefletidos revelam suas inclinações espontâneas desprovidas de egoísmo, no fundo comandadas pelo respeito e o amor à lei moral. Assim, Schiller vê a lei moral manifestar-se de forma sensível. Ela deixa de ser um imperativo puramente abstrato, como em Kant. Quando o perigo advém, a "bela alma" domina o corpo e os seus instintos, o seu egoísmo e a sua baixeza, elevando-se então até ao sublime, que se traduz no ser físico por uma atitude de nobreza que o filósofo chama de *dignidade*, o modo da beleza que reflete a força da alma, o sublime propriamente humano.

[365] BENJAMIN, W., *Origem do drama barroco alemão*, op. cit., p. 182. (*G.S.*, I.1, p. 337.)
[366] Idem, ibidem. (*G.S.*, I.1, p. 337.)

experiencia o tempo, a finitude, a história. Todo o poder ambíguo da paixão em *As afinidades eletivas* remete à origem mítica desta imagem de uma "vida bela".

Ao denunciar os poderes míticos da beleza presentes nesta obra, a crítica benjaminiana convoca como contraveneno a razão em sua lucidez incorruptível, cuja sobriedade é resistente a toda sedução. Segundo Benjamin, para desbravar a obscura floresta do universo mítico é necessário um coração que, seguro pelo poder do pensamento lúcido, possa abandonar-se à sua mágica beleza. Do ponto de vista da *teoria da arte* presente no ensaio sobre o livro de Goethe, isso significa que a beleza em "estado bruto", a aparência evocada por encantamento, constitui um perigo para a obra de arte; toda obra tem como tarefa justamente liberar-nos das forças míticas das quais participa a aparência, da ambiguidade enganadora que se encontra atrás de toda imagem de uma "vida bela". Sob o olhar atento do crítico, a obra de arte deve nos conduzir à verdade, ou seja, ao caráter eminentemente histórico da experiência humana, sua dimensão antes de tudo temporal, marcada pelo inacabamento, pela finitude. Para Benjamin, nenhuma obra de arte está no direito de suscitar uma aparência viva sem a conjurar, "senão ela devém mera aparência e deixa de ser obra de arte". O problema levantado pela crítica é o da necessidade de colocar em xeque toda *visão mítica* da obra de arte e da linguagem poética, que deve ser substituída por uma concepção absolutamente *histórica* e *teológica*, ciente de que toda beleza é efêmera, está destinada a fenecer.

Nesta perspectiva, da mesma forma que Schiller, aos olhos de Benjamin, a teoria estética de Goethe, também contaminada pelas potências do mito, traiu as exigências mais profundas da arte. Para Goethe, a beleza da obra de arte remete, em última instância, à harmonia orgânica da natureza, uma totalidade ilusória. Benjamin sustenta que é preciso abandonar essa definição da arte como ideal de beleza e reconciliação e construir uma teoria da arte capaz de se abrir para a verdadeira experiência do homem, a experiência da morte, da finitude da existência e do desejo de salvação, a experiência histórica. Ele evoca uma arte mais espiritual, superior à *bela aparência* em sua forma imediata, sensível.

Já no final dos anos vinte, para caracterizar o procedimento da crítica que deseja salvar a essência espiritual da arte, Benjamin escreveu: "Toda crítica deve comportar um elemento marcial, ela também conhece o demônio".[367] Em outras palavras, cabe à crítica estética intervir no processo "natural" de sobrevivência das obras, provocar uma *ruptura* em seu elemento sensível, para poder elevar a linguagem material da arte à língua superior da verdadeira filosofia. Pois existe um íntimo parentesco entre a arte e a verdade filosófica: na condição histórica do homem, a arte preserva, de forma privilegiada, a faculdade humana de nomear, de apresentar o sentido das coisas e dos seres. No entanto, para encontrar este *teor de verdade* que habita as obras, é necessário saber "mortificar" a sua aparência sensível, o seu *teor coisal*, e não permanecer enredado no estrato apenas material da arte.

Como toda discussão estética na modernidade, a teoria da arte benjaminiana encontra a sua referência primeira na "Terceira Crítica" de Kant. Ao buscar uma experiência da verdade dada pela arte, é no horizonte kantiano que ela se coloca, uma vez que, em sua *Crítica do juízo*, Kant já havia conferido à arte o privilégio de ser a apresentação sensível, e por isso indireta, do suprassensível na simbolização. Mas a preocupação principal de Benjamin não é a mesma de Kant, a autonomia da arte. Na teoria estética benjaminiana, a tarefa da arte não é tanto a de reconstruir uma lei própria, autônoma — como sonhava, por exemplo, Adorno —, mas ser capaz de, essencialmente, revelar a *verdade histórica* do homem. Em Benjamin, a arte é essencial na medida em que ela revisita a tradição da qual se originou, trazendo à luz a sua verdade. Numa versão bastante conhecida de seu *Curriculum Vitae*, Benjamin situa o programa de sua crítica estética:

---

[367] BENJAMIN, W., "Wider ein Meisterwerk", *G.S.*, III, p. 259.

Da mesma maneira que Benedetto Croce abriu um caminho para a obra de arte concreta e singular arruinando a doutrina das formas de arte, todos os meus esforços têm visado até agora traçar um caminho em direção à obra de arte, arruinando a doutrina da arte como domínio específico. A sua intenção programática comum é estimular o processo de integração da ciência que faz cair cada vez mais o fechamento rígido das disciplinas, característico do conceito de ciência no último século, graças a uma análise da obra de arte que reconhece nela uma expressão completa das tendências religiosas, metafísicas, políticas e econômicas de uma época.[368]

Essa estreita relação entre a arte e a verdade, que orienta não apenas a teoria estética mas todo o pensamento benjaminiano, no entanto, não se confunde com aquela que foi apresentada pela fenomenologia, quando, por exemplo, Heidegger, em a *Origem da obra de arte,* acreditou encontrar por intermédio da arte uma experiência mais autêntica de verdade, a verdade pensada como "acontecer" (*Wahrheitsgeschehen*). Aqui, o que mais aparentemente se aproxima é, sem dúvida, o mais afastado. Para Benjamin, não se trata de "colocar em obra a verdade na arte", a verdade enquanto "acontecer" do ser no tempo sustentada pela ontologia heideggeriana. Se, em Benjamin, a arte está no centro da reflexão é porque as obras expõem, mesmo que de forma furtiva e instantânea, justamente a crítica ao plano dos fenômenos, uma nova dimensão de sentido, pequena parte de inteligibilidade do mundo, indissociável da verdadeira vida, a vida redimida. Do ponto de vista benjaminiano, ainda prisioneira da aparência, a hermenêutica heideggeriana perde a radicalidade que deve conduzir o trabalho da crítica: *incendiar* a obra, sua aparência sensível, para que ela possa ser o *médium* de uma verdade mais elevada, a verdade teológica. O que nas obras se expressa não pode ser capturado pela razão, mesmo a razão fenomenológica.

---

[368] BENJAMIN, W., "Curriculum Vitae III", in *Écrits autobiographiques*, Paris, Christian Bourgois, 1990, p. 31. (*G.S.*, VI, p. 218.)

Marcado definitivamente pelo pensamento crítico de Kant, que, aos seus olhos, foi o mais recente filósofo a se preocupar antes de tudo com a "exigência de justificação" na filosofia, Benjamin acredita que o conhecimento finito do homem, privado de intuição intelectual, apenas tem acesso ao reflexo do verbo divino. É isso o que ele denomina "caráter teológico da verdade", seu estatuto "ontológico", que nas obras autênticas se expressa enquanto manifestação da verdadeira linguagem e que o messianismo da crítica deve liberar: o *enigma* de toda obra. Mas tal mistério a obra comunica a Deus, permanecendo indisponível para a dimensão cognitiva e comunicativa da linguagem humana. As ideias, o objetivo último da contemplação filosófica, jazem numa outra esfera da linguagem, em sua dimensão não mais voltada para a comunicação de significados de um sujeito a outro, aquela que o filósofo chama de *expressão* (*Ausdruck*), a magia da linguagem. Assim, as ideias, os verdadeiros *nomes* das coisas, não constituem um objeto do conhecimento; elas se manifestam na linguagem, de forma imanente — no caso da arte, incrustadas na materialidade das obras. Cabe ao crítico mergulhar fundo neste material, no conteúdo coisal das obras, para ali encontrar este conteúdo de verdade. Ele alcança então, nessa leitura imanente, o reflexo da verdade. Segundo Benjamin, a linguagem da arte possui uma carga de memória; constitui um arquivo privilegiado das potências originais do espírito humano. Essa é a sua função de expressão, que no sentido benjaminiano significa "expressão da própria natureza do homem"; uma expressão arcaica, inconsciente, na qual tanto as experiências quanto os desejos e as utopias humanas, enfim, todas as significações escondidas da humanidade, se revelam. Para Benjamin, na forma artística está inscrita a história simbólica da humanidade; e, por isso, a crítica não se reduz jamais a uma atividade puramente estética de mera apreciação.

De acordo com Rainer Rochlitz, cujo importante livro dedicado a Benjamin, *O desencantamento da arte: a filosofia de Walter Benjamin*, tentou sistematizar o seu pensamento, a teoria estética benjaminiana poderia ser dividida em três períodos distintos:[369]

---

[369] ROCHLITZ, R. *O desencantamento da arte: a filosofia de Walter Benjamin*, trad. Maria Elena O. Ortiz Assumpção, Bauru, EDUSC, 2003, p. 69-70.

1º) 1914-1924: Período hölderliniano e barroco, em que Benjamin desenvolve uma estética do sublime, colocada sob o signo do desencantamento messiânico da bela aparência da obra de arte clássica.

2º) 1925-1935: Período vanguardista, que encontra sua síntese no ensaio "A obra de arte na era da sua reprodutibilidade técnica", no qual a reflexão sobre a perda da aura, o elemento sagrado das obras, desemboca numa *estética política* de intervenção revolucionária na sociedade.

3º) 1936-1940: Período centrado na importância vital da *revalorização da memória* no contexto desencantado da modernidade, que tem como obras principais os estudos sobre Baudelaire e o inacabado trabalho sobre as Passagens parisienses.

Em nossa visão, porém, apesar da riqueza de informações que oferece e do grande conhecimento que revela da obra de Benjamin, o livro de Rochlitz acaba por sufocar este pensamento multifacetado e aberto, apresentando-o em partições estanques demais para que possa alcançar as variações de seu espírito. Ele termina por impedir uma compreensão mais profunda do esforço filosófico benjaminiano, que nunca abandona os temas, mas antes os retoma sempre, de forma diferenciada, em momentos distintos de seu trabalho intelectual. Nosso estudo, contudo se concentrará apenas na primeira teoria estética de Benjamin, assim como ela foi desenvolvida a partir do conceito romântico de crítica de arte até as ideias elaboradas pelo filósofo em seu ensaio sobre *As afinidades eletivas* de Goethe, mais precisamente na terceira parte deste texto. Acreditamos, no entanto, que as ideias expostas no primeiro momento de sua reflexão em torno da relação fundamental entre arte e verdade, estética e filosofia, jamais foram abandonadas pelo filósofo, ou, por outras, substituídas. Ao contrário, elas constituem o alicerce de toda a sua teoria da arte, contendo os principais elementos que orientarão o seu trabalho posterior.

Inserindo-se na tradição inaugurada pela *Crítica do Juízo*, a estética benjaminiana segue, mais especificamente, a leitura que o chamado Romantismo de Iena fez da terceira *Crítica*, onde a obra é vista como a passagem capaz de nos conduzir para além dos interditos metafísicos impostos pela própria filosofia crítica de Kant. Como Rochlitz observa, se a questão fundamental da estética pós-kantiana é a definição de um critério a partir do qual se afirma a validade estética de uma obra, independentemente do gosto, para Benjamin, essa validade se confunde com a revelação da verdade teológica, redentora, que nas obras se expressa. Caminhando na contracorrente de todo o Idealismo alemão, a validade estética que Benjamin procura não está subordinada a uma verdade filosófica que, imposta de fora, poderia ser alcançada teoricamente pela via do discurso, ou seja, independentemente da arte. Em Benjamin, a questão da verdade e a da validade da obra se recobrem mutuamente. Enquanto para Hegel, por exemplo, o conceito de verdade da arte está, de antemão, determinado pelo conceito absoluto ou pela ideia como instância normativa (pois a verdade que na arte se manifesta de forma sensível é uma verdade teórica, é a essência da razão, a verdade da razão), para Benjamin, a arte apresenta uma verdade cujo caráter é, antes de tudo, ético. A tarefa da arte é de salvação, de trazer ao mundo um sentido redentor, tarefa esta que deve ser retomada pela crítica.

Essa tarefa salvadora da crítica, que Benjamin chama de messiânica, é o que explica o seu interesse pela estética filosófica do romantismo. O liame entre a arte e a verdade estabelecido pelo romantismo possui, a seu ver, um valor paradigmático: ao apontar a *Ideia de arte* como instância normativa do conceito de verdade na arte, esta estética filosófica possibilitou a construção de um novo conceito de verdade cujo sentido é, ao mesmo tempo, prático, político e histórico. Desde muito cedo Benjamin soube reconhecer a atualidade do romantismo, justificada pela experiência histórica de sua época, o pós-guerra, que viu desabar a imagem burguesa do mundo. A sua geração, que foi também aquela de Lukács e de Bloch, identificava-se com a busca romântica de um Deus como resposta a uma situação de exceção. A sua geração desejava uma experiência mais plena, capaz de superar o empobrecimento crescente que invadiu a vida dos homens na modernidade. Foi o sentido agudo dos problemas atuais e o desejo de melhoramento do mundo que impulsionaram o projeto romântico de renovação da doutrina teológica e da terminologia da religiosidade tradicional. No entanto, numa carta a Ernst Schoen, de 8 de novembro de 1918, no momento de preparação de seu livro sobre o romantismo, a sua tese de doutorado sobre o conceito romântico de crítica de arte, Benjamin escreveu:

O que eu aprendo através dela [a tese], a saber, um olhar na relação de uma verdade com a história, será, no entanto, pouco discutido no trabalho, mas, eu espero, será percebido pelos leitores perspicazes.[370]

Este trabalho sobre a reflexão teórica produzida por Friedrich Schlegel e Novalis na época da célebre e efêmera revista *Athenäum* (1798-1800), primeiro livro de Benjamin, constitui um verdadeiro modelo de escrita acadêmica, de argumentação rigorosa, onde, diferentemente das fórmulas breves e luminosas características de seu estilo, prevalece a fria distância crítica em relação aos textos estudados. Após ter dedicado todo o inverno de 1918-1919 à sua elaboração, quando em abril de 1919 termina o texto, o próprio Benjamin constata que o convencionalismo da forma universitária só lhe permitiu indicar indiretamente o fundo metafísico que estava presente em seu espírito com toda a intensidade. Se o trabalho representa "uma abertura sobre a verdadeira natureza do romantismo", ainda desconhecida na literatura, ele mesmo reconheceu que só poderia abordar "o messianismo, coração do romantismo"[371] de forma indireta, tratando apenas da concepção romântica de crítica de arte. No entanto, ao invocar os seus predecessores românticos, Benjamin já assinala a sua posição intelectual, que defende a supremacia da crítica estética enquanto método de conhecimento sobre o pensamento sistemático, que se tornou obsoleto diante das experiências históricas trazidas pela guerra de 1914.

Assim como foi elaborada pelos românticos, a crítica é um "conceito esotérico que apoiava sobre pressupostos místicos toda ordem do

---

[370] BENJAMIN, W., *Correspondance*, t. 1, op. cit., p. 186. (*Briefe*, I, p. 202.)
[371] BENJAMIN, W., Carta a Ernst Schoen, de 7 de abril de 1919, in *Correspondance*, t. I, op. cit., p. 191. (*Briefe*, I, p. 208.)

conhecimento".[372] Trata-se, para Benjamin, de um "conceito novo" em muito relacionado com o seu próprio conceito de arte, o que o leva a afirmar: "é do conceito romântico de crítica que saiu o seu conceito moderno".[373] Sua tese revela como os primeiros românticos — Friedrich Schlegel, seu irmão August Wilhelm Schlegel e Novalis —, além de construírem uma concepção original da prosa moderna, apresentaram a ideia libertadora da crítica como um prolongamento imanente da própria obra; uma continuação desta última em direção ao Absoluto. Benjamin sustenta que somente a partir do romantismo a obra de arte pôde ser compreendida por si mesma, independentemente de qualquer relação com uma teoria ou uma moral que lhe fosse exterior.[374] Neste sentido, a crítica romântica tem como pressuposto essencial a autonomia conferida à arte pela estética de Kant. Mas, se os românticos encontram em Kant o seu ponto de partida, eles propõem uma estética centrada sobre o conceito de *obra*, e não sobre o conceito de *gosto*, como no pensamento kantiano.

Benjamin mostra-nos nesse trabalho que os fundamentos filosóficos da estética romântica encontram o seu eixo no *conceito de reflexão*; conceito básico da teoria do conhecimento, que subjaz na concepção de crítica, sobretudo literária, dos irmãos Schlegel e de Novalis, mas que só será desenvolvido explicitamente por Friedrich Schlegel em suas *Lições Windischmann*, de 1804 e 1806, época posterior à da revista *Athenäum*. Embora pertençam à segunda fase do pensamento de Schlegel, ao tematizar a categoria de reflexão, as *Lições* possibilitam a compreensão do conceito central da teoria da arte da juventude, geralmente implícito mas sempre presente nas especulações dessa época, tanto em Schlegel quanto em Novalis. No entanto, ao ressaltar

---

[372] BENJAMIN, W., *Correspondance*, t. I, op. cit., p. 187. (*Briefe*, I, p. 203.)

[373] Idem, p. 186. (*Briefe*, I, p. 203.)

[374] Numa carta a Gershom Scholem, de 30 de março de 1918, referindo-se ao seu trabalho de doutorado, Benjamin escreveu: "Desde o romantismo, impôs-se a ideia segundo a qual uma obra de arte pode ser compreendida em e para si, sem a sua relação com a teoria ou a moral e que ela poderia ser satisfeita com esta contemplação. A relativa autonomia da obra com relação à arte, ou, ainda, sua dependência puramente transcendental diante da arte, foi a condição da crítica romântica. O trabalho consistiria em demonstrar que a estética de Kant é um pressuposto essencial da crítica de arte romântica". *Correspondance*, t. I, op. cit., p. 166. (*Briefe*, I, p. 179.)

a dimensão filosófica dos românticos, Benjamin visa não à mera restituição ou descrição da estética romântica, mas à ênfase no caráter filosófico de seu próprio empreendimento.[375] É na *teoria da consciência de si*, desenvolvida por Fichte, que ele irá buscar as bases da crítica romântica:

> O pensamento na autoconsciência refletindo a si mesmo é o fato fundamental do qual partem as considerações gnosiológicas de Friedrich Schlegel e, em grande parte, também as de Novalis. A relação consigo mesmo do pensamento, presente na reflexão, é vista como a mais próxima do pensamento em geral, a partir da qual todas as outras serão desenvolvidas.[376]

Trata-se do conceito moderno de reflexão, que tem a sua origem em Descartes, mas que foi desenvolvido por Fichte na *Doutrina da ciência* e depois retomado e reinterpretado pelos românticos. Decidido a superar o hiato deixado por Kant entre o mundo da natureza, marcado pelo determinismo, e o mundo espiritual, domínio da liberdade, Fichte concebe a ideia de um *Eu puro*, entendido como autoconsciência pura, absolutamente original e universal, que é pura atividade capaz de criar livremente toda a realidade. É este primeiro princípio metafísico que jaz na origem da reflexão romântica. Inconformados com a resignação de Kant, para quem o conceito de reflexão se coloca como problemático na medida em que a experiência finita do homem exclui a *intuição intelectual*, via de acesso ao objeto, os pensadores românticos decidem ver na natureza reflexiva do pensamento a garantia de seu caráter intuitivo. Todo o esforço do romantismo visava à restituição da intuição intelectual que havia sido banida por Kant. E justamente na reflexão é possível encontrar a identidade do sujeito e do objeto, porque, ultrapassando a metafísica da consciência

---

[375] Sobre a relação de Benjamin com o romantismo, remeto aqui ao excelente artigo de Jeanne Marie GAGNEBIN, "Nas fontes paradoxais da crítica literária: Walter Benjamin relê os românticos de Iena", in *Leituras de Walter Benjamin*, Márcio Seligman-Silva (org.), São Paulo, FAPESP, Annablume, 1999, p. 65-82.

[376] BENJAMIN, W., *O conceito de crítica de arte no romantismo alemão*, trad., prefácio e notas de Marcio Seligman-Silva, São Paulo, Editora Universidade de São Paulo, Iluminuras, 1993, p. 29. (*G.S.*. I, p. 18.)

de Fichte, para os românticos, é o próprio mundo que se pensa quando nós o pensamos. Como Benjamin mostra, o romantismo acreditou numa reflexão generalizada, onde tudo é "si", onde tudo é sujeito. Assim, todo o conhecimento objetivo está subordinado ao autoconhecimento do objeto: a *perceptibilidade*, uma atenção, descreve Novalis. A reflexão romântica desejava um alargamento da experiência filosófica para além dos limites impostos por Kant e que extrapolasse a definição dada por Fichte. Para os românticos, ela é um processo ontológico; é a *reflexão da reflexão*, que conduz ao absoluto: "esta interpretação de todo real [como um médium-de-reflexão] e, logo, também da arte era um credo metafísico".[377] Mas, como afirma Benjamin, nessa visão "é sobretudo o seu conteúdo gnosiológico que conta".[378] No quarto capítulo de sua tese, Benjamin apresenta a teoria do conhecimento da natureza do primeiro romantismo:

> Em todas as suas determinações o absoluto permanece um absoluto que pensa, e tudo o que ele realiza é uma essência pensante. Com isto está dado o princípio romântico da teoria do conhecimento do objeto.[379]

Estamos diante da "intuição metafísica de todo real como pensante",[380] característica da profundidade metafísica do pensamento romântico, que, decididamente, não leva em conta o hiato, interposto por Kant, entre a consciência e o absoluto. Esse significado metafísico, que não será abarcado pelo trabalho de Benjamin, encontra-se, no entanto, "aludido" na teoria romântica da arte, pois "a arte é uma deter-

---

[377] BENJAMIN, W., *O conceito de crítica de arte no romantismo alemão*, op. cit., p. 71. (*G.S.*, I, p. 62.)

[378] Idem, ibidem. (*G.S.*, I, p. 62.)

[379] Idem, p. 62. (*G.S.*, I, p. 54.) Para os românticos, "tudo o que está no absoluto, toda efetividade, pensa" e assim "repousa no médium-da-reflexão". Do ponto de vista gnosiológico, este é o médium do próprio pensamento, que se forma segundo o modelo da "reflexão canônica" onde o que é refletido é o próprio pensar. Como Benjamin mostra, "para os românticos não existe, do ponto de vista do absoluto, nenhum Não-Eu, nenhuma natureza no sentido de uma essência que não se torne si-mesmo" [BENJAMIN, W., *O conceito de crítica de arte no romantismo alemão*, op. cit., p. 62. (*G.S.*, I, p. 55.)]. Todo o conhecimento depende, acredita Novalis, da capacidade das coisas de verem a si mesmas.

[380] BENJAMIN, W., *O conceito de crítica de arte no romantismo alemão*, op. cit., p. 71. (*G.S.*, I, p. 62.)

minação do médium-de-reflexão, provavelmente a mais fecunda que ele recebeu".[381] Segundo os românticos, ela constitui uma reflexão da natureza sobre si mesma.

É a concepção romântica de uma natureza fraternal que permite compreender a arte como a reflexão da natureza sobre si mesma. No "desdobramento infinito" da reflexão formulado pela filosofia de Schlegel, a própria verdade, ou seja, o absoluto, é pensado como reflexão, movimento, e todo o mundo, tanto a natureza quanto a história, constitui um processo artístico. Enquanto para Fichte o Eu é o centro da reflexão, para o pensamento do primeiro romantismo o centro da reflexão é arte: "A reflexão livre-do-Eu é uma reflexão no absoluto da arte".[382] É exatamente deste ponto que parte a tese de Benjamin: ao contrário de Fichte, para Schlegel e Novalis, é a arte, e não o Eu, o centro da reflexão.[383]

Ao retomar o pensamento romântico, Benjamin pretendia sanear a crítica literária de seu tempo, cuja teoria estava contaminada pelo modelo baseado na "empatia", modelo que se impôs ao longo de todo o século XIX, compartilhado pela filosofia de Dilthey e pelo pensamento de alguns membros eminentes do Círculo de Stefan George.[384] O que ele nos quer mostrar é que, assim como os românticos a concebem, a reflexão é a reflexão do absoluto no médium da arte. Tão longe do dogmatismo racionalista, que pretende julgar a obra por critérios que lhe são exteriores, quanto do culto imoderado da faculdade criadora, que limita a compreensão da obra à subjetividade do artista, os românticos, por seu lado, procuram captar nas obras, magicamente, as leis últimas do espírito. Para os românticos, mais do que um mero

---

[381] BENJAMIN, W., *O conceito de crítica de arte no romantismo alemão*, op. cit., p. 71. (*G.S.*, I, p. 62.)

[382] Idem, p. 48. (*G.S.*, I, p. 40.)

[383] A teoria romântica não desenvolveu uma concepção sistemática do absoluto. Porém, ela afirma a possibilidade de conceber o sistema absolutamente. É o que demonstram as suas reflexões sobre o fragmento e, ainda mais, sobre a terminologia. Segundo Friedrich Schlegel, é possível concentrar todo o pensamento em um traço do espírito, o *Witz*, o chiste, a ironia ou o *nonsense*, que é dotado de uma estrutura temporal própria, o instante. Enquanto tentativa de dar um nome ao sistema, o *Witz* deseja agarrá-lo em um conceito místico individual.

[384] Cf. nosso primeiro capítulo.

produto da subjetividade, elas revelam, em sua aparência, em sua forma, a essência pura da reflexão.

Com o pensamento do primeiro romantismo, Benjamin aprende que a crítica não pode partir de uma atitude meramente apreciativa. O crítico deve, frente à obra, abandonar o julgamento, e nenhuma norma preconcebida pode regular a sua experiência. É isso que ele quer dizer quando afirma que o *conceito moderno* de crítica tem de ser *imanente*, ou seja, deve desenvolver, pela reflexão, as potencialidades internas da obra. Apenas desta forma a crítica se torna conhecimento; um conhecimento no médium-de-reflexão que é, portanto, *autoconhecimento* do objeto. É assim que se pode dizer que a crítica é o conhecimento da obra por ela mesma, um autojulgamento da obra feito por critérios imanentes, a sua intensificação e potencialização; a interpretação imanente capaz de se elevar ao infinito da arte, na qual a obra se dissolve no médium da arte e se torna absoluta. Aqui jaz o sentido dado por Novalis ao termo "romantizar", que define a operação central do romantismo de Iena: conferir ao finito a aparência do infinito.

A crítica é continuação, acabamento da obra, e o leitor é também autor, "um autor ampliado". Contudo, "requer-se, para tanto, uma cabeça na qual o espírito poético e o espírito filosófico tenham se penetrado no todo de sua plenitude".[385] Os românticos exigem uma *crítica poética*. Em suas *Lições*, Schlegel sentencia: "a poesia só pode ser criticada pela poesia", "um juízo de arte que não é ao mesmo tempo uma obra de arte como exposição de uma impressão necessária em seu devir não possui nenhum direito de cidadania no reino da arte".[386]. Mas essa "racionalidade imanente" às obras, a essência pura da reflexão que guia o trabalho da verdadeira crítica, está fora do alcance da razão comum; colocar esta razão em questão, ultrapassá-la, é justamente o seu fim. Benjamin escolhe, para caracterizá-la, a seguinte passagem de Schlegel:

---

[385] NOVALIS, *Schriften*, p. 30, citado por BENJAMIN, W., *O conceito de crítica de arte no romantismo alemão*, op. cit., p. 78. (*G.S.*, I, p. 70.)

[386] SCHLEGEL, F., *L 117*, citado por BENJAMIN, W., *O conceito de crítica de arte no romantismo alemão*, op. cit., p. 77. (*G.S.*, I, p. 69.)

Existe um tipo de pensar que produz algo e que, portanto, possui uma grande semelhança formal com a faculdade criativa que nós atribuímos ao Eu da natureza e ao Eu-do-mundo. A saber, o poetizar, que de certo modo cria sua própria matéria.[387]

Para Schlegel, "a essência do sentimento poético talvez esteja no fato de se poder afetar apenas a partir de si mesmo".[388] O "sentimento poético" é o "ponto de indiferença" onde a reflexão surge do nada. Só assim é possível compreender a relação produtiva ou receptiva com a arte. E, segundo o famoso fragmento 116 da *Athenäum*, onde já em seus primeiros tempos Schlegel designou com precisão a arte como médium-de-reflexão, o artista e o seu objeto constituem os polos da reflexão: a poesia romântica pode "melhor flutuar pelas asas da reflexão poética no intermédio entre o exposto e o expositor, livre de todo interesse, e potenciar sempre novamente esta reflexão e multiplicá-la como numa série infindável de espelhos".[389]

Eis a questão: a obra de arte é um "centro vivo de reflexão",[390] e é por sua *forma* que ela constitui a expressão objetiva, o *médium da reflexão*. Para que a crítica possa abolir toda a limitação, é preciso que o limite esteja dado na obra, e é na forma particularizada que ele se encontra; nela jaz a sua contingência, a razão de seu inacabamento. Aqui, como o absoluto a atingir é a própria *Ideia de arte*, a sua ordem transcendental, a forma não é mera expressão da beleza, mas da arte como Ideia.

Também para Novalis "a estrutura básica da arte é a do médium-de-reflexão".[391] Em sua compreensão metafísica, assinala Benjamin, "a reflexão é o original e o construtivo na arte, assim como em todo

---

[387] SCHLEGEL, F., *Vorlesungen*, p. 63, citado por BENJAMIN, W., *O conceito de crítica de arte no romantismo alemão*, op. cit., p. 72. (*G.S.*, I, p. 63.)

[388] SCHLEGEL, F., *A 433*, citado por BENJAMIN, W., *O conceito de crítica de arte no romantismo alemão*, op. cit., p. 72. (*G.S.*, I, p. 63.)

[389] SCHLEGEL, F., *A 433*, citado por BENJAMIN, W., *O conceito de crítica de arte no romantismo alemão*, op. cit., p. 72. (*G.S.*, I, p. 63.)

[390] BENJAMIN, W., *O conceito de crítica de arte no romantismo alemão*, op. cit., p. 81. (*G.S.*, I, p. 73.)

[391] Idem, p. 72. (*G.S.*, I, p. 64.)

elemento espiritual".[392] Sob esta atmosfera, Benjamin define o trabalho do crítico: "a tarefa da crítica de arte é o conhecimento no médium-de--reflexão da arte".[393] A crítica é como um *experimento* na obra, "através do qual a reflexão desta é despertada e ela é levada à consciência e ao conhecimento de si mesma".[394] Como defende Schlegel, é preciso *experimentar* as obras de arte. E, já que o "sujeito da reflexão é fundamentalmente a conformação artística (*Kunstgebilde*) mesma",[395] "o experimento consiste não na reflexão *sobre* uma conformação" — que jamais poderia alterá-la de forma essencial —, mas sim no "desdobramento da reflexão", no desdobramento "do espírito, *em* uma conformação".[396] A crítica enquanto conhecimento da obra é, na verdade, o seu autoconhecimento. Este é o sentido das palavras de Schlegel quando se refere à recensão que fez do *Wilhelm Meister* de Goethe, que tanto significou para a sua teoria da arte: "Felizmente ele é precisamente um destes livros que julgam a si mesmos".[397] Segundo Benjamin, é apenas de "modo inexato" que se pode denominar julgamento o autojulgamento na reflexão, pois o momento negativo, necessário a todo juízo, está aqui "atrofiado". É o momento positivo, de *intensificação* da consciência, "gerado espontaneamente" que, de longe, prepondera. Neste ponto, como veremos, encontra-se a diferença decisiva entre o conceito romântico de crítica e o seu *conceito moderno*, que não abre mão da instância negativa. Sublinhando o seu aspecto negativo no estudo sobre o barroco, Benjamin definiu: "Crítica é mortificação das obras". Embora nos dois casos o trabalho da crítica se apoie em *critérios imanentes*, o que distingue o criticismo benjaminiano do romântico é a exigência do caráter destrutivo da crítica, onde a questão não é, como no romantis-

---

[392] BENJAMIN, W., *O conceito de crítica de arte no romantismo alemão*, op. cit., p. 73. (*G.S.*, I, p. 65.)

[393] Idem, p. 74. (*G.S.*, I, p. 65.)

[394] Idem, ibidem. (*G.S.*, I, p. 65.)

[395] Idem, ibidem. (*G.S.*, I, p. 65.)

[396] Idem, ibidem. (*G.S.*, I, p. 66.) Como nota Marcio Seligman-Silva, Benjamin acentua o trabalho de autorreflexão da obra em detrimento do aspecto subjetivo, também assinalado por Schlegel. E esta é uma característica da interpretação benjaminiana desses autores (Cf. BENJAMIN, W., *O conceito de crítica de arte no romantismo alemão*, op. cit., nota 5, segunda parte).

[397] SCHLEGEL, F., *Jugendschriften*, p. 172, citado por BENJAMIN, W., *O conceito de crítica de arte no romantismo alemão*, op. cit., p. 75. (*G.S.*, I, p. 66.)

mo, o despertar da consciência nas obras vivas, mas a instauração do saber nas obras que são mortas; a contemplação da obra como *ruína* em nome de seu núcleo redentor, seu *teor de verdade*.

Ao definir o criticismo como uma operação absolutamente positiva, os românticos, no entanto, fizeram a crítica da crítica de sua própria época, uma crítica meramente negativa, destrutiva e polemizante, baseada na arbitrariedade de critérios transcendentes. Ao contrário da concepção usual, para os românticos a essência da crítica não é julgamento, mas acabamento; um crescimento suplementar, a sistematização da obra e a sua resolução no absoluto:

> E esta intensificação da consciência na crítica é, a princípio, infinita; a crítica é, então, o *medium* no qual a limitação da obra singular liga--se metodicamente à infinitude da arte e, finalmente, é transportada para ela, pois a arte é, como já está claro, infinita enquanto *medium--de-reflexão*.[398]

Aqui, a potencialização da reflexão, o processo no qual a obra singular se dissolve no *medium* da arte, só se pode apresentar "de maneira coerente" numa pluralidade de críticos que se substituem, representando diferentes "graus de reflexão personificados",[399] pois a "potencialização da reflexão" possui "infinitos graus". E o procedimento crítico é ao mesmo tempo a intensificação da obra e o seu compreender e receber, ele jamais deve entrar em conflito com "a apreensão originária, puramente sentimental, da obra de arte". Benjamin recorda o ensinamento de Schegel: "É belo e necessário entregar-se totalmente à impressão de uma obra literária".[400]

"*Mas não menos necessário é poder abstrair todos os detalhes, abarcando o geral em suspensão.*"[401] Como o objeto da reflexão se eleva infi-

---

[398] BENJAMIN, W., *O conceito de crítica de arte no romantismo alemão*, op. cit., p. 76. (*G.S.*, I, p. 67.)
[399] Idem, ibidem. (*G.S.*, I, p. 68.)
[400] SCHLEGEL, F., *Jugendschriften*, p. 169, citado por BENJAMIN, W., *O conceito de crítica de arte no romantismo alemão*, op. cit., p. 77. (*G.S.*, I, p. 68.)
[401] Idem, ibidem (grifo meu).

nitamente e jamais pode se estabelecer de forma duradoura, cabe à reflexão dar conta desses momentos gerais, centrais da obra, fazendo--os submergir no *medium*-da-arte. Só assim a crítica pode descobrir os "planos ocultos" de uma configuração e executar as suas "intenções veladas"; no próprio sentido da obra, ir além da mesma, tornando-a absoluta. Como Schlegel esclarece, a boa crítica "deseja formar ainda uma vez o já formado", expor novamente a exposição, completando-a e rejuvenescendo-a ao configurá-la novamente. "Pois a obra é incompleta",[402] e, por isso, pode ser completada, intensificada no conhecimento. Eis uma máxima do pensamento de Novalis: "Apenas o incompleto pode ser compreendido, pode nos levar mais além. O completo pode ser apenas desfrutado".[403] Benjamin observa que isto também vale para a obra de arte e também se relaciona com a sua verdade, pois "toda obra é necessariamente incompleta diante do absoluto da arte, ou — o que significa o mesmo — ela é incompleta diante de sua própria Ideia absoluta".[404]

Uma crítica positiva, "completadora", capaz de expor o "caráter puro e completo da obra de arte individual", é o que Benjamin compartilha com os românticos. Ele também sonha com a mistura perfeita entre espírito poético e filosófico, capaz de fazer a "passagem medial constante da obra de uma língua a outra",[405] da arte para a verdade. Benjamin concorda com Enders quando este afirma que a característica do espírito crítico moderno é a negação do dogmatismo, a atenção concedida à "soberania exclusiva" da potência criadora do artista e pensador; e, assim como Enders, acredita que os irmãos Schlegel elevaram o espírito crítico à sua mais alta manifestação, colocando as "leis do espírito" dentro da própria obra, deixando de fazer desta "um simples produto da subjetividade", como fazem os autores modernos que, equivocadamente, se acreditam herdeiros destes românticos. Defendendo a crítica de arte da "tolerância cética" que resulta do "culto irres-

---

[402] BENJAMIN, W., *O conceito de crítica de arte no romantismo alemão*, op. cit., p. 78. (*G.S.*, I, p. 69.)
[403] NOVALIS, *Schriften*, p. 104, citado por BENJAMIN, W., *O conceito de crítica de arte no romantismo alemão*, op. cit., p. 78. (*G.S.*, I, p. 69.)
[404] BENJAMIN, W., *O conceito de crítica de arte no romantismo alemão*, op. cit., p. 78. (*G.S.*, I, p. 70.)
[405] Idem, ibidem. (*G.S.*, I, p. 70.)

trito" da força criadora do artista, o primeiro romantismo, aos olhos de Benjamin, venceu a batalha contra as "força destrutivas" que orientavam a teoria dos escritores do *Sturm und Drang* e que, infelizmente, ainda dominaram a crítica nos séculos XIX e XX. Ao fim de sua tese, ao dar a última palavra sobre o trabalho de Schlegel, Benjamin, com um vocabulário metafísico, aponta para aquilo que o pensamento alcança nas obras e que não pode ser nomeado num contexto profano:

> A absolutização das obras feitas, o procedimento crítico, era para ele o que havia de mais elevado. Isto se deixa simbolizar, numa imagem, com a produção do ofuscamento na obra. Este ofuscamento — a luz sóbria — faz com que a pluralidade das obras se extinga. É a Ideia.[406]

Para Benjamin, se a obra de Schlegel é "libertadora", é porque assegurou um "conceito fundamental" que não poderia ter sido introduzido teoricamente antes: o *conceito de obra*. Com isso, esta concepção da crítica conseguiu libertar-nos das "doutrinas estéticas heterônomas", estabelecendo um outro critério para a obra de arte que não a regra: "o critério de uma determinada construção imanente da obra".[407] Ela assegurou a toda *conformação*, desse modo, aquela autonomia no campo da arte que Kant havia conferido ao juízo em sua *Terceira crítica*. Era necessário ir além da estética kantiana, pois o gosto, do qual o racionalismo reclama suas regras, só julga negativamente. Como Benjamin afirmou, a "dependência pura e simplesmente transcendental" da obra com relação à arte é a condição da estética romântica. Na teoria romântica, o conceito de obra se torna correlato ao conceito de crítica, e o "princípio cardinal" dessa atividade é então conquistado: o julgamento da obra segundo os seus critérios imanentes.

Benjamin percebe que "o ponto central do pré-romantismo é religião e história".[408] Aos seus olhos, este romantismo quis fazer com a religião o que a crítica kantiana fez com os objetos teóricos, ou seja,

---

[406] BENJAMIN, W., *O conceito de crítica de arte no romantismo alemão*, op. cit., p. 123. (*G.S.*, I, p. 119.)
[407] Idem, p. 79. (*G.S.*, I, p. 71.)
[408] BENJAMIN, W., *Correspondance*, t. 1, op. cit., p. 128. (*Briefe*, I, p. 138.)

revelar a sua forma, encontrando-a na história. A "profundidade infinita" deste movimento, em comparação com o romantismo tardio, está em ter procurado produzir em seu próprio pensamento, em sua própria vida, "a esfera superior" onde o domínio da religião e da história devem necessariamente coincidir. E daí resulta não "a religião", "mas a atmosfera na qual tudo o que está desprovido dela e do que ela pretende ser é passado pelo fogo e cai em cinzas";[409] a atmosfera cujo "fogo supraterrestre"[410] Friedrich Schlegel parece ter respirado mais do que qualquer outro. Mas esta capacidade "silenciosa" e "viva" que a interpretação benjaminiana sublinha, vendo o romantismo como "o último movimento que uma vez ainda salva no presente a tradição",[411] não impede de compreendê-lo como uma "tentativa prematura nesta época", como uma "liberação insensata e orgiástica de todas as forças secretas da tradição".

Benjamin sabe que as teorias românticas, em sua "configuração pura", não podem satisfazer completamente nenhum pensador atual. Embora afirme que o seu conceito moderno de crítica — aquele de uma crítica imanente — derive diretamente do romantismo, para Benjamin falta ao conceito romântico de crítica um critério de verdade que seja inerente ao conteúdo das obras. Ele é reticente quanto à reconciliação imediata entre o condicionado e o incondicionado, a supressão romântica da distinção entre o real contingente e absoluto na arte, vista como *medium*-de-reflexão. O final do livro sobre o romantismo (onde Benjamin apresenta o que diz respeito à sua própria teoria da arte) aponta os limites do excesso de especulação presente na crítica romântica, trazendo à cena a teoria goethiana da arte. Trata-se da ideia de Goethe do conteúdo arquetípico da arte a partir da qual Benjamin elaborará o seu conceito de teor de verdade: se, para os românticos, o que interessa na obra, em última instância, é a forma, para Benjamin é o teor de verdade, que, entretanto, não está dissociado de sua forma. Ao se deter apenas no acabamento estético da obra, em seu

---

409 BENJAMIN, W., *Correspondance*, t. 1, op. cit., p. 128. (*Briefe*, I, p. 138.)
410 Idem, ibidem. (*Briefe*, I, p. 138.)
411 Idem, ibidem. (*Briefe*, I, p. 138.)

estrato formal, a teoria da arte romântica acaba por negligenciar o seu conteúdo de verdade. Daí a necessidade de complementar essa teoria estabelecendo a tarefa da crítica futura, que se constitui a partir da diferença entre a estética do romantismo e aquela de Goethe. Como, para os românticos, nada pode ser excluído do domínio da arte, a Ideia de arte é o *a priori* de seu método. Segundo Benjamin, eles desconhecem o Ideal da arte, o *a priori* do teor da obra, sua questão mesma. Goethe, ao contrário, parte justamente do Ideal da arte, que se compõe de uma pluralidade de "puros conteúdos", os arquétipos.

Como revela uma carta a Ernst Schoen, a redação da tese sobre o romantismo foi a ocasião que Benjamin encontrou para penetrar na terra até então desconhecida da teoria da arte de Goethe; apenas entre 1918 e 1919 ele se dedicou a uma confrontação autêntica com os textos de Goethe.[412] O fruto desses estudos goethianos é o apêndice que fecha a dissertação, publicada em 1920. Esse texto, que o próprio Benjamin qualificou de "esotérico" em outra carta a Ernst Schoen,[413] de maio de 1919, intitulado "A teoria da arte primeira romântica e Goethe", constitui o esboço de uma crítica das concepções românticas de arte e já prepara o caminho de suas futuras reflexões estéticas (que encontrarão o seu desdobramento tanto no ensaio sobre *As afinidades eletivas*, quanto em *Origem do drama barroco alemão*, escrito em 1925).

O apêndice afirma que, por volta de 1800, existe uma "oposição de princípio" entre as duas concepções antagônicas da arte, que nos remete ao coração de toda teoria estética e que tem como consequência a questão da própria possibilidade da crítica. Esta oposição, que marca precisamente a diferença principal entre os primeiros românticos e Goethe, coloca-se como uma alternativa entre a *forma* e o *conteúdo* das obras, entre a *Ideia de arte* e o seu *Ideal*.

Para os primeiros românticos, a arte deve ser pensada apenas em função de suas formas, que se encadeiam numa única continuidade,

---

[412] "Neste momento eu retorno aos estudos necessários à minha dissertação e para este fim estou na teoria da arte de Goethe. Nada pode passar por carta, por excesso de amplidão, mas eu encontro aqui as coisas as mais importantes. Isto naturalmente é terra incógnita." BENJAMIN, W., *Correspondance*, t. I, op. cit., p. 183. (*Briefe,* I, p. 203.)

[413] BENJAMIN, W., *Correspondance*, t. I, op. cit., p. 194. (*Briefe,* I, p. 210.)

sem nenhuma referência a qualquer norma ética ou estética, isto é, indiferente a todo *Ideal*. Nada é excluído do domínio da arte, a heterogeneidade das formas e a pluralidade das obras simplesmente se dissolvem no *continuum* da arte, na *Ideia de arte*. No pensamento de Goethe, ao contrário, existe um *Ideal da arte*, e a sua unidade se encontra justamente naquilo que Benjamin irá chamar, no ensaio sobre *As afinidades*, de *teor de verdade* das obras, o seu elemento *moral*, onde jaz a sua relação necessária com a verdade e a justiça. Esse *Ideal da arte*, que a estética goethiana defende e que se revela contrário ao pensamento dos primeiros românticos, só se manifesta partilhado numa "pluralidade limitada de puros conteúdos", que Goethe chama de *arquétipos* (*Urbilder*). Diferentemente das formas relativizadas, esses conteúdos são descontínuos, invisíveis; não se encontram em nenhuma obra e só podem ser atingidos por intuição; com eles, as obras apenas se "assemelham", porque os arquétipos não são criados pela arte, mas relevam da "natureza verdadeira" que, acredita Goethe, se expressa de forma privilegiada na arte grega, modelo no qual se pode reconhecer a semelhança mais perfeita.

Preocupados apenas com a forma, os românticos negligenciaram o teor, o conteúdo ético das obras, e se tornaram alvo fácil da acusação de "esteticismo".[414] Por outro lado, se Goethe pôde estar atento a este conteúdo, ele não foi capaz, por sua vez, de oferecer uma teoria satisfatória da forma, que concebeu unicamente como *estilo*. Mas a consequência fatal de sua teoria da arte é a de que as obras não estão, por princípio, submissas à crítica. Não reconhecendo a criticabilidade das obras como uma dimensão necessária, a crítica, para Goethe, pode apenas fornecer indicações e advertências, sempre em função da "visão" que pode ter dos arquétipos. A crítica não é mais, como para os primeiros românticos, um momento essencial da obra, seu acabamento em direção à verdade da arte.

Dessa confrontação entre os primeiros românticos e Goethe, que constata a insuficiência das duas posições, Benjamin retira a definição

---

[414] LACOSTE, J., "Paris-Weimar: Walter Benjamin et Goethe", op. cit., p. 22.

da tarefa do crítico moderno: estabelecer a relação entre a *Ideia da arte* e o *Ideal da arte*, entre a *forma* e o *conteúdo* na arte. Contra Goethe, ele deseja manter a possibilidade e a necessidade da crítica, mas esta não se pode limitar à análise infinita das formas, como determina o modelo do esteticismo romântico; a crítica deve poder liberar o *teor*, referindo-se a uma "norma", como queria Goethe, cujo erro foi ter tentado encontrar estes conteúdos normativos justamente na natureza, em vez de buscá--los na história. Neste ponto, Rainer Rochlitz esclarece, e muito bem:

> Isto que impede Goethe de chegar à ideia de um conteúdo *criticável* é o fato de que ele o identifica à natureza verdadeira, a natureza arquetípica dos fenômenos originários da qual o poeta tem uma intuição, em lugar de perceber aí uma significação histórica.[415]

Para a teoria da arte goethiana, os arquétipos habitam uma dimensão localizada antes de toda obra, a dimensão onde a arte não é criação, mas *natureza*. Benjamin mostrou estar ciente do interesse que conduziu o poeta em sua investigação sobre os *fenômenos originários*:[416] "Abarcar a Ideia da natureza e, deste modo, torná-la apta para ser arquétipo da arte (para ser puro conteúdo)".[417] Não se trata da natureza enquanto objeto da ciência, mas da *natureza verdadeira* que na arte se torna visível, e que na natureza do mundo está submersa pela manifestação. E é sobre o conceito dessa natureza que Goethe nomeia de verdadeira que se constrói toda a reflexão crítica que Benjamin lhe endereça: ao perder de vista a significação histórica o poeta acabou por decretar a impossibilidade da crítica, pois, se todo conteúdo é arquetípico, nenhum conteúdo é criticável. Mas, para Benjamin, os românticos também não concebem nenhum conteúdo criticável; neles tudo se resume a um processo artístico, todo conteúdo é reduzido às formas e

---

[415] ROCHLITZ, R., *Le desenchantement de l'art: la philosophie de Walter Benjamin*, Paris, Gallimard, 1992, p. 79. Como sublinha Jean Lacoste, essa questão é de importância fundamental para a compreensão dos trabalhos de Benjamin dos anos 30 sobre Paris e Baudelaire (LACOSTE, J., "Paris-Weimar: Walter Benjamin et Goethe", op. cit., p. 23).

[416] Cf. nosso primeiro capítulo.

[417] BENJAMIN, W., *O conceito de crítica de arte no romantismo alemão*, op. cit., p. 116. (*G.S.*, II, p. 112.)

por fim à Ideia de arte. Atenta à dimensão histórica, a teoria da arte benjaminiana visa, ao mesmo tempo, zelar pela pluralidade irredutível das obras e conservar a dimensão normativa que é inerente ao seu conteúdo. Esta é, segundo Benjamin, a única maneira de colocar de forma autêntica o problema da relação entre a arte e a verdade. O pequeno posfácio que, num último momento, ele insere em sua tese — pequena antítese que por fim a contradiz — coloca a questão que encontrará a sua resposta não apenas no estudo sobre as *Afinidades eletivas*, mas em toda direção tomada pela obra mais tardia do filósofo:

A Ideia da arte é a Ideia de sua forma. Assim como seu Ideal é o Ideal de seu conteúdo. A questão sistemática fundamental da filosofia da arte deixa-se portanto formular também como a questão acerca da relação entre a Ideia e o Ideal da arte. A soleira desta questão a presente investigação não pode ultrapassar.[418]

Com este problema fundamental, Benjamin conclui a sua tese, que desde o início se coloca no contexto da "história dos problemas": dentro desta história, onde o conceito romântico de crítica se encontra frente àquele de Goethe, "vem à luz imediatamente, em sua pureza, o problema da crítica de arte".[419] Para Benjamin, o estado da filosofia da arte alemã em torno de 1800, como se expõe nas teorias de Goethe e dos primeiros românticos, ainda é legítimo, muito embora nem os românticos nem Goethe tenham se colocado a si mesmos a questão central da relação entre a Ideia e o Ideal da arte. É assim que o apêndice de sua tese estabelece o rumo de suas futuras investigações no âmbito da arte, delimitando o ponto de partida teórico tanto do ensaio sobre *As afinidades eletivas*, como de seu trabalho decisivo sobre o drama barroco alemão: atribui-se ao crítico a tarefa de apresentar essa verdade das obras que constitui o critério de conteúdo, complemento do critério da forma. Este *teor de verdade* das obras aponta para o que Benjamin chama de *vida redimida*, a verdadeira justiça, anunciando uma

---

[418] BENJAMIN, W., *O conceito de crítica de arte no romantismo alemão*, op. cit., p. 121. (*G.S.*, II, p. 117.)
[419] Idem, p. 114. (*G.S.*, I, p. 110.)

ética que advém do Gênio da humanidade em sua luta contra as forças do mito — ética que o crítico, investido de uma violência divina, precisa extrair da aparência meramente formal da obra. Benjamin defende que o conceito de crítica deve ocupar o centro da filosofia da arte. É preciso esclarecer o "problema da criticabilidade da obra de arte", e a sua negação ou afirmação depende inteiramente dos conceitos filosóficos básicos que fundam essa teoria. Enquanto todo o trabalho da filosofia da arte primeiro romântica se concentrou em demonstrar, em seu princípio, a criticabilidade da obra, a teoria da arte goethiana se sustenta na "intuição da não criticabilidade das obras".[420] Como nota Benjamin, isso não quer dizer que Goethe jamais tenha escrito crítica, nem que tenha "acentuado" este seu ponto de vista, mas sim que, simplesmente, não estava interessado em apresentá-lo conceitualmente. Mas a leitura benjaminiana não deixa de perceber nas recensões realizadas por Goethe uma certa "reserva irônica"[421] no que diz respeito à atividade da crítica.

A categoria sob a qual os românticos abarcam a arte é a Ideia: "A Ideia é a expressão da infinidade da arte e de sua unidade. Pois a unidade romântica é uma infinidade",[422] e é a forma que expressa a "dialética da unidade e da infinidade na Ideia",[423] através de sua "autolimitação e autoelevação".[424] Mas, se a Ideia, nesse contexto, pode ser pensada como o *a priori* de um método, a ela deve corresponder um *a priori* relativo ao conteúdo das obras de arte: este é o *Ideal*. Ao denominar o absoluto poético como a moralidade ou a religião, para Benjamin, os românticos conseguem atingir apenas uma "aparência" do ideal: todas as determinações que Friedrich Schlegel pôde fornecer do conteúdo da arte — particularmente em sua *Conversa sobre a poesia* (*Gespräch über die Poesie*) —, comparadas com a sua concepção da forma, não possuem uma relação precisa com "o que é próprio da

---

[420] BENJAMIN, W., *O conceito de crítica de arte no romantismo alemão*, op. cit., p. 114. (*G.S.*, I, p. 110.)
[421] Idem, p. 115. (*G.S.*, I, p. 110.)
[422] Idem, ibidem. (*G.S.*, I, p. 110.)
[423] Idem, ibidem. (*G.S.*, I, p. 111.)
[424] Idem, ibidem. (*G.S.*, I, p. 111.)

arte". E é precisamente o *Ideal da arte*, enquanto *a priori* de seu conteúdo, o ponto de partida da filosofia da arte de Goethe, o seu "motivo central".[425]

Em Goethe, o Ideal constitui a *unidade do conteúdo*, cuja função é totalmente distinta da unidade da Ideia — que "abriga em si a conexão das formas, conformando-as a partir de si". Trata-se de uma unidade de outro tipo, que "só é abarcável dentro de uma multiplicidade limitada de conteúdos puros nos quais se decompõem".[426] É apenas num *"discontinuum* limitado e harmônico de puros conteúdos" que o Ideal se manifesta. Neste sentido, Goethe encontra-se com os gregos, reafirmando a antiga concepção das nove musas sob a soberania de Apolo, que representam os nove "puros conteúdos" de toda arte — *arquétipos* que, certamente, não foram determinados arbitrariamente nem em número, nem em tipo. Por isso, segundo Benjamin, poder-se-ia chamar a soma dos conteúdos puros de "musal" (*musisch*), o Ideal da arte em seu sentido grego.[427]

Ao contrário da Ideia, a "estrutura interna" do Ideal é "inconstante" porque "a conexão deste Ideal com a arte não é dada em um *medium*, mas, antes, marcada por uma *refração (Brechung)*".[428] De acordo com a teoria da refração de Goethe, "os puros conteúdos como tais", os arquétipos, não podem ser encontrados em nenhuma obra: "As obras não podem atingir aqueles arquétipos invisíveis — mas intuíveis —, elas podem apenas em maior ou menor grau *assemelhar-se* a eles".[429] Uma conformação artística historicamente determinada só pode ter com esses conteúdos arquetípicos uma relação de semelhança, que não deve ser confundida com imitação ou similitude.

---

[425] BENJAMIN, W., *O conceito de crítica de arte no romantismo alemão*, op. cit., p. 115. (*G.S.*, I, p. 111.)

[426] Idem, ibidem. (*G.S.*, I, p. 111.)

[427] Segundo a mitologia, Mnemosine, a deusa da memória, deu à luz nove filhas que cantavam acompanhadas pela lira de Apolo. A princípio apenas deusas da música, diversificaram posteriormente as suas funções a atributos. São elas: Calíope, Clio, Erato, Euterpe, Melpômene, Polímnia, Tália, Terpsícore e Urânia, musas da poesia épica, da história, da poesia lírica, da música, da tragédia, dos hinos sacros, da comédia, da dança e da astronomia, respectivamente.

[428] BENJAMIN, W., *O conceito de crítica de arte no romantismo alemão*, op. cit., p. 115. (grifo meu). (*G.S.*, I, p. 111.)

[429] Idem, p. 116. (*G.S.*, I, p. 111.)

Para a estética goethiana, a ideia de que a obra de arte imita a natureza só é correta num sentido mais profundo, onde o conteúdo da obra é a própria natureza, e não a mera "verdade natural". Como os arquétipos são invisíveis, a semelhança não pode ser entendida de forma materialista, como simples imitação da natureza do mundo visível; ela indica, justamente, a conexão do que é "perceptível em mais alto grau"[430] com o que, por princípio, só pode ser intuído. O conteúdo tem a necessidade de se tornar perceptível: esta é a raiz da intuição. Assim, o Ideal da arte, "que se anuncia ao sentimento como puro", é objeto da intuição como uma "perceptibilidade necessária", embora jamais apareça de modo puro na obra, pois essa permanece sempre um objeto da percepção. Se o conceito de intuição ainda persiste nessa teoria da arte, é porque é ele que explica a relação entre a obra de arte e o seu arquétipo: "O exposto só é visível na obra; fora dela só pode ser intuído".[431]

Em Goethe, a "verdadeira natureza" constitui o próprio conteúdo das obras, mas ela não é nem a simples natureza visível nem a natureza abstrata da ciência newtoniana. "A fonte originária da arte" é anterior a toda obra criada, ela se encontra "naquela esfera da arte onde esta não é criação, mas, antes, natureza":[432] os arquétipos não são criados pela arte; eles estão na natureza. E essa "natureza verdadeira" à qual a arte deve se referir como a seu Ideal revela-se, mais do que em todas as obras, na arte grega, elevada ao *status* de modelo. Aos olhos do poeta, os gregos produziram obras "perfeitas e realizadas"[433] — "arquétipos relativos"[434] —, tão completas quanto os verdadeiros arquétipos. Na compreensão de Goethe, os gregos não eram naturalistas; sua verdade natural exprime "a natureza verdadeira como conteúdo das obras mesmas".[435]

É a ideia goethiana de natureza, afastada da concepção materialista, que torna possível que ela seja um arquétipo da arte. Tudo depende

---

[430] BENJAMIN, W., *O conceito de crítica de arte no romantismo alemão*, op. cit., p. 116. (*G.S.*, I, p. 112.)
[431] Idem, p. 117. (*G.S.*, I, p. 113.)
[432] Idem, p. 116. (*G.S.*, I, p. 112.)
[433] Idem, ibidem. (*G.S.*, I, p. 112.)
[434] Idem, ibidem. (*G.S.*, I, p. 112.)
[435] Idem, p. 117. (*G.S.*, I, p. 113.)

de uma definição mais precisa do conceito de "natureza verdadeira" visível, que constitui o conteúdo das obras. Esta "natureza verdadeira" deve ser diferenciada, de forma rigorosa e conceitual, da natureza aparente e visível do mundo, pois se encontra numa identidade mais profunda e essencial com a natureza do *fenômeno originário* presente nas aparições da natureza visível. Benjamin observa que, tendo colocado o problema da identidade entre a natureza enquanto conteúdo da arte e a própria natureza, Goethe, possivelmente, teria resolvido o problema de forma paradoxal afirmando que:

> Apenas na arte, mas não na natureza do mundo, a natureza, verdadeira, intuível, como um fenômeno originário, seria visível imageticamente, enquanto, na natureza do mundo, ela estaria decerto presente, mas escondida (dissolvida na aparição).[436]

Sob essa visão, cada obra singular se coloca apenas "casualmente" diante do Ideal da arte, pois, em sua determinação gnosiológica, o Ideal "é Ideia no sentido platônico" do termo, encerrando ao mesmo tempo a unidade e a ausência de início, "aquilo que na arte é eleaticamente imóvel".[437] Benjamin escreve: "Em relação ao Ideal, a obra singular permanece como que um *torso*";[438] quer dizer, apenas um "esforço isolado" para expor o arquétipo. "Goethe pensou de modo resignado"[439] sobre a relação da obra com o incondicionado. No pensamento romântico, ao contrário, a arte representou justamente a esfera onde este se esforçou para realizar, da maneira mais pura, a reconciliação imediata do condicionado com o incondicionado. No fundo, Schlegel contrapõe "necessidade, infinidade e Ideia à imitação, perfeição e Ideal".[440] Benjamin afirma que a superação da casualidade, do

---

[436] BENJAMIN, W., *O conceito de crítica de arte no romantismo alemão*, op. cit., p. 117. (*G.S.*, I, p. 113.)
[437] Idem, ibidem. (*G.S.*, I, p. 113.)
[438] Idem, p. 118. (*G.S.*, I, p. 114.) Segundo o dicionário Aurélio, como derivação do italiano *torso* a palavra significa a representação da figura humana truncada, sem cabeça e sem membros (um torso helenístico), busto ou tronco. E, derivado do latim *torsu*, o termo remete aos adjetivos torcido, sinuoso e tortuoso.
[439] BENJAMIN, W., *O conceito de crítica de arte no romantismo alemão*, op. cit., p. 118. (*G.S.*, I, p. 114.)
[440] Idem, ibidem. (*G.S.*, I, p. 114.)

caráter de torso das obras, era a intenção central do conceito de forma de Schlegel. No médium das formas, como existe uma livre passagem entre a forma absoluta e as obras singulares, o torso não tem lugar; a obra de arte não pode ser *torso*, porque é um momento em movimento na forma transcendental vivente; a forma transitória, limitada a uma configuração casual, encontra a sua eternidade por via da crítica. Mas é apenas com a sua dissolução que a obra se eterniza, que a sua casualidade é dissolvida e transformada em algo eterno. Por isso os românticos não podiam aceitar a doutrina goethiana do valor canônico das obras gregas, nem reconhecer nenhum modelo ou configuração cunhada de modo definitivo que se furtaria à "progressão eterna". Novalis escreve: "a Antiguidade surge apenas onde um espírito criador a reconhece, ela não é um *factum* no sentido goethiano".[441] Para os românticos, "os antigos são ao mesmo tempo produtos do futuro e do passado",[442] a Antiguidade e o perfeito estão tão prontos e acabados quanto "a estrela através do movimento do olho".[443] Aqui jaz a razão do anticlassicismo de Schlegel e Novalis.

Benjamin assim define a diferença entre os românticos e Goethe:

> Os românticos determinaram a relação das obras de arte com a arte como uma *infinidade* na *totalidade* — ou seja: na totalidade das obras realiza-se a infinidade da arte. Goethe a determina como *unidade* na *pluralidade* — ou seja: na pluralidade das obras sempre novamente se encontra a unidade da arte. Aquela infinidade é a da *forma pura*, esta unidade é a do *puro conteúdo*.[444]

---

[441] NOVALIS, *Schriften*, p. 563, citado por BENJAMIN, W., *O conceito de crítica de arte no romantismo alemão*, op. cit., p. 120. (*G.S.*, I, p. 116.)

[442] Idem, ibidem. (*G.S.*, I, p. 116.)

[443] BENJAMIN, W., *O conceito de crítica de arte no romantismo alemão*, op. cit., p. 120. (*G.S.*, I, p. 116.)

[444] Idem, p. 121. (grifo meu) (*G.S.*, I, p. 117.) Na nota 316, que aparece nas últimas páginas do trabalho sobre o romantismo, Benjamin assinala o duplo sentido do termo "puro" por ele utilizado: termo que pode designar tanto "a dignidade metodológica de um conceito" — e, neste caso, é partilhado pelos românticos e por Goethe — como, num sentido positivo, um conteúdo capaz de receber uma "coloração moral". Neste último caso, a forma absoluta da reflexão romântica está excluída, pois só pode ser designada como pura no sentido metodológico.

Ao relacionar as teorias da arte romântica e goethiana, a questão que se formula — cuja resposta será fornecida pelo trabalho posterior de Benjamin — é aquela "da relação entre a *forma* e o *conteúdo*"[445] no que diz respeito à obra singular. Sempre colocado de modo deficiente e nunca resolvido com precisão, esse problema "da relação do conteúdo puro com a forma pura (e, como tal, rigorosa)"[446] será o fio condutor das futuras reflexões benjaminianas no âmbito da arte. Para Benjamin, a forma e o conteúdo não se reduzem a meros "substratos da conformação empírica"; eles constituem "diferenciações relativas", que encontram a sua razão de ser em "diferenciações puras e necessárias" pertencentes à filosofia da arte: "*A Ideia da arte é a Ideia de sua forma, assim como seu Ideal é o Ideal de seu conteúdo*".[447] O problema da relação entre a Ideia e o Ideal é "a questão sistemática fundamental da filosofia da arte".[448] Benjamin confessa que a sua tese sobre o romantismo termina justamente na "soleira" dessa questão.

Eis o que vem à luz nessa investigação benjaminiana no âmbito da "história dos problemas": se os românticos não conseguiram alcançar o Ideal da arte, o problema do seu conteúdo, Goethe também não foi capaz de resolver o problema de sua forma. Sob o aspecto filosófico, a solução goethiana para essa questão não alcançou a mesma determinação que ele havia conseguido conferir ao problema do conteúdo. Benjamin observa que Goethe interpretou a forma da arte apenas como *estilo*, transformando-o no princípio formal da obra de arte; mas, como o conteúdo das obras é o seu arquétipo, o seu estilo, ou o seu "tipo", é incapaz de determinar a sua forma. Com o conceito de estilo, Goethe não esclareceu filosoficamente a profundidade da questão da forma, apenas indicou modelos e normas. Amarrado a um "naturalismo sublime",[449] tentou encontrar para a forma um arquétipo,

---

[445] BENJAMIN, W., *O conceito de crítica de arte no romantismo alemão*, op. cit., p. 121 (grifo meu). (*G.S.*, I, p. 117.)
[446] Idem, ibidem. (*G.S.*, I, p. 117.)
[447] Idem, ibidem (grifo meu). (*G.S.*, I, p. 117.)
[448] Idem, ibidem. (*G.S.*, I, p. 117.)
[449] Idem, p. 122. (*G.S.*, I, p. 118.)

justificando-o numa espécie de "natureza-arte" (*Kunstnatur*), que constitui, precisamente, o estilo. No pensamento benjaminiano, o conceito de arquétipo não soluciona o problema da forma; circunscrever todo o problema da arte — segundo a sua forma e o seu conteúdo — sob este conceito é tentar resolvê-lo com uma solução mítica: "Em última análise, o conceito goethiano de estilo conta um mito".[450] Para Benjamin, Goethe não estabeleceu a articulação necessária entre o conteúdo e a forma.[451]

Foi com o romantismo que Benjamin aprendeu tanto a infinidade da arte quanto a necessidade da crítica. E, esse último problema, a questão mesma da crítica estética, a teoria da arte goethiana também deixou sem solução. "De fato, segundo a intenção mais profunda de Goethe, a crítica da obra de arte não é nem possível nem necessária";[452] necessário é apenas poder indicar o que é bom e o que é ruim, e somente o artista que tem a intuição do arquétipo é capaz de proferir o "juízo apodítico" sobre as obras. Ao contrário, a tarefa da teoria estética benjaminiana, construída como um híbrido entre a dos românticos e a de Goethe, é realizar uma "crítica metódica", "objetivamente necessária", e que leve em conta o *Ideal* da arte.

A teoria da arte goethiana não constitui um pensamento sistemático. Para Goethe, a arte é por princípio irredutível à teoria — Friedrich Schlegel e Novalis possuem uma tendência muito mais forte para a abstração. Na introdução que escreveu para a edição francesa dos escritos estéticos de Goethe, Tzvetan Todorov afirmou que o único objetivo do poeta em seus empreendimentos teóricos era "ajudar os artistas em sua prática".[453] No entanto, aos olhos de Benjamin, a teoria da

---

[450] BENJAMIN, W., *O conceito de crítica de arte no romantismo alemão*, op. cit., p. 122. (*G.S.*, I, p. 118.)

[451] A teoria da arte benjaminiana está atenta para "a questão da forma de exposição", que possui um significado inteiramente diferente em Goethe e nos primeiros românticos: em Goethe, "ela é a medida que fundamenta a beleza e que, na aparição, surge no conteúdo"; no romantismo, esse "conceito de medida" está totalmente descartado, já que este não estava preocupado com nenhum *a priori* do conteúdo, nenhum elemento que, de fora, viesse medir a arte. Ao rejeitar o conceito de beleza, o romantismo rejeita não só as regras como toda medida. BENJAMIN, W., *O conceito de crítica de arte no romantismo alemão*, op. cit., p. 122. (*G.S.*, I, p. 119.)

[452] BENJAMIN, W., *O conceito de crítica de arte no romantismo alemão*, op. cit., p. 123. (*G.S.*, I, p. 119.)

[453] TODOROV, T., "Introduction", in GOETHE, J.W., *Écrits sur l'art*, textos escolhidos, traduzidos e anotados por Jean-Marie Schaeffer, Paris, GF-Flammarion, 1996, p. 12.

arte goethiana encontra-se contaminada pelas potências do mito. Como o próprio Todorov aponta, a estética goethiana representa um "retorno ao *mito* em detrimento do *logos*".[454] Os preceitos que ela reitera — e que partem da ideia de que o conteúdo da arte é a própria natureza — excluem do campo da arte a reflexão sobre a dimensão finita do homem, sua verdadeira experiência histórica enquanto experiência do limite e a exigência ética que esta traz consigo. No pensamento benjaminiano, a tarefa tanto da arte quanto da crítica é precisamente colocar esta questão moral, e tanto numa quanto noutra o que está em jogo é a experiência histórica do limite, da fratura que marca a existência humana, e a sua correspondente demanda de salvação. Benjamin observa que, se Goethe foi incapaz de reconhecer Hölderlin e Kleist, Beethoven e Jean Paul, isto não diz respeito à sua inteligência da arte, mas à sua moral: Goethe reprova totalmente a ética e a estética do extremo e do limite característica desses românticos. Tendo como valores primeiros a moderação e o equilíbrio, ele recusa a intensidade e a experiência dos limites evocada pelo romantismo. Para ele, este representa a doença, enquanto o classicismo corresponde à saúde, encontrando nas obras a encarnação do equilíbrio, a experiência pacificadora da reconciliação. "O que é são é clássico, o que é romântico é doente":[455] assim escreveu Goethe em suas *Máximas e reflexões*.

É antes de tudo ao Goethe clássico que Benjamin endereça a sua crítica. Depois da juventude no *Sturm und Drang*, seguiu-se o seu período clássico onde a transformação mais marcante foi a introdução de valores absolutos, a afirmação da intemporalidade das leis da arte. Se, antes de sua viagem à Itália o poeta subscrevia o relativismo de valores introduzido por Herder, depois ele passa a afirmar "que a arte não é determinada por um solo e por um tempo, mas por um ideal já encarnado em certas obras do passado"[456]. E, assim como a grande natureza universal em eterna atividade possui leis eternas, a natureza do gênio criador é capaz de receptar as "leis artísticas". Essa assimilação da

---

[454] TODOROV, T., "Introduction", op. cit., p. 13.
[455] GOETHE, J. W., *Máximas e reflexões*, op. cit., p. 201, máxima 1031 (trad. modificada).
[456] TODOROV, T., "Introduction", op. cit., p. 18.

arte à natureza — ambas submissas a leis eternas — é o fundamento de seu classicismo. Somente a natureza, constante e imutável através dos tempos e dos lugares, lhe parece ser a base sobre a qual deve se levantar todo o edifício da cultura humana. Apagar as diferenças e encontrar a unidade, o que há de constante na natureza humana: é isto que interessa a Goethe. E "o ideal da arte em estado puro"[457] pode ser observado, ele já está dado na arte grega. Todo o trabalho artístico deve submeter--se ao mesmo ideal encarnado pelas obras que herdamos dos gregos, este povo que possuía por natureza a perfeição. O problema é que, como nota Todorov — em afinidade com a crítica benjaminiana —, "Goethe tem uma concepção bastante restrita do que seja a história".[458] Esta ocupa em seu pensamento apenas um papel subordinado; reduzida a "circunstâncias exteriores", a história não é uma categoria onipresente, como irá tornar-se no século XIX: necessária para a compreensão de certas épocas, ela, simplesmente, é inútil a outras. Segundo Goethe, devemos esquecer o nosso século, afastar-nos de nosso tempo, porque o essencial permanece intacto.

Na compreensão goethiana, a criação poética tem a sua origem no conhecimento do mundo, numa incansável curiosidade. Mas esse conhecimento não procura a semelhança eventual entre a obra e a natureza, como na simples imitação: da mesma forma que a consciência dos gêneros é indispensável à atividade artística, mas as obras individuais têm a permissão para transgredir suas regras, o conhecimento dos fatos não se reduz a uma mera imitação das aparências. O resultado deste conhecimento é o que Goethe denomina *estilo*, "o grau o mais elevado que ela [a arte] pode alcançar, o grau no qual ela tem o direito de se igualar aos supremos esforços humanos",[459] só alcançado por um trabalho semelhante ao do cientista, mas que dele difere, pois o artista não atinge a totalidade por análise, e sim por uma "síntese global", pela intuição de uma "totalidade significante" na qual reside toda a sua força

---

[457] TODOROV, T., "Introduction", op. cit., p. 19.

[458] Idem, p. 20.

[459] GOETHE, J. W., "Imitação simples da natureza, maneira, estilo", in *Escritos sobre arte*, introdução, tradução e notas de Marco Aurélio Werle, São Paulo, Associação Editorial Humanitas/Imprensa Oficial do Estado de São Paulo, 2008, p. 69.

criativa. Assim, o estilo "repousa sobre a fundação a mais profunda do conhecimento";[460] só podemos reconhecê-lo quando a arte já atingiu o saber mais preciso das propriedades das coisas e de sua maneira de ser — um conhecimento relacionado com "a essência das coisas, na medida em que nos é permitido conhecer a essência em formas visíveis e apreensíveis"[461].

Como esclarece Todorov, "o núcleo irredutível e elementar" da oposição clássico-romântica é o fato de que dentro da estética clássica não se tem jamais a obra de arte isolada; esta é sempre referida a um além, a identidades exteriores e independentes dela. Por trás dessa fórmula encontramos os principais aspectos da estética clássica, onde os critérios de julgamento da obra já estão dados de uma vez por todas. Não é apenas o conhecimento dos gêneros que é clássico; clássica é também a afirmação da existência de uma essência própria para o gênero — a afirmação que sustenta que os gêneros não são meras convenções históricas. Assim, Goethe é clássico ao afirmar a existência objetiva de um mundo fora da obra e que tem com ela uma relação necessária. Este é o ponto decisivo que o separa do romantismo: "A estética clássica é uma estética *transcendente*. A estética romântica poderia então ser dita *imanente*".[462]

Em Goethe a arte não se limita a uma "imitação vulgar da natureza"; ela é *como* a natureza — isto ele afirma desde os seus escritos de juventude. A relação entre arte e natureza encontra-se no princípio produtivo, e não em qualquer semelhança das formas. As obras de arte, assim como aquelas da natureza, "constituem totalidades autônomas e coerentes",[463] sendo cada obra artística um universo completo, regido por suas próprias leis, comparável ao macrouniverso. No escrito de 1798, "Sobre a verdade e a verossimilhança das obras de arte", ele sustenta que toda obra de arte "certamente constitui um pequeno mundo por si mesmo, no qual tudo decorre segundo certas

---

[460] GOETHE, J. W., "Imitação simples da natureza, maneira, estilo", op. cit., p. 69.
[461] Idem, ibidem.
[462] TODOROV, T., "Introduction", op. cit., p. 33.
[463] Idem, p. 34.

leis, que quer ser julgado segundo suas próprias leis, que quer ser sentido segundo suas próprias propriedades".[464] Os artistas criam mundos e podem ser comparados a Deus: esta é uma das metáforas preferidas de Goethe. Seu pensamento estético afasta do domínio artístico toda finalidade prática ou moral, diferenciando-o também da religião e da filosofia, e afirma a autonomia da arte, que encontra em si mesma a sua justificação. Para Goethe, a arte não pode ser compreendida segundo o efeito que produz sobre o espectador; não pode ser vista como expressão do artista nem como imitação da natureza. Ela vale por si mesma. A obra é uma *totalidade*. Portanto, é sua harmonia interna, e não a imitação externa, que deve orientar a criação artística. Esta ideia retorna, incansável, impregnando o escrito "Sobre a arquitetura alemã" como "uma verdadeira encantação".[465] Neste texto de 1772, ainda da época do *Sturm und Drang*, assim o poeta descreve o sentimento provocado pela visão da catedral de Strasbourg:

> Uma *impressão total* e grandiosa preencheu a minha alma, impressão que eu certamente pude saborear e desfrutar, mas não conhecer e esclarecer, porque consistia em *milhares de particularidades harmoniosas entre si*. Dizem que é assim a alegria do céu; e quantas vezes eu voltei para desfrutar esta alegria celestial e terrena. Quantas vezes o crepúsculo aliviou com repouso amigável meus olhos fatigados pela visão investigadora, quando por meio dela *as incontáveis partes se fundiam em massas inteiras. Como em obras da eterna natureza, tudo é forma até o mínimo filete e tudo tendo uma finalidade para o todo*.[466]

Unidade, totalidade e harmonia: essas são as palavras que regem a estética goethiana. Aqui, o belo é sinônimo de harmonia. Tecida organicamente, a obra de arte deve formar um todo harmonioso, no qual cada elemento se explica apenas por suas relações com os outros.

---

[464] GOETHE, J. W., "Sobre a verdade e a verossimilhança nas obras de arte", in *Escritos sobre arte*, op. cit, p. 138.
[465] TODOROV, T., "Introduction", op. cit., p. 37.
[466] GOETHE, J. W., "Sobre a arquitetura alemã", in *Escritos sobre arte*, op. cit., p. 43 (grifo meu).

Mesmo insistindo na diferença entre arte e natureza, Goethe tanto se utilizou da metáfora do organismo, que poderíamos chamar sua teoria da arte de uma "estética orgânica", onde o artista deve concluir "uma totalidade ao mesmo tempo sensível e espiritual". "No espírito de Goethe 'unidade' é sinônimo de 'obra'".[467] Ao contrário de Schlegel, que se dedica ao culto da forma fragmentária, Goethe deseja encontrar nas obras "o fio condutor, o qual reúne tudo discretamente".[468]

No entanto, o eixo em torno do qual gira toda a crítica que Benjamin endereça à teoria da arte goethiana diz respeito a uma noção essencial que esta compartilha com a estética romântica: o *conceito de símbolo*. Benjamin mostra-nos que a tendência principal do romantismo — ver toda a obra como o resultado da interpenetração de dois contrários numa síntese feliz, fazer coincidir o particular e o universal — encontra o seu fundamento no conceito de símbolo. Para Goethe, toda expressão em que o particular e o universal se interpenetram é uma expressão "simbólica"; o objeto simbólico é aquele que, mesmo parecendo existir meramente por si mesmo, possui uma dimensão "profundamente significativa"; enquanto objeto ideal, comporta sempre uma "universalidade"[469]. Da mesma forma que para os românticos, para Goethe, significação é sinônimo de idealidade e de universalidade. Assim, a obra de arte, cuja estrutura é simbólica, remete, em última instância, à grande natureza e à sua harmonia orgânica. "A arte é uma mediadora do indizível"[470], diz Goethe em sua máxima 384. Na compreensão de Benjamin isso não passa de ilusão, prestidigitação. A arte definida como ideal de beleza e reconciliação reenvia à presença enganadora de um significado pleno, fora do tempo e fora da história. No símbolo, a ideia permanece inexprimível, esvaziada de importância histórica, simplesmente algo inefável e vazio.

---

[467] TODOROV, T., "Introduction", op. cit., p. 39.
[468] Carta a Schiller, de 19 de novembro de 1796, in GOETHE, J. W., *Companheiros de viagem: Goethe e Schiller* (correspondência), apresentação, seleção, tradução e notas Cláudia Cavalcante, São Paulo, Nova Alexandria, 1993, p. 93.
[469] GOETHE, J. W., "Sobre os objetos das artes plásticas", in *Escritos sobre arte*, op. cit., p. 85.
[470] GOETHE, J. W., *Máximas e Reflexões*, op. cit., p. 384 (trad. modificada).

A terceira parte do ensaio sobre *As afinidades eletivas* é inteiramente dedicada à esta questão. Na interpretação benjaminiana, enquanto símbolo da ilusória reconciliação pela beleza, *As afinidades eletivas* aparecem como exemplo privilegiado de obra clássica. Em sua aparência espectral, a pálida beleza da personagem de Otília simula, sugere, uma totalidade enganosa, absoluta. Benjamin observa que isso se manifesta claramente no efeito de grande confusão que o romance produz na sensibilidade do leitor, uma espécie de "influência turva" que pode chegar à "compenetração fanática" ou até provocar uma "alteração detratora". Suas inumeráveis simetrias e paralelismos fazem deste livro de Goethe um modelo de obra clássica, onde a *bela aparência*, evocada por encantamento, promete uma reconciliação enganosa, uma falsa totalidade que participa da aura demoníaca do mito. Segundo Benjamin, a beleza de Otília "não é essencial";[471] sua existência não é capaz de despertar a *memória* da Ideia de beleza da qual fala o *Fedro* de Platão. A teoria do belo que Benjamin apresenta nesta terceira parte do ensaio sobre o livro de Goethe encontra seu ponto de partida, precisamente, na destruição dessa bela aparência, essa beleza desprovida de essência, de conteúdo espiritual. No pensamento benjaminiano, a beleza deve remeter a uma essência, suscitar uma experiência de ordem espiritual, cujo preço é a destruição da aparência sensível da obra. A obra de arte não pode ser pensada como uma totalidade viva, acabada, que encerra em si um sentido pleno do mundo. Ela tem de ser mortificada pela crítica, transformada em obra totalmente histórica, em estilhaços da vida redimida, para que em sua contemplação o crítico faça emergir o sentido, o teor salvador que toda obra autêntica traz incrustado dentro de si mesma. Aos olhos de Benjamin, a aparência de plenitude que a beleza sem essência sugere não passa de invocação; o que ele denuncia na estética clássica não é simplesmente a beleza, mas antes o seu caráter mentiroso, persuasivo, ludibriador: seu aspecto satânico.

---

[471] BENJAMIN, W., "As afinidades eletivas de Goethe", op. cit., p. 87. (*G.S.*, I, p. 178.)

Benjamin nota que essa beleza como invocação pretende ser "o contraponto (*Gegenbild*) negativo da criação";[472] nota que ela afirma ser capaz de produzir o mundo a partir do nada. Na filosofia benjaminiana, a verdadeira obra de arte não é nem invocação nem criação; "não é do nada que ela surge, mas sim do caos",[473] e dele não pode escapar. Diferentemente das fórmulas de evocação, a criação artística não pretende fazer alguma coisa a partir do caos, a partir de elementos do caos, a eles misturando a aparência. Em Benjamin, a *forma* não se confunde com a *fórmula*. Seu trabalho consiste na condução de nós mesmos, ainda que por um instante, do caos em direção ao *mundo*.

Nesse estudo sobre *As afinidades eletivas*, a ideia esotérica de revelação é apontada como a essência última da obra de arte. Cabe ao crítico, cuja autoridade é imperativa, apontar esse *teor de verdade* das obras, essa essência espiritual exigida tanto pela arte quanto pela filosofia, e que constitui justamente o *critério de conteúdo* que Benjamin estava buscando como complemento do critério da forma. Trata-se de um conceito de verdade inseparável da materialidade das obras, e não de uma verdade teórica, discursiva e a elas exterior. Benjamin propõe uma verdade imanente às próprias obras, que não se opõe ao seu valor artístico, mas que coincide com a sua própria validade estética. Para Benjamin, a tarefa da crítica, investida de uma violência divina, é romper, mesmo que por um instante, o ciclo mítico da vida, a repetição interminável de culpa e expiação que caracteriza a aparência, trazendo à luz a sua verdade. Essa capacidade violenta da crítica encontra a sua origem no Gênio da humanidade, sempre em luta contra as forças do mito. Em Benjamin, o conceito de Gênio remete-nos à faculdade divina e profética da qual a humanidade é dotada e que lhe permite escapar do ciclo mítico do destino, encontrando a liberdade.

Aqui, o conceito de Gênio tem a sua origem em Hölderlin, o artista e pensador referencial dessa teoria da arte. Assim como para Hölderlin, para Benjamin essa faculdade divina da humanidade está intimamente relacionada com a criatividade poética, pois a arte cons-

---

[472] BENJAMIN, W., "As afinidades eletivas de Goethe", op. cit., p. 91. (*G.S.*, I, p. 180.)
[473] Idem, ibidem. (*G.S.*, I, p. 180.)

titui um espaço privilegiado de interrupção do curso fatal da história, de oposição às forças destruidoras do mito. A verdadeira tarefa tanto da arte quanto da filosofia é a eliminação do mito. A crítica estética define-se, assim, como uma intervenção prática, que visa interromper o curso do tempo histórico, interromper a sua sequência interminável de dominações, para abrir novas possibilidades de sentido. Quando Benjamin escreve na sétima tese de *Sobre o conceito de história* que "Nunca há um documento de cultura que não seja, ao mesmo tempo, um documento da barbárie"[474], é ao privilégio das forças míticas que ele está se referindo, pois elas também se insinuam nas obras da arte e da cultura.

Na interpretação benjaminiana, o romance de Goethe constitui, simultaneamente, um testemunho de uma cultura que está presa na obscuridade do mito e uma sublime tentativa de escapar dele. Ao evocar até o extremo limite de sua potência a aparência enganadora, segundo Benjamin, ele se revela um momento privilegiado de ruptura do destino mítico. Cabe ao crítico colocar em evidência essa ruptura que a arte é capaz de operar. Para a teoria da arte benjaminiana, nenhuma obra pode reduzir-se à simples aparência, essa aparência do belo que é essencialmente uma aparência de vida; nenhuma obra tem o direito de parecer viva sem se converter em mera aparência e deixar de ser obra de arte. Em toda obra verdadeira, ao contrário, a vida que na obra se agita deve apresentar-se "paralisada", como que "aprisionada por um instante num encantamento".[475] A "pura beleza", a "pura harmonia" que existe na obra e que "inunda o caos", só aparenta ter vida. E o que põe fim a essa aparência, congelando o seu movimento, aquilo que é capaz de cortar a palavra da harmonia, é o que Benjamin chama de *sem-expressão* (*das Ausdruckslose*): aquilo que numa obra de arte é *sem-expres-*

---

[474] BENJAMIN, W., "Sobre o conceito de história", op. cit., p. 225 (trad. modificada).
[475] BENJAMIN, W., "As afinidades eletivas de Goethe", op. cit., p. 91. (*G.S.*, I, p. 181.)

são e portanto de natureza secreta, o momento mudo, seu segredo, que o trabalho da crítica deve pôr novamente em exposição. Porque é essa paralisação que funda "o conteúdo da obra". Assim escreve o filósofo:

> Assim como a interrupção por meio da palavra imperativa consegue arrancar a verdade do subterfúgio feminino precisamente no momento em que o interrompe, o *sem-expressão* obriga a trêmula harmonia a deter-se e eterniza através de seu protesto o tremor dela. Nessa eternização o belo é obrigado a justificar-se, mas agora parece ser interrompido exatamente nessa justificação, e obtém assim a eternidade de seu conteúdo justamente por uma dádiva daquele protesto. O *sem-expressão* é o poder crítico que, mesmo não podendo separar aparência e essência na arte, impede-as de se misturarem.[476]

Da mesma forma que é possível arrancar a verdade do mentiroso quando interrompemos a sua fala com uma palavra imperiosa, no instante mesmo da interrupção, o *sem-expressão* força a harmonia trêmula da bela aparência a suspender o seu movimento. Ele é a razão evocada por Benjamin contra a bela aparência mítica, a violência divina capaz de definir tanto o papel da verdadeira arte quanto o da crítica autêntica. No *sem-expressão* entra em cena o "poder sublime do verdadeiro"[477] enquanto "palavra moral",[478] "na mesma medida em que ele determina a linguagem do mundo real de acordo com as leis do mundo moral".[479] Apenas a sua violência é capaz de desarticular "aquilo que ainda sobrevive em toda aparência bela como herança do caos: a totalidade falsa, enganosa — a totalidade absoluta."[480] Assim, para a teoria da arte benjaminiana, só o *sem-expressão* pode completar a obra, pois é capaz de desarticulá-la, de convertê-la em obra "imperfeita", num "fragmento do mundo verdadeiro, *torso* de um símbolo".[481]

---

[476] BENJAMIN, W., "As afinidades eletivas de Goethe", op. cit., p. 92 (grifo meu). (*G.S.*, I, p. 181.)
[477] Idem, ibidem. (*G.S.*, I, p. 181.)
[478] Idem, ibidem. (*G.S.*, I, p. 181.)
[479] Idem, ibidem. (*G.S.*, I, p. 181.)
[480] Idem, ibidem. (*G.S.*, I, p. 181.)
[481] Idem, ibidem (grifo meu). (*G.S.*, I, p. 181.)

Nessas reflexões filosóficas contidas no ensaio sobre *As afinidades eletivas* já encontramos os principais motivos que impulsionaram o pensamento posterior de Benjamin, especialmente a crítica, em sua análise sobre o barroco, do conceito romântico de símbolo (peça fundamental da ilusão mítica na beleza goethiana) em defesa da alegoria.

Benjamin, em seu trabalho sobre o drama barroco, diz ter sido a busca dos românticos por um saber do absoluto "brilhante e em última instância inconsequente"[482] que introduziu nos debates da filosofia da arte um conceito de símbolo que nada tem em comum com o seu "conceito autêntico", o conceito "teológico"; um "uso fraudulento" do símbolo que irradiou na filosofia do belo uma densa "penumbra sentimental". Benjamin chama a atenção para o uso vulgar do termo, que, aos seus olhos, não passa de uma "legitimação filosófica da impotência crítica" — impotência em cujos espaços esse conceito de símbolo, "que aponta imperiosamente para a indissociabilidade de forma e conteúdo, por falta de rigor dialético *perde de vista o conteúdo, na análise formal, e a forma, na estética do conteúdo*".[483] Nesse uso indevido, a unidade do sensível e do suprassensível (o paradoxo do símbolo teológico) surge deformada, reduzida a uma relação entre manifestação e essência. E o belo, enquanto estrutura simbólica, simplesmente se funde com o divino. "Extravagância romântica hostil à vida",[484] que constrói "a noção da imanência absoluta do mundo da ética no mundo do belo".[485]

Longe de ser símbolo, para Benjamin, a obra só pode ser pensada como um *torso*. Ele traz de volta a ideia do caráter de torso das obras, já apontado pelo próprio Goethe para se referir à casualidade das mesmas e que o "apêndice esotérico" da tese sobre o conceito romântico de crítica apenas mencionara de forma superficial. Aqui, o caráter de torso das obras é elevado à última potência, indicando a historicidade pró-

---

[482] BENJAMIN, W., *Origem do drama barroco alemão*, op. cit., p. 181. (*G.S.*, I, p. 336.)
[483] Idem, p. 182 (grifo meu). (*G.S.*, I, p. 337.)
[484] Idem, ibidem. (*G.S.*, I, p. 337.)
[485] Idem, ibidem. (*G.S.*, I, p. 337.) Neste ponto remetemos ao início deste capítulo, mais precisamente à crítica que Benjamin endereça à estética de Schiller.

pria às obras de arte, a sua caducidade, a condição efêmera de sua beleza. Pois é apenas enquanto torso, enquanto símbolo torcido, que a obra pode ser um fragmento do verdadeiro mundo, o mundo redimido. Há no pensamento benjaminiano uma íntima relação entre o procedimento de interrupção, a crítica e a verdade. A destruição das obras é a condição imperiosa para a salvação das mesmas: apenas como *ruptura* o seu messianismo revolucionário se manifesta. Se o *sem-expressão* nos conduz à verdade é porque é capaz de romper a falsa totalidade estética. Seguindo a tradição romântica, Benjamin concebe a crítica como continuação da obra, mas só pode continuar a obra aquilo que a *mortifica*, a fratura, transformando-a na *ruína* capaz de nos fazer vislumbrar a realidade redimida.

É no estudo sobre *As afinidades* que Benjamin introduz o *sem--expressão* como noção central de sua teoria da arte. Ele o apresenta como uma "categoria da linguagem e da arte";[486] categoria cuja mais precisa definição foi Hölderlin quem estabeleceu — em seus comentários sobre o Édipo de Sófocles — e que ainda não tivera a sua importância fundamental reconhecida, tanto para a teoria da tragédia como para a teoria da arte em geral. Nas palavras de Hölderlin, citadas por Benjamin, o *sem-expressão* aparece no transporte trágico e tem o nome de *cesura* (*Cäsur*):

O *transporte* trágico é, propriamente, vazio e o mais desprendido. Por isso, na consecução rítmica das representações em que se apresenta o transporte, faz-se necessário aquilo que, *na dimensão silábica, se costuma chamar de cesura*, a pura palavra, a interrupção antirrítmica a fim de se encontrar a alternância capaz de arrancar as representações numa tal culminância que o que aparece não é mais a alternância das representações e sim a própria representação.[487]

---

486 BENJAMIN, W., "As afinidades eletivas de Goethe", op. cit., p. 92. (*G.S.*, I, p. 181.)

487 HÖLDERLIN, F., "Observações sobre o Édipo", in *Reflexões*, seguido de "Hölderlin: tragédia e modernidade", de Françoise Dastur; organização Antônio Abranches, trad. Márcia Sá Cavalcante e Antônio Abranches, Rio de Janeiro, Relume-Dumará, 1994, p. 94, citado por BENJAMIN, W., "As afinidades eletivas de Goethe", op. cit., p. 80. (*G.S.*, I, p. 181.)

Trata-se, Benjamin afirma, daquela "sobriedade ocidental ju-noniana" (*abendländische Junonische Nüchternheit*), que Hölderlin apontava como meta, quase inalcançável, para todo exercício artístico alemão. Pois a mitologia hölderliana, influenciada pelo panteão proposto por Johann Jakob Wilhelm Heinse — em seu romance *Ardinghello e as ilhas afortunadas* —, onde Juno substitui Plutão como nome do elemento Terra, vincula o nome de Juno ao princípio ocidental de limitação, de diferenciação. Se, para Hölderlin, "Homero é o grego, por excelência, [é] porque foi capaz de se apropriar completamente do elemento estranho, ou seja, do princípio ocidental de limitação, de diferenciação".[488] A este princípio Hölderlin vincula o nome de Juno, para marcar o seu caráter terrestre.

Essa "sobriedade ocidental junoniana" é apenas uma outra denominação da *cesura* que corta, faz cair a harmonia e toda expressão, para dar lugar ao poder do *sem-expressão* que se encontra no interior de todo meio artístico (*Kunstmittel*). Para Benjamin, esse poder, uma violência silenciosa, nunca foi tão evidente quanto na tragédia grega e nos hinos hölderlianos. Se, na tragédia, ele se manifesta como "emudecimento do herói", nos hinos ele aparece no próprio *ritmo* dos versos, que torna sensível a cesura, como "protesto dentro do ritmo".[489] Procurando uma definição mais precisa, Benjamin escreve: "algo para além do poeta interrompe a linguagem da poesia".[490] E isto quer dizer que, para além do poeta, alguma coisa da poesia se faz verbo. É por isso que um hino dificilmente pode ser chamado de belo. Ao contrário da lírica goethiana, onde a beleza se impõe "até o limite do apreensível em uma obra de arte", o que surge na lírica hölderliana é poder sublime do *sem-expressão*.

Fazer aparecer o *sem-expressão* é a função que Hölderlin atribuiu à cesura. Como esclarece Françoise Dastur: "Cesurar, interromper por meio de uma cesura, não significa desarticular, desconjuntar, mas, ao

---

[488] DASTUR, F., "Hölderlin: tragédia e modernidade", op. cit., p. 153.
[489] BENJAMIN, W., "As afinidades eletivas de Goethe", op. cit., p. 93. (*G.S.*, I, p. 182.)
[490] Idem, ibidem. (*G.S.*, I, p. 182.)

contrário, deixar aparecer no equilíbrio".[491] Porque a cesura permite encontrar o "sumo da troca de representações", o ponto culminante da mudança (que não está mais em movimento), a "suspensão" onde aparece todo o conjunto: a própria representação. Como momento de aparição do *teor de verdade*, é ela que torna possíveis a fala e a nomeação, este dizer que é próprio à cesura, a *palavra pura*.

Segundo Dastur, a cesura se relaciona com aquilo que Heidegger chama de a "diferença ontológica": "a relação com o ser daquilo que é como tal". Pois neste "como tal", no "ela própria" da representação, encontramos o que Hölderlin chamou de "retomada espiritual" (*geistige Wiederholung*), o espírito que representa a retomada da vida real; "uma repetição 'originária', que faz aparecer o que jamais é dado como tal na realidade: o ser como ser".[492]

Sem querer identificar o pensamento de Benjamin com o de Heidegger, em relação ao qual ele mesmo não cansou de marcar a sua distância,[493] podemos dizer que estamos diante do mesmo problema, resolvido de maneira distinta. É a questão da diferença que se coloca, aquela da distinção e da relação entre o ser e o ente, entre a essência e a aparência na arte, que, para Benjamin, não pode ser resolvida nos termos da ontologia heideggeriana. A verdade filosófica, no criticismo benjaminiano, não se limita jamais a uma glorificação da aparência — como faz toda ontologia. Ao contrário, a autêntica experiência filosófica é aquela da salvação da aparência, exigindo assim que a crítica deste domínio seja levada até o fim.

A cesura, o elemento antirrítmico que faz aparecer o ritmo em sua totalidade — o dilaceramento, a mudança —, é a fratura imanente a toda linguagem, a toda forma. Para Benjamin, ela é a própria condição e obra do pensamento. Apenas na cesura se pode chegar à experiência sublime do verdadeiro, que também é aquela da qual se origina

---

[491] DASTUR, F., "Hölderlin: tragédia e modernidade", op. cit, p. 181.

[492] Idem, ibidem.

[493] Numa carta a Gretel Adorno, de julho de 1938, é com ironia que Benjamin comenta o número da revista *Internationale Literatur*, no qual ele figura, a propósito justamente de seu trabalho sobre *As afinidades eletivas*, como partidário de Heidegger. BENJAMIN, W., *Correspondance*, t. 2, op. cit., p. 258. (*Briefe*, I, p. 771.)

a obra. Mas a cesura ocorre precisamente "quando se interrompe o movimento da realidade, quando há uma suspensão, um deter-se, autorizando o seu olhar sobre si mesma".[494] É assim que a cesura permite a autêntica experiência filosófica enquanto experiência temporal, a própria aparição do tempo na obra.

Já em 1914, no belíssimo texto dedicado a Hölderlin, e intitulado "Dois poemas de Friedrich Hölderlin", Benjamin apresenta os elementos decisivos de sua filosofia da arte e o seu método do comentário estético, a *leitura imanente*. Neste momento, tratava-se de encontrar o que Benjamin chama a "forma interna do poema", aquilo que Goethe definira como o "teor" (*Gehalt*) das obras: a "estrutura intuitivamente conhecível para o espírito do mundo e do qual o poeta é testemunha"[495] — uma estrutura que não se confunde com a visão própria do autor, mas que possui uma exigência objetiva. Apresentar o sentido e o destino da cultura em seu conjunto: tal é a tarefa do poeta, delimitada por Hölderlin. Pois, na obra, a vida é transposta a um nível superior de coerência e grandeza. E, neste sentido, aquilo que tomou forma objetiva num poema — o *poetizado* (*das Gedichtete*)[496] —, segundo Benjamin, é o lugar da verdade na poesia, seu teor redentor.

Produzindo a mais rigorosa reflexão sobre as consequências da estética kantiana, onde o belo é signo sensível da ideia — do absoluto que é inacessível ao conhecimento racional —, para Hölderlin, como nos mostra Benjamin, o gênio do poeta tem a função de dar forma a este sentido último: na imanência da forma jaz a verdade da obra, porque a ambição do poeta é antes de tudo filosófica.

Em Hölderlin, o poeta é o herói que assegura a "unidade do mundo". Em identidade com o mundo, ele é capaz de suprimir a forma singularizada. E esta supressão da forma corresponde à emergência do *sem-expressão*, do infinito, que Benjamin nomeia de sublime. E também aqui é o conceito de cesura que expõe essa verdade inexpressiva.

---

[494] DASTUR, F., "Hölderlin: tragédia e modernidade", op. cit, p. 182.

[495] BENJAMIN, W., "Deux poèmes de Friedrich Hölderlin", op. cit., p. 51. (*G.S.*, II, p. 105.)

[496] Como não existe em língua portuguesa um equivalente para o termo alemão *das Gedichtete*, uma substantivação do verbo *dichten* (poetar, fazer versos), escolhemos traduzi-lo por *poetizado*.

Princípio de limitação, é a cesura que marca a distância que o poeta deve ter de toda forma e do mundo, garantindo-lhe a unidade do mundo. A experiência da cesura é aquela da *morte* que o poeta aceita enquanto herói da humanidade; é ela que anuncia a ausência de sentido, a supressão da forma que é, ao mesmo tempo, a sua condição de possibilidade. A propósito dos versos em que o poeta evoca Deus, Benjamin escreve: "A insistente cesura destes versos mostra a distância em que o poeta deve se colocar com respeito a toda forma e do mundo, enquanto ele é a unidade".[497]

Ao constituir a unidade do mundo — pela qual incessantemente se crucifica —, o poeta dele está separado, e essa separação é simbolizada por sua morte exemplar. Assim, a cesura, essa separação, é a marca da "santa sobriedade" evocada pelo poeta para romper com o princípio mítico da imanência pagã. Dessa maneira, o elemento grego é abolido, cedendo lugar ao elemento oriental, místico, que ultrapassa todas as fronteiras. Uma verdade sublime, que encontra a sua origem no sublime do judaísmo — o Deus monoteísta — e que é, para Benjamin, o verdadeiro antídoto do mito.[498]

Essa tarefa de mediação, tão frequentemente associada ao nome de Hölderlin, define-se no último período de sua vida — aquele dos últimos hinos, assim como das suas traduções de *Antígona* e de *Édipo* e das considerações teóricas a essas traduções — como "a claridade da representação", a mesma que, na célebre carta ao amigo Böhlendorf, o

---

[497] BENJAMIN, W., "Deux poèmes de Friedrich Hölderlin", op. cit., p. 76. (*G.S.*, II, 125.)

[498] Em "O itinerário de Hölderlin", Blanchot revela como o jovem Hölderlin, o de *Hypérion*, quis romper todos os limites e unir-se ao todo que é a natureza. Uma "aspiração de retorno à vida única, eterna e ardente", sem medida, um movimento que é também desejo de morte. Assim também Empédocles, na tragédia que é obra da primeira maturidade do poeta, "representa a vontade de irromper, pela morte, no mundo dos invisíveis: unir-se ao elemento do fogo, sinal e presença da inspiração, a fim de atingir a intimidade do comércio divino". Mas Blanchot assinala que em seus grandes hinos já não encontramos a mesma "violência" e "exorbitância" empedoclianas. O poeta continua sendo essencialmente mediador, mas agora se põe de pé diante do Deus, em contato com a mais alta potência, expõe-se ao perigo maior — o perigo da queimadura pelo fogo, da dispersão pelo abalo — que ele tem por tarefa apaziguar, "no silêncio de sua intimidade, a fim de que aí nasçam as palavras felizes que os filhos da terra poderão então ouvir sem perigo". A natureza ainda é celebrada como intimidade do divino, mas ela já não é mais aquela à qual devemos nos entregar num movimento jubiloso de abandono ilimitado; agora "ela 'educa' o poeta" no tempo de calma, de suspensão, que se segue à tempestade, ao fogo (Cf. BLANCHOT, M., "O itinerário de Hölderlin", in *O espaço literário*, trad. Álvaro Cabral, Rio de Janeiro, Rocco, 1987, p. 270 e segs.).

poeta chamou de lucidez ou "sobriedade ocidental junoniana": "o poder de aprender e de definir; a força de uma ordem firme, a vontade, enfim, de distinguir bem e de permanecer na terra".[499] Contudo, para Hölderlin, o instinto que forma e educa os homens possui o seguinte traço paradoxal: os homens só aprendem aquilo que lhes é estranho. E "a claridade da representação" é, para nós, tão naturalmente original quanto para os gregos era o elemento aórgico, ilimitado, "o fogo do céu". Estranhos à claridade, os gregos adquiriram o poder da sobriedade num grau excepcional — dela Homero é o modelo supremo. Segundo Hölderlin, os Hespérides, os povos da era ocidental e, em particular, os alemães tornaram-se senhores do *pathos* sagrado", elemento que lhes era estranho. Mas agora o que é preciso aprender — e o mais difícil — é o que nos é próprio: a medida, o sentido lúcido e também a firme subsistência nesse mundo. Nessa espécie de "lei" formulada por Hölderlin, o poeta não pode se abandonar à vertigem, ao turbilhão do fogo. Ele se reorienta para a terra. Esse é o pensamento lúcido que Hölderlin formula já "sob o véu da loucura".

A reflexão hölderliana sobre a era ocidental e, pode-se dizer, sobre a modernidade faz-se a partir do mistério do distanciamento dos deuses. Cabe ao homem compreender o "sentido sagrado desta infidelidade" e realizá-la também por sua parte. Pois só a afirmação da separação dos mundos, o manter firme a distinção, é capaz de garantir "a pureza da lembrança divina".[500] Eis o que exige a sensibilidade do poeta: "Preservar Deus pela pureza do que distingue".[501] A distinção das esferas é a tarefa do poeta. Ele deve manter o vazio e viver a separação. Como afirma Blanchot, "o poeta é a vida pura da própria separação". Pois é nesse lugar vazio, puro, que distingue as esferas, que o sagrado ainda mora — no "extremo limite do sofrimento", como fala Hölderlin, na "intimidade da dilaceração".[502] Assim a reflexão hölderliana formulou o dever da palavra poética, que só na diferença é que se

---

[499] BLANCHOT, M., "O itinerário de Hölderlin", op. cit., p. 272.
[500] Idem, p. 273.
[501] HÖLDERLIN, F., "Observações sobre o Édipo". In: BLANCHOT, M., op. cit., p. 274.
[502] BLANCHOT, M., "O itinerário de Hölderlin", op. cit., p. 275.

pronuncia, e silenciosamente. A tarefa do poeta é ver, nesse vazio manifesto, o rosto do Deus longínquo.

Mas a teoria da arte exposta no ensaio sobre *As afinidades eletivas* só encontra o seu perfeito esclarecimento quando relacionada a dois pequenos fragmentos, escritos na época em que Benjamin estava a preparar o seu ensaio e que permaneceram inéditos durante toda a sua vida: "Categorias da estética" e "Sobre a aparência". No primeiro,[503] é a teoria do afastamento de Deus que orienta a compreensão do belo na arte. Segundo Benjamin, a vida da criação permanece na obscuridade, na sombra do criador, até que este se separa dela. E esta separação do criador, que constitui a esfera da percepção, é um "ato moral". A tese benjaminiana é a de que "a moralidade da criação imprime na obra o selo do *sem-expressão*".[504] Assim, toda grande obra de arte tem como *conteúdo* a criação, a existência do mundo e a sua demanda de salvação; as obras não constituem uma criação, pois as "formas só apresentam a criação, ou melhor, expõem — esta é sua autêntica essência — o *seu conteúdo no estado elevado e sublime da criação*".[505]

O belo da arte está ligado à aparência e, em virtude dela, "à aparência de totalidade e perfeição". Segundo Benjamin, quanto mais elevada a beleza, mais elevados o tipo de perfeição e a totalidade que a ela se relaciona: "No plano mais baixo é a totalidade e perfeição da realidade sensível, e no supremo aquela da bem-aventurança".[506] Esses são os limites de suas categorias estéticas — categorias nas quais "o belo da arte jamais pode parecer sagrado".[507] Referindo-se à conhecida história da tentação de Santo Antônio, o homem piedoso atormentado pelas ilusões provocadas por Satanás, Benjamin escreve:

> Uma beleza cuja aparência já não busca unir-se à totalidade e à perfeição, e sim que permanece livre, aumentando intensivamente

---

[503] Cf. nosso primeiro capítulo.

[504] BENJAMIN, W., "Comentarios a 'Las afinidades electivas de Goethe'", op. cit., p. 124 (grifo meu). (*G.S.*, I, p. 830.)

[505] Idem, p. 123 (grifo meu). (*G.S.*, I. 3, p. 829.)

[506] Idem, ibidem. (*G.S.*, I. 3, p. 829.)

[507] Idem, ibidem. (*G.S.*, I. 3, p. 829.)

de algum modo esta beleza, já não é mais beleza da arte, e sim beleza demoníaca.[508]

Já em "Sobre a aparência", deparamo-nos com uma classificação curiosa de seus possíveis significados: a aparência é o que é necessário examinar (por exemplo: o erro); dela é preciso fugir (por exemplo: a sereia); é o que não se deve considerar (por exemplo: o dinheiro vivo, ou o fogo de palha); e, enfim, é alguma coisa atrás da qual algo se esconde (por exemplo: a sedutora, e a dama da lenda medieval intitulada "Mulher Mundo" (*Frau Welt*) — a mulher sobrenatural, que os padres medievais acreditavam ser a encarnação do demônio e cujas costas estão carcomidas pelos vermes enquanto a frente tem um belíssimo aspecto).

Todos esses sentidos que Benjamin confere à aparência representam uma crítica ao conceito de *Erscheinung*, que pertence ao vocabulário filosófico do idealismo alemão, onde o termo é usado para indicar o "aparecer" como o mostrar-se do objeto ou o dar-se da essência como aparição, fenômeno — um "aparecer" positivo e exaustivo. A reflexão benjaminiana coloca-se contra toda estética que identifica, simplesmente, a beleza com o aparecer. É então que ele evoca o que chama de "experimento eidético":

Um homem vai pela rua e das nuvens lhe aparece uma carroça com quatro cavalos e que se dirige a ele. Durante outro passeio, ao mesmo homem ressoa das nuvens uma voz que diz: "Tu esqueceste a cigarreira em casa". Se na análise de ambos os casos se deixa de lado a possibilidade de uma alucinação — quer dizer, de uma razão subjetiva para a aparência —, então resulta que no primeiro caso é concebível que não haja nada atrás da aparição, no segundo caso não é concebível. A aparência na qual aparece o nada é a mais poderosa, a verdadeira. Esta só é concebível no visual.[509]

---

[508] BENJAMIN, W., "Comentarios a 'Las afinidades electivas de Goethe'", op. cit., p. 123. (*G.S.*, I. 3, p. 829.)
[509] Idem, p. 125. (*G.S.*, I. 3, p. 831.)

O que é decisivo nesse "experimento eidético" é a distinção entre ver e ouvir, entre a imagem e a voz. Enquanto a "intenção" da beleza é impotente para acolher o aspecto moral da criação, para Benjamin, é a palavra que chama a criatura à responsabilidade moral. A aparência é parte da criação, mas tem o seu limite, o limite no qual ela se nega, e então penetra na esfera da moralidade. A beleza exprime a sua potência na esfera do visível, mas a moralidade se localiza no âmbito do audível. Ela é a voz que vem desequilibrar a confiança no visível. Contudo, no pensamento benjaminiano o domínio da moralidade não pode ser alcançado pela teoria, numa espécie de visibilidade pura, mental, que já se livrou de todo pressuposto empírico. Aqui ela se apresenta, em sua essência linguística, como palavra.

Como encontrar na obra, que se move toda ela no espaço do visível, aquele lugar, totalmente interno, no qual o domínio da aparência se interrompe e do qual possa emergir a palavra moral da crítica? Eis o problema fundamental da crítica estética. E, de acordo com a pobreza ética de nossa época — mas também segundo o paradoxo de sua lógica original —, a palavra moral cristaliza-se na falta de expressão, na interrupção. Mas esse novo mutismo é diferente daquele que atinge a aparência em geral (o mutismo de Otília por exemplo), pois ele só acontece *a posteriori*. É preciso que a beleza se desdobre em toda a sua intenção para que se possa quebrar a totalidade que a sua aparência nos quer sugerir, enganosamente. Mas, se nós, modernos, somos impotentes para atingir agora, e de uma vez por todas, a redenção e a justiça, podemos, pelo menos, abrir o caminho para o seu advento. É isso que se imprime no conceito de *sem-expressão*. Como emergência da verdade no corpo da obra, ele é o ponto de sua *origem* que assinala a suspensão da aparência e a inversão do tempo mítico, introduzindo na continuidade da obra — produzida pelo poder da beleza —, a descontinuidade do verdadeiro. Assim, a beleza e a verdade são constrangidas pelo *sem-expressão* a cessar a sua mistura. É nesse sentido que ele, o *sem-expressão*, representa a verdadeira potência crítica, que possui sempre uma dupla significação: a de uma crítica interna à própria obra e aquela que é conduzida pela interpretação. Porque toda configuração artística constitui a sua impressão; como diz Benjamin, é uma "forma estampada" (*ausgestanzte Form*), o selo de uma verdade que permanece inexpressiva.

O *sem-expressão* suspende, arranca a vida da expressão, e a conduz à responsabilidade moral. Se a obra permanecesse ligada à vida que nela se exprime, deixaria de ser obra e estaria excluída do domínio da estética. Para a teoria da arte benjaminiana, só estamos diante de uma obra autêntica quando esta imprime na aparência o *sem-expressão* — que é o ponto de suspensão de toda obra; que é onde o seu conteúdo coisal, a pura materialidade, é questionada; que é o presente imóvel por trás do tempo contínuo da narração, entre o mito que se coloca como passado e a redenção que aponta para o futuro. Enquanto experiência da própria origem da obra, ele historiciza o seu tempo — que se revela, na realidade, imóvel, justamente porque se mostra como contínuo. Frear o tempo também é tarefa da crítica.

A *bela aparência* está presente, segundo Benjamin, em cada obra e em cada gênero da arte. E ela não se encontra só na arte, embora nesta todo o belo esteja compreendido. Pois "só o belo e nada feio", lhe pertence. Benjamin mostra ainda que a bela aparência possui distintos graus — uma escala, determinada não pelo grau de beleza da aparência, mas pelo "seu maior ou menor caráter de aparente". E a lei desta escala — fundamental tanto para a doutrina estética quanto para a metafísica — afirma: "em uma configuração da bela aparência, a aparência é tanto maior quanto mais viva aparece a configuração".[510] Para Benjamin, apenas sob essa lei é possível estabelecer a "essência" e os "limites" da arte, e talvez uma hierarquia de suas formas.

Num pequeno trecho de "Sobre a aparência" que retorna, quase inalterado, no ensaio sobre *As afinidades*, define-se o trabalho da *palavra moral* do crítico:

Nenhuma obra de arte pode parecer inteiramente viva sem se converter em pura aparência e deixar de ser uma obra de arte. A vida que nela palpita deve mostrar-se paralisada e como cativa num momento. A vida que nela palpita é a beleza, a harmonia que inunda o caos

---

[510] BENJAMIN, W., "Comentarios a 'Las afinidades electivas de Goethe'", op. cit., p. 125. (*G.S.*, I, 832.)

e que só aparenta palpitar. O que detém esta aparência, cativa a vida e corta a palavra à harmonia é o sem-expressão. Aquele palpitar constitui a beleza; esta paralisação, a verdade da obra.[511]

Pois a vida que palpita jamais pode ser simbólica no sentido autêntico. Ela é amorfa. Apenas se for paralisada, "mortificada", pode ao simbólico aludir. Para isso é necessário o poder do *sem-expressão*, capaz de destruir o que em toda bela aparência ainda perdura como herança do caos: "a totalidade falsa, fingida, enganosa, em uma palavra, a absoluta".[512] Somente este poder é capaz de completar a obra. E ele a completa despedaçando-a, convertendo-a em obra imperfeita, totalidade mínima de aparência, mas que constitui um "grande fragmento do mundo verdadeiro, fragmento de um símbolo".[513]

O pensamento de Benjamin apresenta uma verdade salvadora que é própria da arte, e que não se deixa confundir com nenhuma exigência de verdade meramente teórica. Uma verdade que possui uma lei rigorosa e que permite estabelecer os critérios de validade das obras. Mas, em sua filosofia, o belo não encontra o seu fundamento fora de si mesmo, numa verdade que poderia ser formulada teoricamente; ele mora numa experiência redentora, que é de ordem moral.

É precisamente nesta perspectiva redentora que a personagem de Otília adquire a sua significação especial em *As afinidades eletivas* de Goethe. É nela que a *cesura*, a interrupção responsável pela irrupção do *teor de verdade* da obra, toma forma no livro de Goethe. Como figura além do trágico, em sua beleza evanescente — uma "aparência que se extingue" — e em seu triste fim, esta doce jovem nos leva para além da ordem mítica na qual esta obra de Goethe está profundamente enraizada. Com ela, o exame realizado por Benjamin se eleva das bases míticas

---

[511] BENJAMIN, W., "Comentarios a 'Las afinidades electivas de Goethe'", op. cit., p. 126. (*G.S.*, I, 832.)
[512] Idem, ibidem. (*G.S.*, I, 832.)
[513] Idem, ibidem. (*G.S.*, I, 833.)

do romance, de seu *teor coisal*, até a intuição de sua perfeição. Aqui, é a filosofia e não o mito que guia o filósofo em sua crítica. Se é verdade que Otília sucumbe como vítima expiatória das potências tenebrosas do mito, que não encontramos jamais em suas atitudes silenciosas, o poder da decisão do herói trágico capaz de romper o círculo mágico do mito, a natureza secreta desta personagem parece, desde o início da obra, revelar sua ausência deste mundo. Em sua dor e seu terrível fim, ela expõe o limite deste mundo, apontando para o domínio da verdade, esse mais além do poeta que atravessa a sua linguagem, o mistério de toda obra que não pode ser representado de forma discursiva.

Aos olhos de Benjamin, é muito claro que a sedução da bela aparência constitui o "conteúdo de sentido"[514] deste livro de Goethe. "Pois a aparência não apenas está apresentada nesta obra, mas se encontra também na própria apresentação (*Darstellung*) da obra"[515]. Ela não só está presente no estilo do escritor — seu estilo preso em fórmulas, paralelismos e correspondências estudadas que enredam o leitor na atmosfera obscura que invocam —, como é o poder ambíguo da bela aparência que determina a essência da paixão em *As afinidades*, conduzindo-nos ao centro da obra: "a origem mítica de sua imagem da vida bela". E aqui, como em Hesíodo, a beleza mostra-se vinculada à forma exterior feminina, à bela aparência de Otília. Mas "se a beleza é aparente, também o é a reconciliação que ela promete de modo mítico no viver e no morrer".[516] Assim, o sacrifício da beleza seria tão inútil quanto o seu florescimento ou a reconciliação que ela promete — esta seria sempre e somente "uma aparência de reconciliação".[517] Não é em seu sacrifício, na destruição de sua beleza, que a personagem de Otília encontra sua particularidade salvadora, mas porque ela é uma aparência que se esvai. Para Benjamin, é apenas com Deus que se dá a *verdadeira reconciliação* (*wahre Versöhnung*).[518] Toda reconciliação que permanece como sendo desse mundo é só aparência de reconciliação.

---

[514] BENJAMIN, W., "As afinidades eletivas de Goethe", op. cit., p. 94. (*G.S.*, I, p. 183.)
[515] Idem, p. 101. (*G. S.*, I, p. 187.)
[516] Idem, p. 96. (*G.S.*, I, p. 184.)
[517] Idem, ibidem. (*G.S.*, I, p. 184.)
[518] Idem, ibidem. (*G.S.*, I, p. 184.)

Essa diferença entre a reconciliação aparente e a verdadeira remete, diretamente, à oposição essencial que Benjamin estabelece entre o romance e a "joia de delicadeza" nele inserida, a pequena novela "Os vizinhos singulares". Como vimos, enquanto na novela o verdadeiro amor faz os jovens heróis arriscarem as suas vidas pela verdadeira reconciliação, muito afastada dela estão os personagens apaixonados do romance, com a sua "indulgência nobre", e a sua tolerância displicente. Em *As afinidades*, os afetos evitam a luta franca, e o seu movimento silencioso só realiza a trama diabólica do destino. Não se pode comparar a jovem desesperada da novela, que mergulha na água e desafia a morte para salvar o seu amor, com Otília em seu sacrifício passivo. Esse sacrifício, com o qual o escritor termina o romance, a sua morte por inanição voluntária, o seu suicídio passivo, "coloca nas mãos de Deus não o bem mais precioso, mas sim o fardo mais pesado, antecipando o desígnio divino".[519] A verdadeira reconciliação tem um aspecto destrutivo, violento, que está ausente da morte sacrificial de Otília, e de toda renúncia ou qualquer outra "sabedoria de vida" de escola goethiana.

E também a beleza, no romance, é apenas uma "aparência de reconciliação". Para aqueles que amam verdadeiramente, observa Benjamin, a beleza do amado jamais pode ser o mais decisivo — se, num primeiro momento, ela atrai os amantes, eles logo a esquecerão por "esplendores maiores", e somente mais tarde dela se recordarão. O contrário acontece na paixão, que desespera-se com a mais leve diminuição da beleza de seu objeto. Eis a diferença: "só para o amor o bem mais precioso é a bela mulher; para a paixão, o bem mais precioso é a mais bela mulher".[520] Como mais uma oposição esclarecedora entre a novela e o romance, Benjamin nota que a corajosa jovem vizinha não é "essencialmente bela", mas Otília, sim, e também Eduardo, à sua maneira. No próprio nome que confere à Otília, Goethe sugere que a sua beleza delicada é o centro desta obra: seu nome alude à santa padroeira dos doentes dos olhos, aquela que se revela um "consolo para os olhos", a quem foi dedicado um monastério no Monte Odilie (*Odilienberg*), na

---

[519] BENJAMIN, W., "As afinidades eletivas de Goethe", op. cit., p. 97. (*G.S.*, I, p. 184.)
[520] Idem, p. 98. (*G.S.*, I, p. 185.)

Alsácia; nome que evoca a suave luz que é o alívio para os olhos doentes e "a pátria de toda aparência em si".[521]

Enquanto o amor se opõe à aparência, a paixão permanece cativa sob o seu mágico influxo; não consegue manter dentro dos limites estáveis da fidelidade aqueles que arrasta. Escrava da beleza, a paixão "só pode se desencadear caoticamente". Neste momento, contudo, segundo Benjamin, vai ao seu encontro a *inclinação* (*die Neigung*), a afeição com a qual o homem se desprende da paixão. Pois é a "lei da essência" que determina este desprendimento da aparência, a transição até o reino essencial — uma transformação que se produz paulatinamente e que inclui "uma última e extrema intensificação da aparência".[522] É por isso que quando surge a inclinação a paixão parece tornar-se mais forte, parecendo que se converte em amor, mas um amor ainda aparente, distinto do verdadeiro amor por sua impotência para realmente amar. Assim se explica o triste fim de todo amor cujo demônio é Eros, que é apenas a realização da "imperfeição mais profunda" a marcar a "natureza do homem". É ele que faz aparecer a inclinação, "obra autêntica do Eros-Tânatos", deste amor que é também morte.

Se a inclinação, como renúncia da paixão, não é capaz de impedir o declínio, ao contrário da paixão, não são os seres isolados que ela consagra à ruína. Para Benjamin, graças à inclinação, aqueles que amam morrem *pacificados*, reconciliados entre si, voltando-se, na morte, para uma outra beleza — que já não é mais prisioneira da aparência e que se encontra "no âmbito da música".[523] Da mesma forma que no pensamento estético de Schopenhauer e de Nietzsche, a especificidade da música, na teoria da arte benjaminiana, reside em seu desprendimento da aparência. Pois a música é a mais imaterial de todas as artes. Benjamin lembra o terceiro poema da conhecida *Trilogia da paixão* de Goethe, intitulado "Pacificação", que descreve o momento no qual a paixão se apazigua, cuja última frase fala da "dupla felicidade dos sons e do amor" que ilumina o atormentado pela paixão como uma aurora

---

[521] BENJAMIN, W., "As afinidades eletivas de Goethe", op. cit., p. 99. (*G.S.*, I, p. 186.)

[522] Idem, p. 100. (*G.S.*, I, p. 186.)

[523] Idem, p. 106. (*G.S.*, I, p. 191.)

desesperançada. Porque a música conhece, no amor, a pacificação. Com a música a aparência promete retroceder, e até a sua perturbação se torna perfeita, desejada, já que os sons enchem de lágrimas os olhos daqueles que amam lhes subtraindo o "mundo visível".

Música, nisso, adeja a entrelaçar
Milhões de sons, com asas angelicais,
Que, ao na essência do homem penetrar,
Vão de eterna beleza o enchendo mais:
Já o raso olhar anseia alto destino,
Dos sons e choros o valor divino.[524]

Segundo Benjamin, foi preciso que o lírico alcançasse a perfeição em Goethe para conferir unidade a esse romance. E isto, apenas Hermann Cohen, dentre todos os intérpretes aquele que, para Benjamin, melhor compreendeu o Goethe maduro, soube observar. Porque, nesta obra goethiana, é a inclinação, esse amor "infinito" que conduz à morte, que ao cobrir a imagem de lágrimas na música, provoca a queda da aparência pela *emoção (Rührung)*.[525] Na teoria da arte benjaminiana, a emoção representa justamente a transição, ao longo da qual toda a aparência — seja a aparência da beleza ou da reconciliação — "reluz no crepúsculo uma vez mais, e da maneira mais doce, antes de desaparecer".[526]

E é nessa esfera turva da emoção, sem distinção rigorosa entre a culpa e a inocência, entre a natureza e o além dela, que surge Otília. Em *As afinidades eletivas*, a emoção brota inteiramente desta personagem terna e mórbida, cuja beleza evanescente, ao contrário da beleza luminosa de Luciana,[527] seu contraponto, não é outra coisa que o signo de sua vocação para a morte. As lágrimas da emoção com as quais o

---

[524] GOETHE, J. W., *Trilogia da paixão*, trad. br. Leonardo Fróes, Rio de Janeiro, Rocco, 1999, p. 29.

[525] BENJAMIN, W., "As afinidades eletivas de Goethe", op. cit., p. 108. (*G.S.*, I, p. 192.)

[526] Idem, ibidem. (*G.S.*, I, p. 192.)

[527] Filha natural de Carlota, Luciana, que no início do romance está, assim como Otília, no internato, retorna à casa materna no meio da trama, e funciona, em sua beleza solar mas desprovida de graça, como o contrário da beleza lunar da silenciosa Otília. Benjamin não deixa de perceber esta diferença entre as duas jovens, que só faz ressaltar o sentido definitivo da personagem de Otília dentro de *As afinidades*.

olhar se vela, que Benjamin associa à luz translúcida que envolve o romance num encanto glauco, são, ao mesmo tempo, "o véu que deve cobrir sua beleza".[528] Esta emoção, contudo, não constitui ainda a emoção estética propriamente dita. Para essa filosofia da arte, ela significa ainda uma "aparência de reconciliação". A emoção é a experiência de transição dos sentimentos que deve levar-nos, por fim, à *comoção* (*Erschütterung*): a comoção diante da ruína constante de toda vida, a mistura de dor e suave êxtase característicos do dionisíaco, esta sim, pode sair vitoriosa da luta com a bela aparência conduzindo-nos para além da "aparência de reconciliação" que esta sugere. Esta é a profunda significação que jaz no fim da vida de Otília:

> Pois não é na pequena emoção que desfruta de si mesma, mas apenas na grande *comoção* do abalo que a aparência da reconciliação supera a bela aparência e, com ela, supera finalmente a si mesma.[529]

A emoção é "transição": esse é o seu autêntico sentido. Para o "verdadeiro poeta" ela jamais pode significar um fim, como revela o poder da comoção, o seu "melhor componente". Pois a emoção é a passagem da "intuição confusa — pelo 'caminho de um aperfeiçoamento verdadeiramente moral' — apenas até o único objeto real da comoção: o sublime".[530] Como esclarece Catherine Perret, em seu belíssimo livro *Walter Benjamin sem destino*, se a emoção "se demora a contemplar no coração da beleza a agonia mesma da beleza, de 'emoção complacente' ela logo se inverte para tornar-se sentimento do 'sublime'".[531] Eis o segredo da emoção estética, tal como Benjamin a descreve no seu comentário sobre *As afinidades eletivas*: "no luto da beleza surge de repente a verdade, na aparição da contingência, a 'humildade' da existência".[532] Aqui, ao lado da emoção se encontra a

---

[528] BENJAMIN, W., "As afinidades eletivas de Goethe", op. cit., p. 108 (trad. modificada). (*G.S.*, I, p. 192.)
[529] Idem, p. 109 (trad. modificada, grifo meu). (*G.S.*, I, p. 192.)
[530] Idem, ibidem (trad. modificada). (*G.S.*, I, p. 193.)
[531] PERRET, C., *Walter Benjamin sans destin*, Paris, La Différence, 1992, p. 95.
[532] Idem, p. 94.

"comoção dionisíaca", indicando o plano oculto no qual o pensamento de Benjamin e aquele de Nietzsche se podem cruzar.

Em sua leitura de *As afinidades*, Benjamin nos mostra que é justamente essa transição que se realiza com a bela aparência de Otília, este ser que "desvanece". Sua imagem reflete o aspecto de uma beleza que passa, de uma aparência "que deve extinguir-se".[533] É esta aparência, contudo, que torna possível o exame da "bela aparência em geral", pois à contemplação do declínio de sua beleza se opõe a comoção, a interrupção que, de repente, suspende e fixa a beleza, descobrindo-a, ao mesmo tempo, como essência e aparência. Diante da figura de Otília, a autêntica contemplação recoloca então a velha pergunta: a beleza é aparência? Em seu silêncio obstinado, Otília nos diz que não. Em sua mudez, ela expõe a verdade mesma da beleza, sua condenação ao fenecimento e à morte, apontando para uma ordem mais elevada que a aparência, que constitui o teor de toda obra autêntica.

Nesta filosofia da arte, se tudo o que é "essencialmente belo" está essencialmente unido à aparência, a essência do belo não se reduz a sua aparência. A beleza da arte ainda habita a aparência, esse "roçar a vida": "sem ela [a aparência] a beleza da arte não é possível".[534] Todas as obras de arte conservam um momento da aparência — a música é aquela que a mantém a um "ínfimo grau". Mas a aparência na arte não abarca a sua essência. Esta alude, mais profundamente, àquilo que na arte se opõe à aparência e permanece *inexpressivo*, "mas que fora dessa contraposição não ocorre na arte nem pode ser nomeado de forma inequívoca":[535] sua verdade muda, vazia, na qual a experiência estética se realiza, que Benjamin nomeou de *sem-expressão*.

No pensamento benjaminiano, o *sem-expressão* é a essência da arte. Ele se opõe à aparência, mas a sua relação com ela é absolutamente necessária: "O belo, ainda que ele mesmo não seja aparência, deixa de ser essencialmente belo quando a aparência desaparece dele. Pois a

---

[533] BENJAMIN, W., "As afinidades eletivas de Goethe", op. cit., p. 110. (*G.S.*, I, p. 193.)
[534] Idem, p. 111. (*G.S.*, I, p. 194.)
[535] Idem, ibidem. (*G.S.*, I, p. 194.)

aparência pertence ao essencialmente belo enquanto véu (*Hülle*)".[536] Em Benjamin, a aparência é o véu da beleza, pois é a "lei essencial da beleza" que determina que ela só aparece como tal no velamento. Trata-se de manter distância do banal filosofema, característico da estética idealista e levado, segundo Benjamin, pelo epígono Solger ao "achatamento" mais extremo, "a famosa fórmula de que a beleza seria a verdade que se tornou visível",[537] que contém "a distorção mais fundamental desse grande tema",[538] a beleza. Reduzir a beleza à aparência conduz apenas ao "barbarismo filosófico" que sustenta ser possível desvelar a verdade do belo. Esta não é a tarefa da crítica. Para Benjamin, o desvelamento é impossível e nefasto; apoia-se na ideia tosca de que uma verdade puramente teórica — que possa ser formulada fora do âmbito da arte — é possível. Aqui, é preciso mergulhar no *teor coisal*, na materialidade das obras, para aí agarrar o seu *teor de verdade*, sua essência espiritual: não há *teor de verdade* sem *teor coisal*. No ensaio sobre *As afinidades*, Benjamin apresenta a sua ideia de beleza:

> A beleza não é aparência, não é um véu para encobrir outra coisa. Ela mesma não é aparição, mas sim inteiramente essência — uma essência, porém, que se mantém, em impregnação essencial, idêntica a si mesma apenas sob velamento. Pois o belo não é nem o véu nem o objeto velado, mas sim o objeto em seu véu.[539]

Assim se explica a ideia muito antiga de que todo velado se transforma no desvelamento, que ele só permanece igual a si mesmo quando do velado. E a ideia diretora do trabalho de crítica — a própria "ideia da crítica de arte"[540] — é a seguinte: o desvelamento do belo é impossível. Não cabe à crítica levantar o véu, mas antes conhecê-lo, e da forma mais precisa, enquanto véu. Isto é, o crítico deve penetrar na aparência, na materialidade da obra, e experimentá-la enquanto tal,

---

[536] BENJAMIN, W., "As afinidades eletivas de Goethe", op. cit., p. 111 (trad. modificada). (*G.S.*, I, p. 194.)
[537] Idem, p. 111-112. (*G.S.*, I, p. 194.)
[538] Idem, p. 112. (*G.S.*, I, p. 194.)
[539] Idem, ibidem (trad. modificada). (*G.S.*, I, p. 194.)
[540] Idem, ibidem. (*G.S.*, I, p. 195.)

compreendendo-a inteiramente na historicidade, temporalidade e precariedade que lhe é própria. Só assim poderá ele atingir a "verdadeira contemplação do belo", esta que se encontra, mesmo imperfeitamente, "na observação mais pura do ingênuo": a "intuição do belo como *mistério*".[541]

Pois o mistério é, para Benjamin, o núcleo teológico da beleza, o seu teor redentor. E se ele é o "fundamento divino do ser da beleza"[542] é porque a aparência da beleza é "o velamento necessário das coisas para nós"[543] — uma "necessidade divina". Mas é, também, uma decisão divina que, "por pouco que ela [a beleza] se desvele a contratempo, vemos fugir e se aniquilar esta realidade pouco aparente que a revelação substitui ao mistério."[544] Dito diferentemente, o que a verdadeira emoção estética permite ver é esse véu que as coisas devem ter para nós, permitindo apreender a própria passagem, o em si do tempo, isso que Hölderlin nomeou de cesura. Em Benjamin, como *revelação* (*Offenbarung*), a verdade só surge, furtivamente, no incêndio da beleza. Neste sentido, a flama enigmática que a alquimia da crítica persegue, o próprio mistério da emoção estética, o seu conhecimento secreto, é fazer aparecer a contingência, o caráter humilde da existência. É isso que o filósofo quer dizer quando afirma que "toda beleza conserva em si regras histórico-filosóficas".[545] No coração da beleza, está a experiência sublime do tempo em sua essência, quer dizer, livre de toda representação cronológica, linear. Porque a história, sabemos, não é dotada de nenhum progresso, ela espera sempre uma interrupção. Haverá sempre razão para lutar, em cada época será necessário identificar os dominadores que desfilam em seu cortejo triunfal. Como revelação, a beleza pertence, deste modo, à filosofia da história e são as ordenações desta filosofia que conduzem o trabalho messiânico da crítica, onde a bela aparência, refúgio do mito, deve entregar-se à morte.

---

[541] BENJAMIN, W., "As afinidades eletivas de Goethe", op. cit., p. 111-112 (trad. modificada, grifo meu). (*G.S.*, I, p. 195.)

[542] Idem, p. 113. (*G.S.*, I, p. 195.)

[543] Idem, ibidem. (*G.S.*, I, p. 195.)

[544] Idem, ibidem (trad. modificada). (*G.S.*, I, p. 195.)

[545] Idem, ibidem. (*G.S.*, I, p. 196.)

Segundo consta, foi Sulpiz Boisserée — um romântico quase desconhecido — quem relatou o impressionante episódio por ele presenciado durante um passeio na companhia de Goethe, rumo a Heidelberg. No exato momento da saída das estrelas, o poeta, como que num estado superior do espírito, comentou sobre *As afinidades eletivas* e a sua relação com Otília. Ele falou de quanto a havia amado e de quanto ela o tinha feito infeliz, até que suas palavras se tornaram enigmáticas, cheias de pressentimentos, e ele disse então um verso sereno. A aparição das estrelas, diz Benjamin, orientou o pensamento de Goethe para o seu romance, assim como foi também sob o signo da estrela que, em seu livro, apareceu ao escritor a esperança que ele nutria para os amantes desafortunados. Quase ao fim do romance, quando Eduardo e Otília, no desespero que os aflige, abraçados, colocam o último selo em sua perda, Benjamin percebe que por um instante tudo se detém com a sentença do narrador: "a esperança passou sobre suas cabeças como uma estrela cadente".[546] Mas, é claro, eles não a veem cair. Suspendendo toda a ação, no entendimento de Benjamin, esta frase contém, concentrada, a cesura da obra, sua verdade silenciosa: "Apenas em virtude dos desesperançados nos é concedida a esperança".[547] Aqui, a estrela simboliza essa esperança misteriosa que é percebida apenas pelo narrador, e na qual reside a mais profunda razão de sua existência. Pois somente o escritor é capaz de realizar, no "sentimento", o verdadeiro sentido dos acontecimentos, para além da mítica visão na qual estão enredados os personagens. Mas isso, que ele não pode jamais exprimir em palavras — a esperança de uma nova ordem, para além do mito —, se apresenta no puro poder *dramático* de sua linguagem. Símbolo autêntico, a estrela é "a forma de expressão apropriada" do mistério inerente a toda obra, esta esperança, "absolutamente paradoxal e fugaz", que surge, por fim, da aparência de reconciliação, que é também a estrela vespertina da crítica.

---

[546] GOETHE, J. W., *As afinidades eletivas*, op. cit., p. 232 (trad. modificada).
[547] BENJAMIN, W., "As afinidades eletivas de Goethe", op. cit., p. 121. (*G.S.*, I, p. 201.)

ANTES DA CONCLUSÃO

Ao desenvolver três estratos essenciais que orientaram a crítica benjaminiana de *As afinidades eletivas* de Goethe — a teoria do conhecimento, a ética e a teoria da arte —, este trabalho procurou pôr em cena a sua própria filosofia. Assim como Benjamin, acreditamos que as obras de arte constituem uma via privilegiada para se alcançar o que nas obras filosóficas trabalha em silêncio e permanece virtual: a sua verdade inexpressiva. Se a experiência da arte possui aqui um papel fundamental, é porque nos indica o caminho que conduz ao abandono da representação: também para a arte, o real só se apresenta indiretamente, como por "refração".

Segundo Benjamin, "todas as obras autênticas têm seus irmãos no âmbito da filosofia",[548] e é fundamental experimentarmos as passagens que nos levam da arte para a filosofia e do pensamento para a literatura. Trata-se da questão da relação entre arte e verdade — relação que a crítica filosófica afirmou ser essencial.

Foi no estudo sobre *As afinidades eletivas* que Benjamin problematizou, mais explicitamente, esta relação. Neste ensaio ousado, que aponta a ideia esotérica de *revelação* como a essência mesma das obras, a relação entre arte e verdade é pensada por meio do conceito de *ideal*

---

[548] BENJAMIN, W., "As afinidades eletivas de Goethe", op. cit., p. 80. (*G.S.*, I, p. 172.)

do problema. As obras constituem, precisamente, as "figuras" nas quais se manifesta o ideal do problema da filosofia, esta questão informulável que se interroga sobre a unidade dos problemas da filosofia, sobre o seu *sistema.*

O conceito dessa pergunta inexistente, que indaga a unidade da filosofia, está assinalado na filosofia pelo ideal do problema. Contudo, mesmo se o sistema não pode ser indagado em nenhum sentido, ainda assim há configurações que, sem serem perguntas, têm a mais profunda afinidade com o ideal do problema. Estas são as obras de arte.[549]

Portanto, se as obras de arte se relacionam da forma mais pura com a filosofia, é graças à sua *afinidade* com o ideal do problema. Em virtude da legalidade da essência do ideal em geral, este ideal do problema da filosofia só se pode apresentar na pluralidade das obras. A tarefa da crítica é, pois, extraí-lo, fazer aparecer o ideal do problema filosófico numa de suas manifestações, constatando finalmente nas configurações artísticas a "capacidade virtual" de formulação de seu *teor de verdade* enquanto "problema supremo da filosofia". Justamente isto é o que detém o crítico diante da obra, reverenciando-o como o seu mistério enigmático.

É exatamente quando se arrisca a pensar isto que o faz pensar que Benjamin procura relacionar arte e filosofia. Pois, se a arte é essencial para a filosofia, é na medida em que apresenta uma verdade que não é a da ordem do discurso filosófico — seu impensado, aquilo que a filosofia não pode pensar mas que confere a unidade do seu próprio questionamento. Desta forma, arte e filosofia surgem como os dois lados de uma mesma questão informulável: a questão da unidade dos problemas em filosofia. Benjamin faz da filosofia o ideal do problema da arte. Há neste sentido um "parentesco ideal" entre as obras artísticas e as obras filosóficas: as obras de arte estão para a filosofia como irmãs menores em torno da maior. "A verdade numa obra

---

[549] BENJAMIN, W., "As afinidades eletivas de Goethe", op. cit., p. 80. (*G.S.*, I, p. 172.)

poderia reconhecer-se não como indagável, mas sim como exigida."[550] É isso que permite afirmar "que tudo que é belo se relaciona de algum modo ao verdadeiro" e tem o seu "lugar virtual" no seio da filosofia. Assim se define a tarefa do crítico: extrair o *teor de verdade* da obra de arte. Mas, ao retomar o termo pelo qual a verdade se dá como conteúdo, Benjamin não está aderindo à concepção filosófica tradicional, que sustenta uma verdade fora das coisas e mediatizada pelo discurso. Aqui, só há verdade nas coisas, apenas pertencendo ao domínio do verdadeiro o que apresenta um *teor coisal*. A crítica só alcança o seu enigma ao se abismar a si mesma no seu objeto. Só assim a sua alquimia pode fazer emergir o ouro, a verdade das obras, que é exigido tanto pela arte quanto pela filosofia.

Segundo a reflexão benjaminiana, "a totalidade da filosofia, o seu sistema, é de um poderio superior ao que pode exigir a quintessência de todos os seus problemas".[551] Quando decidimos apresentar este pensamento distinguindo a teoria do conhecimento, a ética e a estética, de forma alguma é esta decisão uma corroboração da rígida divisão dos três domínios autônomos que caracterizou o Idealismo clássico. Para Benjamin, existe uma radical antinomia entre o autêntico conceito de cultura e a separação entre esses três domínios autônomos. Em sua filosofia, o sistema só se manifesta como *símbolo*, inscrito numa materialidade. As obras, então, enquanto figuras nas quais se manifesta o ideal do problema filosófico, expressam, em sua singularidade, todo o sistema, e contêm em si tanto a ideia do verdadeiro quanto as ideias do belo e do bem. Assim escreve Simmel sobre o ideal de cultura, numa passagem recolhida por Benjamin no volume "N" das *Passagens*:

> O essencial é que ele [o ideal de cultura] supera o valor autônomo da realização estética, científica, ética, até mesmo religiosa, a fim de integrá-las todas como elementos ou componentes na construção do desenvolvimento do ser humano para além de seu estado natural.[552]

---

[550] BENJAMIN, W., "As afinidades eletivas de Goethe", op. cit., p. 81. (*G.S.*, I, p. 173.)
[551] Idem, p. 80. (*G.S.*, I, p. 172.)
[552] SIMMEL, G., *Philosophie des Geldes*, Leipzig, 1900, p. 467-477. Citado in: BENJAMIN, W., *Passagens*, op. cit., [N. 14, 3], p. 522. (*G.S.*, V. 1, p. 601.)

BIBLIOGRAFIA

De Benjamin

Walter Benjamin Gesammelte Schriften. Edição organizada por Rolf Tiedemann e Hermann Schweppenhäuser, com a colaboração de Theodor W. Adorno e Gershom Scholem. 7 vols. Frankfurt am Main: Suhrkamp Verlag, 1974.

Walter Benjamin Briefe. Editada por Rolf Tiedemann. 2 vols. Frankfurt am Main: Suhrkamp Verlag, 1978.

Walter Benjamins Archive. Bilder, Texte und Zeichen. Herausgegeben vom Walter Benjamin Archiv. Frankfurt am Main: Suhrkamp Verlag, 2006.

"L'angoisse mythique chez Goethe". In: *Cahiers du Sud.* Marseille: Éditions des Cahiers du Sud, mai-jun, 1937.

O conceito de crítica de arte no romantismo alemão. Trad., prefácio e notas de Marcio Seligman-Silva. São Paulo: Editora Universidade de São Paulo, Iluminuras, 1993.

Le concept de critique esthétique dans le romantisme allemand. Trad. de Philippe Lacoue-Labarthe et Anne-Marie Lang. Paris: Flammarion, 1986.

Correspondance. Tomo I: 1910-1928. Paris: Aubier Montaigne, 1979.

"Goethe" e "Crítica da violência — Crítica do poder". In: *Documentos de cultura, documentos de barbárie: escritos escolhidos.* Seleção e apresentação Willi Bolle. Trad. de Celeste H. M. Ribeiro de Sousa et. al. São Paulo: Cultrix, Editora da Universidade de São Paulo, 1986.

"Las afinidades electivas de Goethe" e "Comentarios a 'Las afinidades electivas de Goethe'". In: *Dos ensayos sobre Goethe*. Trad. de Graciela Calderón e Griselda Társico. Barcelona: Editorial Gedisa, 1996.

"Curriculum Vitae III". In: *Écrits autobiographiques*. Paris: Christian Bourgois, 1990.

"As afinidades eletivas de Goethe" e "Goethe". In: *Ensaios reunidos: escritos sobre Goethe*. Trad. de Mônica Krausz Bornebusch, Irene Aron e Sidney Camargo. São Paulo: Editora 34, 2009.

Mythe et violence. Trad. de Maurice de Gandillac. Paris: Denoël, 1971.

"Sobre o conceito de História" e "O narrador — Considerações sobre a obra de Nikolai Leskov". In: *Obras escolhidas*. Vol. I. Trad. de Sérgio Paulo Rouanet. São Paulo: Brasiliense, 1985.

"Rua de mão única" e "Imagens do pensamento". In: *Obras escolhidas*. Vol. II. Trad. de Rubens Rodrigues Torres Filho e José Carlos Martins Barbosa. São Paulo: Brasiliense, 1995.

"Parque Central" e "Sobre alguns temas em Baudelaire". In: *Obras escolhidas*. Vol. III. Trad. de José Carlos Martins Barbosa e Hemerson Alves Baptista. São Paulo: Editora Brasiliense, 1989.

Origem do drama barroco alemão. Trad. de Paulo Sérgio Rouanet. São Paulo: Brasiliense, 1984.

"Trauerspiel et Tragédie" e "La signification du langage dans le Trauerspiel et la Tragédie". In: *Origine du drame baroque allemand*. Trad. de Sibylle Muller. Paris: Flammarion, 2000.

Passagens. Trad. de Irene Aron e Cleonice Paes Barreto Mourão. Org. Willi Bolle. São Paulo/Belo Horizonte: Imprensa Oficial do Estado de São Paulo/ UFMG, 2007.

"Destino e caráter", "Lutilúdio (*Trauerspiel*) e tragédia" e "O sentido da linguagem no drama (Lutilúdio) e na tragédia". In: *Peter Szondi e Walter Benjamin: ensaios sobre o trágico*. Vol. II. Org. Kathrin Rosenfield. Trad. de Kathrin Rosenfield e Christian Werner. *Cadernos do Mestrado/Literatura*, nº 12. Rio de Janeiro: UERJ, 1994.

"Comments on Gundolf's Goethe", "Even the Sacramental Migrates into Myth" e "Beauty and Semblance". In: *Selected Writings*. Editado por Marcus Bullock e Michael W. Jennings. Cambridge, Massachusetts: Harvard University Press, 1996.

Sobre Benjamin

ADORNO, Theodor W. "Einleitung zu Benjamins Schriften". In: *Über Walter Benjamin*. Ed. por Rolf Tiedemann. Frankfurt: Suhrkamp, 1970.

AGAMBEN, Giorgio. "Langue et histoire. Catégories historiques et catégories linguistiques dans la pensée de Benjamin". In: *Walter Benjamin et Paris: Colloque International, juin/83*. Paris: Cerf, 1986.

ARENDT, Hannah. "Walter Benjamin: 1892-1940". In: *Homens em tempos sombrios*. Trad. de Denise Bottmann. São Paulo: Companhia das Letras, 1987.

BERMAN, Antoine. "Critique, commentaire et traduction: quelques réflexions à partir de Benjamin et de Blanchot". In: *Poésie*, nº 37. Paris: Belin, 1986.

BIRNBAUM, Antonia. *Bonheur Justice*. Paris: Payot, 2008.

BLANCHOT, Maurice. "Walter Benjamin: reprises". In: *La Nouvelle Revue Française*, 8, nº 93. Paris: Gallimard, 1960.

CASTRO, Claudia. "Na magia da linguagem". In: *O que nos faz pensar?*, nº 6. Revista do Departamento de Filosofia da PUC/RJ, ago. 1992.

CHAVES, Ernani. "O 'silêncio trágico': Walter Benjamin entre Franz Rosenzweig e Friedrich Nietzsche". In: *Leituras de Walter Benjamin*. Org. Márcio Seligman-Silva. São Paulo: FAPESP/Annablume, 1999.

ENGELHARDT, Hartmut. "L'interpretation de l'apparence chez Benjamin et Baudelaire". In: *Walter Benjamin et Paris: Colloque International, juin/83*. Paris: Cerf, 1986.

GAGNEBIN, Jeanne Marie. "Nas fontes paradoxais da crítica literária: Walter Benjamin relê os românticos de Iena". In: *Leituras de Walter Benjamin*. Org. Márcio Seligman-Silva. São Paulo: FAPESP/Annablume, 1999.

_____. *História e narração em Walter Benjamin*. São Paulo/Campinas/ Perspectiva//FAPESP/Editora da Universidade Estadual de Campinas, 1994.

GASCHÉ, Rodolphe. "Saturnine Vision and the Question of Difference: Refletions on Walter Benjamin's Theory of Language". In: *Benjamin's Ground: New Readings of Walter Benjamin*. Ed. por Rainer Nägele. Detroit: Wayne State University Press, 1988.

IMBERT, Claude. "Le présent et l'histoire". In: *Walter Benjamin et Paris: Colloque International, juin/83*. Paris: Cerf, 1986.

KONDER, Leandro. *Walter Benjamin: o marxismo da melancolia*. Rio de Janeiro: Campus, 1988.

LACOSTE, Jean. "Paris-Weimar: Walter Benjamin et Goethe". In: *Europe*, n° 804, abril. Paris: Rieder, 1996.

LÖWY, Michel. *Redenção e utopia: o judaísmo libertário na Europa Central: um estudo de afinidade eletiva*. Trad. de Paulo Neves. São Paulo: Companhia das Letras, 1989.

MATOS, Olgária. *O iluminismo visionário: Benjamin, leitor de Descartes e Kant*. São Paulo: Brasiliense, 1993.

MENNINGHAUS, Winfried. "Science des seuils. La théorie du mythe chez Walter Benjamin". In: *Walter Benjamin et Paris: Colloque International, juin/83*. Paris: Cerf, 1986.

MISSAC, Pierre. *Passage de Walter Benjamin*. Paris: Seuil, 1987.

_____. *Passagem de Walter Benjamim*. Trad. de Lilian Escorel. São Paulo: Iluminuras, 1998.

MORONCINI, Bruno. *Walter Benjamin e la moralità del moderno*. Nápoli: Guida Editori, 1984.

MOSÈS, Stéphane. "L'idée d'origine chez Walter Benjamin". In: *Walter Benjamin et Paris: Colloque International, juin/83*. Paris: Cerf, 1986.

_____. "Walter Benjamin and Franz Rosenzweig". In: *Benjamin — Philosophy, aesthetics, history*. Ed. por Gary Smith. Chicago: University of Chicago, 1989.

_____. *L'ange de l'histoire: Rosenzweig, Benjamin, Scholem*. Paris: Seuil, 1992.

MURICY, Katia. "Tradição e barbárie em Walter Benjamin". In: *Revista Gávea*, n° 3. Rio de Janeiro: PUC-Rio, jun. 1986.

_____. *Alegorias da dialética: imagem e pensamento em Walter Benjamin*. Rio de Janeiro: Relume Dumará, 1999.

PERRET, Catherine. *Walter Benjamin sans destin*. Paris: La Différence, 1992.

PROUST, Françoise. *L'histoire à contretemps: le temps historique chez Walter Benjamin*. Paris: Cerf, 1994.

ROCHLITZ, Rainer. *Le désenchantement de l'art: la philosophie de Walter Benjamin*. Paris: Gallimard, 1992.

_____. *O desencantamento da arte: a filosofia de Walter Benjamin*. Trad. de Maria Elena O. Ortiz Assumpção. Bauru: EDUSC, 2003.

ROSENZWEIG, Franz. *L'étoile de la rédemption*. Paris: Seuil, 1982.

SCHOLEM, Gershom G. *Walter Benjamin et son Ange*. Trad. e apresentação de Philippe Ivernel. Paris: Payot & Rivages, 1995.

SCHOLEM, Gershom G. *Walter Benjamin: a história de uma amizade*. São Paulo: Perspectiva, 1989.

TACKELS, Bruno. *Walter Benjamin: une introduction*. Strasbourg: Presses Universitaires de Strasbourg, 1992.

TIEDEMANN, Rolf. *Études sur la philosophie de Walter Benjamin*. Paris: Actes Sud, 1987.

WEBER, Samuel. "Genealogy of Modernity: History, Myth, and Allegory in Benjamin's Origin of the German Mourning Play". In: *Benjamin's — abilities*. Cambridge/Massachusetts/Londres: Harvard University Press, 2008.

WEIGEL, Sigrid. "The Artwork as Breach of a Beyond: On the Dialectic of Divine and Human Order in Walter Benjamin's 'Goethe's Elective Affinities'". In: *Walter Benjamin and Romanticism*. Ed. por Beatrice Hanssen e Andrew Benjamin. Nova York/Londres: Continuum, 2002.

WITTE, Bernd. *Walter Benjamin: une biographie*. Paris: Cerf, 1988.

WOLIN, Richard. *Walter Benjamin: an Aesthetic of Redemption*. Nova York: Columbia University Press, 1982.

De Goethe

Les affinités electives. Trad. de Pierre du Colombier. Prefácio de Michel Tournier. Paris: Gallimard, 1980.

As afinidades eletivas. Trad. Erlon José Paschoal. Introdução e notas de Kathrin Holzermayr Rosenfield. São Paulo: Nova Alexandria, 1998.

Os anos de viagem de Wilhelm Meister (versão portuguesa). Paris: Casa Editorial Hispano-Americana, s/d.

Companheiros de viagem: Goethe e Schiller (correspondência). Apresentação, seleção, tradução e notas de Cláudia Cavalcante. São Paulo: Nova Alexandria, 1993.

Conversações com Eckermann (18 de fevereiro de 1829).

Doutrina das cores. Apresentação, seleção e tradução de Marco Giannotti. São Paulo: Nova Alexandria, 1993.

"Sobre a verdade e a verossimilhança nas obras de arte", "Sobre os objetos das artes plásticas" e "Imitação simples da natureza, maneira, estilo". In: *Escritos sobre arte*. Introdução, tradução e notas de Marco Aurélio Werle. São Paulo: Associação Editorial Humanitas/Imprensa Oficial do Estado de São Paulo, 2008.

Fausto. Trad., notas e posfácio de Sílvio Meira. São Paulo: Abril Cultural, 1983.

Máximas e reflexões. Trad. de Afonso Teixeira da Mota. Lisboa: Guimarães Editores, 1997.

Memórias: poesia e verdade. 2 vols. Trad. de Leonel Vallandro. Brasília: Editora Universidade de Brasília, 1986.

A metamorfose das plantas. Trad., introdução, notas e apêndices de Maria Filomena Molder. Lisboa: Imprensa Nacional, Casa da Moeda, 1993.

Die neue Melusine. Frankfurt am Main: Insel, 1999.

A nova Melusina. Trad. de Anneliese Mosch. Portugal: Colares. 1997.

Poemas (antologia). Trad., notas e comentários de Paulo Quintela. Coimbra: Acta Universitatis Conimbrigensis, 1957.

Trilogia da paixão. Trad. de Leonardo Fróes. Rio de Janeiro: Rocco, 1999.

Werther. Trad. de Galeão Coutinho. São Paulo: Abril Cultural, 1983.

Die Wahlverwandtschaften. Comentada por Hans-J. Weitz e acrescida do ensaio de Walter Benjamin, "Goethes Wahlverwandtschaften". Frankfurt am Main: Insel, 1998.

Sobre Goethe

ANCELET-HUSTACHE, Jeanne. *Goethe*. Paris: Seuil, 1976.

BIANQUIS, G. "L'Urphaenomen dans la pensée et dans l'oeuvre de Goethe". In: *Études sur Goethe*. Paris: Les Belles Lettres, 1951.

BIDEAU, Paul-Henri. *Goethe*. Paris: PUF, 1984.

COHN, Danièle. *La lyre d'Orphée: Goethe et l'esthétique*. Paris: Flammarion, 1999.

DILTHEY, Wilhelm. "Goethe y la fantasía poética". In: *Vida y poesia*. Prólogo e notas de Eugenio Ímaz. Trad. de Wenceslao Roces. México: Fondo de Cultura Económica, 1945.

LACOSTE, Jean. *Goethe: science et philosophie*. Paris: PUF, 1997.

LEPINTE, Christian. *Goethe et l'occultisme*. Paris: Les Belles Lettres, 1957.

MANN, Thomas. "Sur les Affinités Electives". In: *Les maîtres*. Paris: Grasset, 1979.

MOLDER, Maria Filomena. *O pensamento morfológico de Goethe*. Lisboa: Imprensa Nacional, Casa da Moeda, 1995.

THIELICKE, Helmut. *Goethe e o cristianismo*. São Paulo: Ars Poética, 1993.

TODOROV, T. "Introduction". In: GOETHE, J. W. *Écrits sur l'art*. Textos escolhidos, traduzidos e anotados por Jean-Marie Schaeffer. Paris: GF-Flammarion, 1997.

Outras

ADORNO, Theodor W. *Mínima Morália*. Trad. de Artur Morão. Lisboa: Edições 70, 2001.

BIRNBAUM, Antonia. *Bonheur Justice*. Paris: Payot, 2008.

BLANCHOT, Maurice. "A palavra 'sagrada' de Hölderlin". In: *A parte do fogo*. Trad. de Ana Maria Scherer. Rio de Janeiro: Rocco, 1997.

_____. "O itinerário de Hölderlin". In: *O espaço literário*. Trad. de Álvaro Cabral. Rio de Janeiro: Rocco, 1987.

BROGOWSKI, Leszek. *Dilthey: conscience et histoire*. Paris: PUF, 1997.

COHN, Danièle, "Presentation". In: *Oeuvres de Dilthey*. Vol. 7. *Écrits d'Esthétique*. Editado e anotado por Sylvie Mesure, com apresentação de Danièle Cohn. Trad. de Danièle Cohn e Evelyne Lafon. Paris: Le Cerf, 1995.

DASTUR, Françoise. "Hölderlin: tragédia e modernidade". In: HÖLDERLIN, Friedrich. *Reflexões*. Org. Antônio Abranches. Trad. de Márcia Sá Cavalcante e Antônio Abranches. Rio de Janeiro: Relume-Dumará, 1994.

DELEUZE, Gilles. *Diferença e repetição*. São Paulo: Brasiliense, 1988.

_____. *Nietzsche e a filosofia*. Rio de Janeiro: Globo, 1983.

DERRIDA, J., "Prenome de Benjamin". In: *Força de lei: o fundamento místico da autoridade*. Trad. de Leyla Perrone-Moisés. São Paulo: WMF Martins Fontes, 2007.

GADAMER, Hans-Georg. *Verdade e método*. Petrópolis: Vozes, 1997.

HOCQUARD, J.-V. *Mozart*. Paris: Seuil, 1994.

HÖLDERLIN, Friedrich. "Observações sobre o Édipo". In: HÖLDERLIN, Friedrich. *Reflexões*. Org. Antônio Abranches. Trad. de Márcia Sá Cavalcante e Antônio Abranches. Rio de Janeiro: Relume-Dumará, 1994.

_____. *Poemas*. Seleção, tradução, introdução e notas de José Paulo Paes. São Paulo: Companhia das Letras, 1991.

JARQUE, V. *Imagem y metáfora: la estética de Walter Benjamin*. Toledo: Ed. Servicio de Publicaciones de la Universidad de Castilha-La Mancha, 1992.

MAS, Salvador. *Hölderlin y los griegos*. Madrid: Visor, 1999.

NIETZSCHE, Friedrich. *O nascimento da tragédia, ou helenismo e pessimismo*. Trad., notas e posfácio de J. Guinsburg. São Paulo: Companhia das Letras, 1992.

SCHILLER, F. "Grâce et dignité". In: *Textes esthétiques*. Trad. de Nicolas Briand. Paris, Vrin, 1998.

SCHOLEM, Gershom. *As grandes correntes da mística judaica*. São Paulo: Perspectiva, 1972.

SZONDI, Peter. *Ensaio sobre o trágico*. Rio de Janeiro: Zahar, 2004.

COORDENAÇÃO EDITORIAL
Nina Schipper

PRODUÇÃO EDITORIAL
Katia Halbe

PREPARAÇÃO DE ORIGINAIS
Pedro Silva

REVISÃO TÉCNICA
Daniel Nogueira

PROJETO GRÁFICO E CAPA
Tatiana Altberg

DIAGRAMAÇÃO
Join Bureau

ESTE LIVRO FOI IMPRESSO EM OUTUBRO DE 2011, PELA YANGRAF, PARA A EDITORA PAZ E TERRA. A FONTE USADA NO MIOLO É MINION REGULAR 10,5/13,5. O PAPEL DO MIOLO É OFFSET 75G/M², E O DA CAPA É CARTÃO 250G/M².

ÍNDICE DE ASSUNTOS

APRESENTAÇÃO	11
BREVE HISTÓRIA DO ROMANCE	15
CAPÍTULO PRIMEIRO — Químicos e alquimistas: a teoria do conhecimento	17
• As *afinidades eletivas*: obra como *teor de verdade* e *teor coisal*	17
• Obra e vida	26
• Autor e obra	41
• O *Prefácio* ao *drama barroco* e sua influência de Goethe	52
• Origem, natureza e história	74
CAPÍTULO SEGUNDO —Beatitude em miniatura: a ética	81
• A pobreza de experiência da modernidade	81
• Teor coisal e casamento em *As afinidades eletivas*	85
• Destino e culpa	104
• Violência e decisão	114
CAPÍTULO TERCEIRO — Beleza e mistério: a teoria da arte	135
• Teoria da arte, Kant e o romantismo alemão	135
• Crítica de arte, Benjamin, Goethe e os primeiros românticos	140
• Benjamin e Hölderlin: o sem-expressão	176
• Beleza e reconciliação	189
ANTES DA CONCLUSÃO	199
BIBLIOGRAFIA	203